utb 2929

Eine Arbeitsgemeinschaft der Verlage

Brill | Schöningh – Fink · Paderborn
Brill | Vandenhoeck & Ruprecht · Göttingen – Böhlau Verlag · Wien · Köln
Verlag Barbara Budrich · Opladen · Toronto
facultas · Wien
Haupt Verlag · Bern
Verlag Julius Klinkhardt · Bad Heilbrunn
Mohr Siebeck · Tübingen
Narr Francke Attempto Verlag – expert verlag · Tübingen
Psychiatrie Verlag · Köln
Ernst Reinhardt Verlag · München
transcript Verlag · Bielefeld
Verlag Eugen Ulmer · Stuttgart
UVK Verlag · München
Waxmann · Münster · New York
wbv Publikation · Bielefeld
Wochenschau Verlag · Frankfurt am Main

Karsten Speck

Schulsozialarbeit

Eine Einführung

5. Auflage

Mit 11 Tabellen
Mit Prüfungsfragen und -antworten

Ernst Reinhardt Verlag München

Prof. Dr. phil. *Karsten Speck* ist Erziehungswissenschaftler und lehrt am Institut für Pädagogik der Carl von Ossietzky Universität Oldenburg. Weitere Informationen finden Sie unter www.schulsozialarbeit.net.

Bibliografische Information der Deutschen Nationalbibliothek

Die Deutsche Nationalbibliothek verzeichnet diese Publikation in der Deutschen Nationalbibliografie; detaillierte bibliografische Daten sind im Internet über <http://dnb.d-nb.de> abrufbar.

UTB-Band-Nr.: 2929
ISBN 978-3-8252-5870-2 (Print)
ISBN 978-3-8385-5870-7 (PDF- E-Book)
ISBN 978-3-8463-5870-2 (EPUB)
5. Auflage

Printed in EU
Einbandgestaltung: Atelier Reichert, Stuttgart
Satz: Da-TeX Gerd Blumenstein, Leipzig

Ernst Reinhardt Verlag, Kemnatenstr. 46, D-80639 München
Net: www.reinhardt-verlag.de E-Mail: info@reinhardt-verlag.de

Inhalt

Vorwort zur 3. Auflage

Die 3. Auflage des Buches „Schulsozialarbeit. Eine Einführung“ weist einerseits darauf hin, dass sich die Schulsozialarbeit im deutschsprachigen Raum etablieren konnte und andererseits, dass ein großer Bedarf an einem Überblick zur Schulsozialarbeit in Form eines Einführungswerks besteht.

Inzwischen kann die Schulsozialarbeit auf eine längere Tradition im deutschsprachigen Raum zurückblicken. Angelehnt an die amerikanische School Social Work und gefördert durch schulische, familiäre und gesellschaftliche Veränderungen entwickelte sich ein Arbeitsfeld, in dem SozialarbeiterInnen mit LehrerInnen – mehr oder weniger kontinuierlich – am Ort Schule zusammenarbeiten und jugendhilfespezifische Angebote in die Schule einbringen. Das Arbeitsfeld Schulsozialarbeit hat sich seit den 1970er Jahren deutlich verändert und die Anzahl an Schulsozialarbeitsprojekten und fest angestellten SchulsozialarbeiterInnen in Deutschland, Österreich und der Schweiz deutlich zugenommen. Schulsozialarbeit ist aus dem Alltag vieler SchulleiterInnen, LehrerInnen und SchülerInnen nicht mehr wegzudenken. Auch auf der fachlichen Ebene hat es eine spürbare Weiterentwicklung gegeben. Die Schulsozialarbeit wird inhaltlich unterstützt durch eine Vielzahl an Fachpublikationen, Tagungen und Fortbildungen, fachpolitischen Stellungnahmen und Positionspapieren sowie Aktivitäten von entsprechenden Landesarbeitsgemeinschaften. Sie ist nicht zuletzt Ausbildungsbestandteil an zahlreichen Universitäten und Fachhochschulen. Sieht man vom Handbuch Schulsozialarbeit von Raab, Rademacker und Winzen aus dem Jahre 1987 ab, konnte trotz dieser Entwicklung lange Zeit nicht auf einen systematisierenden Überblick zur Schulsozialarbeit im deutschsprachigen Raum in Form eines Einführungswerks mit Basisinformationen zur Schulsozialarbeit zurückgegriffen werden. Geht man von der sehr positiven Resonanz und den vorliegenden Rückmeldungen an den Verlag aus, dann konnte diese Lücke mit dem Buch „Schulsozialarbeit. Eine Einführung“ geschlossen werden.

Das vorliegende Buch hat vor diesem Hintergrund das Anliegen, den Leserinnen und Lesern eine allgemeinverständliche und komprimierte Einführung in die Schulsozialarbeit zu geben. Ich gehe zum Ersten auf die Entwicklung, den Stand und die Begründung von Schulsozialarbeit ein. Darüber hinaus erläutere ich zum Zweiten die Rechtsgrundlagen, die Angebote, die Handlungsprinzipien sowie die Rahmenbedingungen von Schulsozialarbeit. Zum Dritten geht es in diesem Buch um die spannungsreiche Kooperation zwischen LehrerInnen und SozialarbeiterInnen, die Ergebnisse und Wirkungen von Schulsozialarbeit sowie die Aus- und Fortbildung zur Schulsozialarbeit. Abschließend werde ich zum Vierten Herausforderungen des Arbeitsfeldes und Forschungsdefizite zur Schulsozialarbeit aufzeigen. Die vorliegende Einführung in die Schulsozialarbeit ist zum einen für Personen konzipiert, die sich ganz neu in das Themengebiet einarbeiten wollen (z.B. Studierende, BerufsanfängerInnen). Es soll zum anderen aber auch Fachleuten dienen, die in ihrem beruflichen Alltag einen systematischen Überblick oder Antworten auf konkrete Fragestellungen zur Schulsozialarbeit benötigen (z.B. SozialarbeiterInnen, LehrerInnen, Verwaltungsfachkräfte, freie und öffentliche Träger der Jugendhilfe sowie Lehrende und ForscherInnen in Universitäten und Fachhochschulen).

Für die 3. Auflage wurde der Text der 2. Auflage vollständig durchgesehen, hinsichtlich neuer Entwicklungen aktualisiert und an zahlreichen Stellen aufgrund von Rückmeldungen aus der Praxis, Forschung und Ausbildung erweitert und zum Teil geändert. Hinzugekommen sind vor allem Ausführungen 1. zur theoretischen Verortung und zum Bildungsverständnis der Schulsozialarbeit, 2. zum Profil der Schulsozialarbeit und zur Professionalität der SchulsozialarbeiterInnen, 3. zur aktuellen Datenlage und zu den Forschungsergebnissen in der Schulsozialarbeit, 4. zu Fragen der Diversität, Inklusion, Elternarbeit und Ganztagsschule in der Schulsozialarbeit sowie 5. zur Lage der Schulsozialarbeit in der Schweiz, in Österreich und in Liechtenstein. Trotz der Aktualisierungen und Erweiterungen soll das Buch weiterhin seinen Überblickcharakter behalten. Dies beinhaltet zwangsläufig eine Auswahl und Verdichtung der Inhalte. Für die darüber hinaus interessierten LeserInnen werden im Text viele Literaturverweise angeboten. Die Prüfungsfragen (Anhang) und -lösungen sind neu zu dieser 3. Auflage. Die Lösungen werden als Online-Zusatzmaterial unter www.utb.de und www.reinhardt-verlag.de zum Download zur Verfügung gestellt.

Ich bedanke mich für die Unterstützung bei der Überarbeitung des Buches bei den Sozial- und Bildungsministerien sowie meinen studentischen MitarbeiterInnen Marian Meyer und Sabrina Frohn. Über Rückmeldungen zum Buch würde ich mich freuen.

Oldenburg, Juni 2014
Karsten Speck

1 Historische Entwicklung der Schulsozialarbeit

Die Entwicklung der heutigen Schulsozialarbeit im deutschsprachigen Raum geht auf einen wenig bekannten Buchbeitrag von Maas zur amerikanischen „School Social Work" aus dem Jahre 1966 zurück. Diesen Beitrag griff Abels 1971 in einem inzwischen vielfach zitierten Artikel zum Thema „Schulsozialarbeit – Ein Beitrag zum Ausgleich von Sozialisationsdefiziten" auf. Seit Anfang der 1970er Jahre etablierte sich die Schulsozialarbeit in Deutschland – begrifflich und konzeptionell beeinflusst durch die amerikanische „School Social Work" – als ein Arbeitsfeld an der Schnittstelle zwischen Jugendhilfe und Schule. In der Schweiz begannen erste Projekte der Schulsozialarbeit auch in den 1970er Jahren; ein systematischer Ausbau fand jedoch erst Ende der 1990er Jahre statt (Drilling 2009). Österreich hat ebenfalls bereits eine längere Tradition in der Schulsozialarbeit, seit dem Jahr 2010 gibt es gezielte Ausbaustrategien zur Schulsozialarbeit vom Bundesministerium für Unterricht Kunst und Kultur (u. a. mit Mitteln aus dem Europäischen Sozialfonds). In Liechtenstein wurde – mit der Zustimmung des Landtages von 2003 – im Jahr 2004 mit dem Aufbau von Schulsozialarbeit begonnen.

Bei genauerer Betrachtung lassen sich allerdings bereits lange vor den 1970er Jahren historische Vorläufer erkennen, die zumindest partielle Überschneidungen zur Schulsozialarbeit aufweisen (Grossmann 1987; Mörschner 1988; Aden-Grossmann 1995). Erwähnenswert sind insbesondere die Armen- und Industrieschulen (im 18. Jh.), die Schulkinderfürsorge (ab 1870), die Schulpflege (ab 1907), die reformpädagogischen Ansätze einer sozialpädagogischen Schule (in der Weimarer Republik) und die Hamburger Schülerhilfe (in den 1930er Jahren) (Iben 1967; Kersting 1985; Mühlum 1993). Kritiker teilen diese Kontinuitätsannahme allerdings nicht. Sie sind der Ansicht, dass sich Schule und Sozialpädagogik historisch getrennt entwickelt haben und das Schulwesen (z. B. in Deutschland) lange Zeit vorrangig für die höhere Bildung und nicht für die Erziehungsfürsorge zuständig war (Homfeldt et al. 1977; Raab/Rademacker 1982). Unstrittig ist, dass die Kooperation von Sozialpädagogik und Schule in vielen deutschsprachigen Ländern nach 1945 bis fast Anfang der 1970er Jahre – sieht man von einzelnen Tagungen und kritischen Reflexionen ab (Mehringer 1961 und Iben 1967) – kein relevantes Thema im Schul- und Jugendhilfebereich war. Letztlich existierte eine klare und von Schule und Jugendhilfe weitgehend unhinterfragte Aufgabenteilung (Kersting 1985): Die Schule war für die „normalen“, die Jugendhilfe kompensatorisch und nachgeordnet für die auffälligen Jugendlichen zuständig. Ergänzend gab es noch eine außerschulische Jugendarbeit.

Die Etablierung von einzelnen Projekten der Schulsozialarbeit in Deutschland in den 1970er Jahren begann mit einer intensiven sozialpädagogischen Diskussion über das Konzept von Schulsozialarbeit (Abels 1971 und 1972; Helbrecht-Jordan 1978; BAG JAW 1973; 1975a und b; 1976) sowie ersten Erfahrungsberichten aus Modellversuchen an Gesamtschulen, die auf Institutionalisierungs- und Kooperationsprobleme hinwiesen (Tillmann 1976a; Arbeitskreis Hessische Sozialarbeit 1978; BMBW 1978a und b). Nach einiger Zeit entstand außerdem ein konzeptioneller „Richtungsstreit“, bei dem sich VertreterInnen einer „sozialpädagogischen Schule“ (Homfeldt et al. 1977; Malinowski/Herriger 1979 und 1981; Herriger/Malinowski 1981) und VertreterInnen einer „Sozialarbeit in der Schule“ (Holthaus et al. 1980; Meusel/Ruback 1981) fast unversöhnlich gegenüberstanden. Darüber hinaus verfestigte sich eine vehemente sozialpädagogische Kritik an der bestehenden Schule und ihren Folgewirkungen für die SchülerInnen sowie z.T. an der stigmatisierenden Wirkung der Jugendhilfe (Tillmann 1987, 385 ff.; Brusten/Holtappels 1985). Die rasche Etablierung von Schulsozialarbeitsprojekten erfolgte allerdings weniger auf der Basis fundierter Konzeptdiskussionen zwischen Schule und Jugendhilfe, sondern vor allem aufgrund eines akuten schulischen Problemdrucks: Als ausschlaggebend erwiesen sich die Bildungsreformdebatten Ende 1960er Jahre, der gestiegene Betreuungsaufwand im Freizeitbereich an Schulen sowie der wahrgenommene Zuwachs an Problemen und Verhaltensauffälligkeiten bei SchülerInnen. Die Bedeutung der zusätzlichen sozialpädagogischen Fachkräfte wurde also in erster Linie in ihrer Absicherungsfunktion des Schulbetriebes gesehen. Die spezifischen Ziele, Zugänge, Methoden und Kompetenzen der sozialpädagogischen Fachkräfte hingegen wurden vernachlässigt (Kentler 1972; Kath 1973). Vor diesem Hintergrund verwundert nicht, dass Hornstein bereits 1971 kritisierte, dass die Bildungsplanung ohne sozialpädagogische Bezüge und Perspektiven erfolgt (z. B. Strukturplan, Bildungsbericht der Bundesregierung).

Die *1980er Jahre* bedeuteten für die Schulsozialarbeit in Deutschland auf der einen Seite eine klare Stagnation, da die Bildungsreform als gescheitert betrachtet wurde und in diesem Zuge Projekte der Schulsozialarbeit quantitativ reduziert wurden (Tillmann 1987). Auf der anderen Seite entwickelte sich eine vielfältige Fortbildungs-, Forschungs- und Publikationslandschaft zur Schulsozialarbeit. Erwähnenswert sind hier vor allem wissenschaftliche Begleitungen zu Einzelprojekten der Schulsozialarbeit (Tillmann 1982a; Staufer/Stickelmann 1984; DJI 1984b; Kersting 1985; Salustowicz 1986; Frommann et al. 1987) sowie vielfältige Untersuchungen, Tagungen, Materialien und Publikationen des Deutschen Jugendinstituts (DJI) mit Bestandsaufnahmen und Beiträgen zur fachlichen Weiterentwicklung der Schulsozialarbeit in Deutschland (Raab/Rademacker 1981 und 1982; Schneider et al. 1982; DJI 1984a, 1984b und 1985 und als Überblick Raab et al. 1987). Konzeptionell waren die 1980er Jahre durch eine Vielfalt an Trägerschaften und Ansätzen von schulbezogenen Angeboten der Jugendhilfe gekennzeichnet. Dies führte letztlich dazu, für alle Kooperationsformen von Jugendhilfe und Schule die Bezeichnung Schulsozialarbeit als Oberbegriff einzuführen.

In den *1990er Jahren* kam es dann zu einem deutlichen Ausbau der Schulsozialarbeit und darauf bezogenen Forschungsaktivitäten in Deutschland und der Schweiz (Baier/Heeg 2011; Speck/Olk 2010a und b; Drilling 2009; Olk et al. 2000). Hierfür gab es im Wesentlichen zwei Gründe: Zum einen entwickelte sich auf der konzeptionellen Ebene ein verändertes Aufgabenverständnis und Problembewusstsein in der Jugendhilfe und Schule, das gegenseitige Öffnungen zwischen beiden Institutionen erleichterte. Aufseiten der Jugendhilfe waren eine Verringerung der Schulkritik und eine Öffnung für Schule spürbar. In dieser Richtung sind insbesondere hervorzuheben:

- **a** das Fachkonzept einer offensiven und präventiven, „lebensweltorientierten Jugendhilfe“ (BMJFFG 1990, 122 ff.; Thiersch 1997; Grunwald/Thiersch 2004),
- **b** das sozialpädagogisch und auf eine Kooperation mit der Institution Schule ausgerichtete Kinder- und Jugendhilfegesetz (1990/1991) sowie
- **c** die zunehmende Fachdiskussion und die vielfachen Plädoyers zur Kooperation von Jugendhilfe und Schule bzw. Schulsozialarbeit (Brenner/Nörber 1992; Aden-Grossmann 1995; Flösser et al. 1995; Hurrelmann 1996; Gilles 1996 und 1998).

Aufseiten der Schule erfolgte parallel dazu eine umfassende Schulentwicklungs-, Professionalisierungs- und Qualitätsdebatte, in der der Auftrag und die Aufgaben von Schule und LehrerInnen diskutiert wurden (Helsper et al. 1996; Terhart 1996a und 1996b; Wenzel 1998; die Beiträge in Grossenbacher et al. 1997; Horster 1998; Fend 1998). Die Diskussionen führten sukzessive zu einer stärkeren Öffnung von Schule gegenüber außerschulischen Partnern und damit auch der Sozialpädagogik. Erkennbar ist dies unter anderem

- **a** an den sozialpädagogischen Themen in „Schulpublikationen" (z. B. die Beiträge in Fatke/Valtin 1997; Deinet 1998a, 338 ff.),
- **b** den vielfältigen Programmen zur Öffnung von Schule sowie
- **c** der Berücksichtigung von außerschulischen Kontakten bei der Formulierung von Qualitätskriterien für Schulen.

Der Ausbau der Schulsozialarbeit in den 1990er Jahren in vielen deutschsprachigen Ländern (Deutschland, Schweiz, Österreich) wurde jedoch nicht nur durch konzeptionelle Debatten gefördert. Durch konkrete Förderprogramme zur Schulsozialarbeit auf der Landes- und Kommunal-/Kantonsebene kam es in den 1990er Jahren auch zu einem quantitativen Ausbau der Schulsozialarbeit. Ausschlaggebend für die Förderprogramme war vor allem der Versuch, die negativen Folgen gesellschaftlicher Transformations- und Veränderungsprozesses für das Aufwachsen von Kindern und Jugendlichen zu kompensieren sowie Belastungen und Probleme zu verringern (Drilling 2009, 19 ff.; Olk et al. 2000; Rademacker 1996, 226 ff.; Prüß/Bettmer 1996, 240 ff.). Die Förderprogramme wurden durch eine Vielzahl an wissenschaftlichen Forschungsprojekten und Begleitungen unterstützt.

Dass die Öffnung von Schule zur Jugendhilfe auch in den 1990er Jahren keineswegs selbstverständlich war, erkennt man – wie Nieslony (1996) zu Recht kritisierte – an der vielfach zitierten Denkschrift der Bildungskommission des Landes Nordrhein-Westfalen zur „Zukunft der Bildung – Schule der Zukunft", die nur am Rande auf die Jugendhilfe einging (Bildungskommission NRW 1995).

2 Aktueller Stand der Schulsozialarbeit

2.1 Fachliche und fachpolitische Entwicklung

Auf der *fachlichen Ebene* zeichnet sich im deutschsprachigen Raum seit Ende der 1990er/Anfang der 2000er Jahre eine deutliche Weiterentwicklung zur Schulsozialarbeit ab. Veröffentlichungen zur Schulsozialarbeit konzentrieren sich seltener auf projektbezogene, evaluierende Fragestellungen im Rahmen von wissenschaftlichen Begleitungen sowie die als schwierig eingeschätzte Kooperation von LehrerInnen und SozialarbeiterInnen. Stattdessen stehen häufiger auch

- das Konzept und Profil von Schulsozialarbeit (Deutscher Verein 2014a; Kooperationsverbund 2006; GEW 2003; Rademacker 2002; Maykus 2001; Olk et al. 2000; Braun/Wetzel 2000; Hollenstein/Tillmann 2000),
- das Bildungsverständnis und der Bildungsertrag der Schulsozialarbeit (Kooperationsverbund Schulsozialarbeit 2013; BAG JSA 2005),
- die Verortung der Schulsozialarbeit in multiprofessionellen Ganztagsschulen, Sozialraumkonzepten und Bildungslandschaften (Spies 2013; Speck et al. 2011b und c; Bolay et al. 2003),
- die Professionalität und das methodische Handeln der SchulsozialarbeiterInnen (Baier/Deinet 2011; Hollenstein/Nieslony 2012; Pötter/Segel 2009; Braun 1999 und 1997; Verein für Kommunalwissenschaften 1997; Wulfers 1994 und 1991) sowie
- die Wirkungspotenziale und Wirkungen der Schulsozialarbeit (Baier/Heeg 2011; Speck/Olk 2010a und b; Olk/Speck 2009; Drilling 2009; Speck 2006a; Bolay 2004a und 2004b; Elsner/Rademacker 1997; Hentze et al. 1997) im Mittelpunkt der Aufmerksamkeit.

Auf der *fachpolitischen Ebene* ist unbestritten, dass es einen hohen Bedarf für Schulsozialarbeit gibt. Dementsprechend gehört das Arbeitsfeld Schulsozialarbeit seit Anfang der 1990er Jahren (BMJFFG 1990; BMFSFJ 1994 und 1998) zunehmend zu einem festen Bestandteil der Kinder- und

Jugendpolitik und der Kinder- und Jugendberichte (z.B. BMFSFJ 2002a; 2005; 2009). Der 14. Kinder- und Jugendbericht verweist unter anderem auf die hohe Anerkennung der Schulsozialarbeit in den Schulen, den deutlichen personellen Zuwachs in der Schulsozialarbeit in den letzten Jahren sowie den eigenständigen sozialpädagogischen Auftrag der Fachkräfte der Schulsozialarbeit in den Schulen (BMFSFJ 2013, 329ff.). Viele jugend- und vereinzelt auch schulpolitisch bedeutsame Verbände, Organisationen, Kommissionen und Arbeitsgruppen auf der Bundesebene haben zudem in den 1990er und 2000er Jahren ausführliche Stellungnahmen und Empfehlungen zur Schulsozialarbeit veröffentlicht (siehe Kasten).

Stellungnahmen und Empfehlungen zur Schulsozialarbeit auf der Bundesebene

- Arbeiterwohlfahrt Bundesverband (AWO 2013),
- AvenirSocial und SchulsozialarbeiterInnen-Verband (2010a und b),
- Bundesarbeitsgemeinschaft der Landesjugendämter (BAGLJÄ 2014; 1993),
- Bundesarbeitsgemeinschaft Evangelische Jugendsozialarbeit (BAG EJSA 2012),
- Bundesarbeitsgemeinschaft Katholische Jugendsozialarbeit (BAG KJS 2002),
- Bundeselternrat (2014),
- Der Paritätische (2013; 2005),
- Der Paritätische, Bundesarbeitsgemeinschaft Katholische Jugendsozialarbeit, Bundesarbeitsgemeinschaft Evangelische Jugendsozialarbeit (Der Paritätische, BAG EJSA und BAG KJS 2014),
- Deutscher Lehrertag des Verbandes Bildung und Erziehung (VBE 2003),
- Deutscher Verein für öffentliche und private Fürsorge (Deutscher Verein 2014a und b; 2013),
- Gewerkschaft Erziehung und Wissenschaft (GEW 2011; 2003; 1994; 1980),
- Kooperationsverbund Jugendsozialarbeit (2013),
- Kooperationsverbund Schulsozialarbeit (2013; 2006),
- Sachverständigenkommissionen der Kinder- und Jugendberichte (BMJFFG 1990; BMFSFJ 2013, 2009, 2005, 2002a, 1998, 1994),
- Verein für Kommunalwissenschaften (1997).

In den fachpolitischen Stellungnahmen und Empfehlungen wird die Schulsozialarbeit auf der Bundesebene weitgehend unstrittig als ein kontinuierliches, präventives und sozialpädagogisches Angebot der Jugendhilfe am Ort Schule für grundsätzlich alle Kinder und Jugendlichen verstanden, das eine breite Angebotspalette und eine hohe Präsenzzeit der sozialpädagogischen Fachkräfte in den Schulen, eine gleichberechtigte Kooperation zwischen LehrerInnen und SozialarbeiterInnen, gemeinsame Kommunikationsstrukturen, Absprachen und Fortbildungen zwischen Jugendhilfe und Schule sowie abgesicherte Finanzierungsstrukturen und Rahmenbedingungen benötigt. Bemerkenswert an den Stellungnahmen und Empfehlungen sind einerseits die übereinstimmenden Positionen zum Ausbau der Schulsozialarbeit und andererseits die nach wie vor bestehenden Forderungen nach einer abgesicherten Finanzierungsgrundlage.

Über die konkreten fachpolitischen Stellungnahmen und Empfehlungen zur Schulsozialarbeit hinaus haben sich in den 1990er und 2000er Jahren sehr viele Verbände, Organisationen, Kommissionen und Arbeitsgruppen auf der Bundesebene mit der Schulsozialarbeit im Rahmen von übergreifenden Positionspapieren zur Kooperation von Jugendhilfe und Schule beschäftigt. Beispiele hierfür sind a) der Länderbericht und das Arbeitspapier der Obersten Landesjugendbehörden zur Kooperation von Jugendhilfe und Schule (AGOLJB 1996; 2000), b) die Handlungsempfehlungen der Arbeitsgemeinschaft für Kinder- und Jugendhilfe zur Kooperation von Jugendhilfe und Schule (AGJ 2006; auch 2003), c) die Leitgedanken der Gewerkschaft Erziehung und Wissenschaft zur Kooperation von Schule und Jugendhilfe (GEW 2005), d) die Stellungnahmen der Bundesarbeitsgemeinschaft Jugendsozialarbeit zum Selbstverständnis der Jugendsozialarbeit in Ganztagsschulen und zum Verhältnis von Jugendsozialarbeit und Schule (BAG JSA 2005; BAG JAW 1996), e) die Handreichung des Diakonischen Werkes der Evangelischen Kirche zur Kooperation Kinder- und Jugendhilfe und Schule (Diakonisches Werk 2006), f) die Stellungnahmen des Bundesjugendkuratoriums zum Ganztagsprogramm des Bundes und für ein neues Verhältnis von Bildung und Jugendhilfe (BJK 2002a und b; 2003; BJK/Sachverständigenkommission/AGJ 2002) sowie g) die Empfehlungen und Arbeitshilfen des Deutschen Vereins für öffentliche und private Fürsorge zur Zusammenarbeit der Kinder- und Jugendhilfe mit der Schule (2001 und 2000). Für den Bedeutungszuwachs der Kooperation von Jugendhilfe und Schule in den 1990er und 2000er Jahren spricht auch, dass das Thema seit dieser Zeit regelmäßig Gegenstand der Jugendministerkonferenz (JMK 2000; 2002; 2004) und sogar gemeinsamer Erklärungen aus dem Jugendhilfe- und Schulbereich ist (AGJ und KMK 2008; JMK und KMK 2002 und 2004; Forum Bildung 2001; KMK und AGJ 1998).

2.2 Quantitative Verbreitung und Entwicklung

Über die tatsächliche *quantitative Verbreitung und die Entwicklung* von Schulsozialarbeit im deutschsprachigen Raum liegt bis Mitte der 2010er Jahre nur eine unzureichende und fragmentierte Datengrundlage vor. Es fehlt an einer grundlegenden Bestandsaufnahme, die das gesamte Spektrum von Trägern der Schulsozialarbeit im Blick hat (schulische Träger, örtliche Träger der Jugendhilfe, freie Träger der Jugendhilfe, ggf. Arbeitsverwaltung) und alle Schultypen, Bundesländer/Kantone und Kommunen/Gemeinden erfasst.

Für die Verbreitung von Schulsozialarbeit in **Deutschland** liegen Daten aus a) verschiedenen bundesweiten Bestandsaufnahmen bei Jugendämtern, Schulen und SchülerInnen, b) der bundesweiten Kinder- und Jugendhilfestatistik und c) Veröffentlichungen aus Länderprogrammen und -statistiken zur Schulsozialarbeit (z. B. Internetpräsentationen, Statistiken, Studien von wissenschaftliche Begleitungen, politische Äußerungen, Kleine Anfragen) vor. Zu berücksichtigen ist, dass die Daten mit einer gewissen Vorsicht zu interpretieren sind, da sie unterschiedliche Begriffsverständnisse nutzen, zum Teil älteren Ursprungs sind, mitunter auf eingeschränkten Informationen der Befragtengruppen beruhen, bei bestimmten Befragtengruppen erhoben worden sind und zum Teil mit sozial erwünschten Antworten einhergehen.

Zu a) Das Deutsche Jugendinstitut (DJI) beschäftigte sich auf der Basis eigener Untersuchungen und Analysen bereits seit langem mit der Verbreitung von Schulsozialarbeit in Deutschland (Raab/Rademacker 1982, 53 ff.). In einer ersten umfassenden Bestandsaufnahme zur Kooperation von Jugendhilfe und Schule in Deutschland bei den *Jugendämtern* im Jahre 1983 (Raab et al. 1987, 239 ff.) wurde durch das Deutsche Jugendinstitut ermittelt, dass in 9 % der Jugendämter eigene Schulsozialarbeits-Projekte, in 5 % der Ämter Schulsozialarbeits-Projekte von freien Trägern der Jugendhilfe und in immerhin 16 % der Ämter Schulsozialarbeits-Projekte in schulischer Trägerschaft bestanden.

Befragungsergebnisse des Deutschen Jugendinstituts bei den Jugendämtern in Deutschland, die im Jahr 2013 veröffentlicht worden sind, zeigen, dass die Verbreitung von Schulsozialarbeit in den 2000er Jahren, im Vergleich zu den 1980er und 1990er Jahren, deutlich zugenommen hat. Bestand im Jahr 1996 in der Hälfte der Jugendamtsbezirke ein Projekt der Schulsozialarbeit (49 %), existierten im Jahr 2008 bereits in zwei Dritteln der Jugendamtsbezirke entsprechende Schulsozialarbeits-Projekte (70 %). Projekte der Schulsozialarbeit gab es dabei häufiger in ostdeutschen als in westdeutschen Jugendamtsbezirken (84 % vs. 64 %). Darüber sind Projekte der Schulsozialarbeit zunehmend häufiger bei freien Trägern und seltener ausschließlich bei öffentlichen Trägern angesiedelt (van Santen et al. 2003, 277 ff. und 328 ff. sowie Gadow et al. 2013, 125 ff., Tab. 1).

Weitere Zahlen zur Verbreitung von Schulsozialarbeit in den Schulen in Deutschland liefert eine andere Befragung des Deutschen Jugendinstituts Anfang der 2000er Jahre bei *Schulleitungen.* Den Ergebnissen zufolge gab es – legt man die Aussagen der befragten SchulleiterInnen zugrunde – im Jahr 2002 an 22 % der allgemeinbildenden Schulen Schulsozialarbeit (Behr-Heintze/Lipski 2005, 16). Ein Projekt der Schulsozialarbeit war umso wahrscheinlicher, je eher es sich um eine Schule in Ostdeutschland, eine Gesamt- oder Hauptschule, eine Ganztagsschule, eine große Schule sowie eine Schule mit einer hohen Zahl ausländischer Jugendlicher und einer Vielzahl an SchülerInnen aus sozial belasteten Familien handelte (Behr-Heintze/Lipski 2005, 25).

Tab. 1: Schulsozialarbeits-Projekte in den Jugendamtsbezirken 1996 und 2008 – Angaben der Jugendämter (in Prozent; van Santen et al. 2003, 277 ff. sowie Gadow et al. 2013, 125 f.)

	1996	**2000**	**2004**	**2008**
Gesamt vorhandene Schulsozialarbeits-Projekte in den Jugendamtsbezirken	49	66	78	70
Trägerschaft der Projekte				
ausschließlich öffentlicher Träger	49	40	35	26
teils öffentlicher/teils freier Träger	18	17	11	25
ausschließlich freier Träger	33	44	54	49

Aus dem Jugendsurvey von 2003 (Deutsches Jugendinstitut 2003) und der AID:A-Studie von 2009 (Deutsches Jugendinstitut 2009) sind ferner bundesweite Aussagen von *SchülerInnen* zur Nutzung von Schulsozialarbeit in Deutschland zu gewinnen. Die Daten verweisen darauf, dass Schulsozialarbeit lediglich von einem Teil der SchülerInnen selbst aktiv genutzt wird. Dem Jugendsurvey von 2003 zufolge nutzten 5,1 % der 12 bis 15jährigen bzw. 4,8 % der 16–29jährigen SchülerInnen das Angebot der Schulsozialarbeit. Die AID:A-Studie aus dem Jahr 2009 verweist auf eine Nutzungsquote von 9,1 % bei den 13 bis 17jährigen SchülerInnen in Deutschland (Tab. 2).

Zu b) Die bundesweite Kinder- und Jugendhilfestatistik erfasst inzwischen kontinuierlich Aussagen über Personen, die mit einer über-

Tab. 2: Kenntnis und Nutzung von Schulsozialarbeit – Angaben der SchülerInnen (in Prozent, eigene Berechnung auf der Grundlage des DJI-Jugendsurveys 2003 bzw. der AID:A-Studie 2009, Quelle: Deutsches Jugendinstitut 2003 und 2009; Datenabruf über GESIS Datenarchiv Köln)

DJI-Jugendsurvey 2003 (SchülerInnen im Alter von 12–29 Jahren)	**2003 12–15 Jahre**	**2003 16–29 Jahre**
von Schulsozialarbeit gehört, aber nicht genutzt	56,4	61,2
von Schulsozialarbeit gehört und auch genutzt	5,1	4,8
von Schulsozialarbeit noch nicht gehört	38,5	34,0
Gesamt:	100,0	100,0
AID:A 2009 (SchülerInnen im Alter von 13–17 Jahren)	**2009 13–17 Jahre**	
Schulsozialarbeit in den letzten 12 Monaten genutzt	9,1	
Schulsozialarbeit in den letzten 12 Monaten nicht genutzt	90,9	
Gesamt	100,0	

wiegenden Tätigkeit im Bereich der schulbezogenen Jugendhilfe tätig sind (BMFSFJ 2005, 417 ff. und 640 f.; BMFSFJ 2013, 329 ff.). Nach diesem sehr weiten Erfassungsverständnis von Schulsozialarbeit waren im Jahr 1998 755 und im Jahr 2010 bereits 3.025 Personen der Kinder- und Jugendhilfe im Handlungsfeld Schulsozialarbeit tätig. Von den 3.025 Personen waren 83 % Frauen und 27 % Männer. Hinsichtlich der Trägerschaft wird das Handlungsfeld der Schulsozialarbeit von freien Trägern der Jugendhilfe dominiert. 58 % der SchulsozialarbeiterInnen sind beim freien Träger und 42 % beim öffentlichen Träger der Jugendhilfe angestellt (Tab. 3).

Zu c) In vielen Bundesländern wird die Schulsozialarbeit über spezifische Landesprogramme gefördert, sodass mit einem erheblichen Rechercheaufwand bei den Kultusministerien, Sozialministerien, Landesjugendämtern und Begleitforschungen zu einem bestimmten Stichtag Erkenntnisse zur Anzahl der über die Länder geförderten Schulen und Projekte sowie zu den beschäftigten SchulsozialarbeiterInnen zusammengetragen werden können. Vernachlässigt werden dabei allerdings – nicht zuletzt aufgrund der äußerst schlechten Datengrundlage – der Einsatz von SozialpädagogInnen über Verfahren der Jugendpauschale,

Tab. 3: Tätige Personen im Handlungsfeld Schulsozialarbeit nach Beschäftigungsstatus (Deutschland; 1998 bis 2010; Angaben absolut und in Prozent; Quelle: BMBFJ 2013, 330)

	Angaben absolut				**Verteilung in %**			
	Personal insgesamt	davon Vollzeit	davon Teilzeit	davon im Nebenberuf	**Personal insgesamt**	davon Vollzeit	davon Teilzeit	davon im Nebenberuf
1998	755	365	335	55	100,0	48,3	44,4	7,3
2002	1.385	606	638	141	100,0	43,8	46,1	10,2
2006	1.751	605	924	222	100,0	34,6	52,8	12,7
2010	3.025	1.036	1.738	251	100,0	34,2	57,5	8,3

anteilige Landeszuschüsse und schulrechtliche Regelungen. Einen Einblick in die Förderung der Schulsozialarbeit bietet Tab. 4.

Tab. 4: Überblick über Schulsozialarbeit in Deutschland (Stand 2014); vorrangig die Schulsozialarbeit, die im Rahmen von Landesprogrammen gefördert oder Landesstatistiken empirisch erfasst wird (Quellen: Literatur- und Internetrecherche, Kleine und Große Anfragen, Kinder- und Jugendberichte, Anfragen bei Ministerien, Landesjugendämtern, wissenschaftliche Begleitungen und Landesarbeitsgemeinschaften der Länder)

Baden-Württemberg	■ das Land beteiligt sich seit 2012 zu einem Drittel an den Kosten der Schulsozialarbeit; ab dem Haushaltsjahr 2014 stehen hierfür jährlich 25 Millionen EUR für die Schulsozialarbeit zur Verfügung (Stand 2013) ■ zum Ende des Schuljahres 2012/13 gab es **1.041 Schulsozialarbeiterstellen** und 1.556 Beschäftigte in der Schulsozialarbeit (Stand 2013) ■ Schulsozialarbeit gab es im Jahr 2013 an 778 Grundschulen, 660 Werkreal-/Hauptschulen, 330 Realschulen und 173 Gymnasien (Stand 2014); darüber hinaus gab es an Berufsbildenden Schulen 95 Vollkraftstellen für Schulsozialarbeit (Stand 2013) ■ in den letzten Jahren fand ein systematischer Ausbau statt (2011: 802 Stellen; 2012: 826 Stellen; 2013: 1.041 Stellen); im Jahr 2013 gab es an 2.600 Schulen Schulsozialarbeit, so dass an mindestens jeder zweiten Schule Schulsozialarbeit angeboten wird (Stand 2014)
Bayern	■ das Land fördert die Schulsozialarbeit im Rahmen einer Festbetragsfinanzierung mittels einer Förderrichtlinie zur Jugendsozialarbeit an Schulen (Stand 2014) ■ im Jahr 2014 gab es Schulsozialarbeit im Umfang von **642 Vollzeitstellen** mit mindestens 886 Fachkräften (Stand 2014) ■ Mitte 2014 existierte an 886 Schulen, davon an 502 Mittelschulen, 176 Grundschulen, 131 Förderschulen, 70 Berufsschulen und 7 Realschulen Schulsozialarbeit (Stand 2014)

	■ die Schulsozialarbeit wird seit vielen Jahren zielgerichtet und systematisch ausgebaut; bis 2019 soll – so ein Beschluss des Bayerischen Ministerrates von 2009 – ein Ausbau auf 1.000 Stellen erfolgen (Stand 2014)
Berlin	■ das Land fördert die Schulsozialarbeit über den Landeshaushalt im Rahmen des Programms Jugendsozialarbeit an Schulen (Stand 2014) ■ im Jahr 2014 kamen in der Schulsozialarbeit **256 Vollzeitstellen** mit 368 SozialpädagogInnen an 248 Schulen zum Einsatz (inklusive von einzelnen bezirksübergreifenden Projekten Stand 2014) ■ im Jahr 2014 wurden mit Schulsozialarbeit 121 Grundschulen (121 Stellen), 57 Integrierte Sekundarschulen (58 Stellen), 42 Förderzentren (28 Stellen), 19 Berufliche Schulen (16 Stellen) und 9 Gymnasien (9 Stellen). erreicht; zusätzlich stehen 11 Stellen für „besondere Aufgaben" und 13 für Koordinierungsaufgaben zur Verfügung (Stand 2014) ■ die Schulsozialarbeit wird seit vielen Jahren zielgerichtet und kontinuierlich ausgebaut (Stand 2014)
Brandenburg	■ das Land fördert anteilig die Personalkosten für SchulsozialarbeiterInnen im Rahmen des sogenannten 510-Stellen-Programms (Stand 2014) ■ im Jahr 2013 wurden im Rahmen des Personalkostenprogramms des Landes rund **177 Vollzeitstellen** für Schulsozialarbeit im Umfang von rund 1,7 Millionen EUR gefördert; darüber hinaus fördern die Landkreise und Kommunen die Schulsozialarbeit und andere Kooperationsformen von Jugendhilfe und Schule (Daten hierzu liegen jedoch nicht vor) (Stand 2013) ■ der Koalitionsvertrag zwischen SPD und Die Linke (2009–2014) sieht vor, das 510-Stellen-Programm für Jugendarbeit und Jugendsozialarbeit fortzuführen
Bremen	■ Schulsozialarbeit wurden in Bremen in den letzten Jahren u. a. über Mittel im Kontext des Bildungs- und Teilhabepaktes des Bundes finanziert (Stand 2014)

Fortsetzung von Tabelle 4

	■ 2014 wurde beschlossen, für die Jahre 2014/2015 insgesamt **55 Stellen** für Schulsozialarbeit innerhalb des Haushaltes des Landes zu finanzieren (45 in der Stadtgemeinde Bremen, 10 in der Seestadt Bremerhaven); es entstehen ab 2015 jährlich Kosten in Höhe von 2,8 Millionen EUR; ab 2016 soll die Schulsozialarbeit als kommunale Aufgabe in den Haushalten der beiden Stadtgemeinden veranschlagt werden (Stand 2014) ■ die 55 Stellen wurden auf die Grundschulen (22 Stellen), die weiterführenden allgemeinbildenden Schulen (15,5 Stellen) sowie die berufsbildenden Schulen (7 Stellen) verteilt; eine halbe Stelle wurde für die Koordination der Schulsozialarbeit eingesetzt (Stand 2014); die Auswahl der Schulen erfolgt anhand von Sozialindikatoren (Stand 2014)
Hamburg	■ eine spezielle Verwaltungsvorschrift für Schulsozialarbeit liegt nicht vor und ist auch nicht geplant (Stand 2013) ■ im Jahr 2013 waren an ca. 60 Schulen SozialpädagogInnen mit unterschiedlichen Wochenarbeitszeiten in einem Umfang von ca. **53,55 Stellen** beschäftigt (Stand 2013) ■ besonders den Stadtteilschulen wurden SozialpädagogInnen zugewiesen; von den 60 Schulen mit SozialpädagogInnen sind 41 Stadtteilschulen, 11 Stadtteilschulen mit Grundschulen und 8 Grundschulen (Stand 2013) ■ es gibt zudem 13 regionale Bildungs- und Beratungszentren (ReBBZ) mit SchulpsychologInnen, LehrerInnen und SozialpädagogInnen (Stand 2014)
Hessen	■ die Förderung der Schulsozialarbeit erfolgt über unterschiedliche Formen: 1. Drittelförderung zwischen Land, Landkreis und Kommune in ausgewählten Landkreisen, 2. Förderung von Projekten durch Kommunen/Landkreise, 3. Förderung von zehn Schulen in sechs Schulträgerbereichen durch das Land in einer Höhe von 400.000 EUR (Stand 2013) ■ zusätzlich können alle Schulen auf der Hälfte ihrer freien Lehrerstellen, die über die 100 %ige Lehrerversorgung hinausgehen, sozialpädagogische Mitarbeiterinnen und Mitarbeiter für die „unterrichtsunterstützende sozialpädagogische Förderung" beschäftigen (Stand 2013)

	■ das Landesschulamt verfügt **nicht über detaillierte Informationen**, welche Personen, mit welchen Aufgaben, in welchem Umfang in den Schulen tätig sind (Stand 2014) ■ der Koalitionsvertrag zwischen CDU und Bündnis90/Die Grünen (2014–2019) sieht vor, dass Schulen die zusätzlichen Stellen über den Sozialindex für den Einsatz von SozialpädagogInnen und einen Teil der Lehrerversorgung, der über 100 % hinausgeht, für die Einstellung von SozialpädagogInnen nutzen können
Mecklenburg-Vorpommern	■ das Land fördert seit 1999 über die „Landesinitiative Jugend- und Schulsozialarbeit" Personal im Handlungsfeld Schulsozialarbeit (Stand 2014) ■ im Jahr 2013 wurden 216 SchulsozialarbeiterInnen mit ESF-Mitteln und weitere 78 Fachkräfte über Mittel für Schulsozialarbeit im Kontext des Bildungs- und Teilhabepaktes gefördert, d. h. insgesamt 294 Fachkräfte für Schulsozialarbeit (Stand 2013) ■ im Jahr 2013 standen 3,40 Millionen EUR und im Jahr 2014 4,28 Millionen EUR für die Schulsozialarbeit zur Verfügung (jeweils ESF-Budget); die gleiche Förderung stellt das Land den Landkreisen und Städten auch für die Jahre 2015 bis 2017 in Aussicht (Stand 2014) ■ in 2014 gab es insgesamt 308 Fachkräfte der Schulsozialarbeit, **davon 206 über das ESF-Programm, die Gemeinden oder Kreise finanziert,** und 102 über Mittel im Kontext des Bildungs- und Teilhabepaktes finanziert (BuT) (Stand 2014) ■ von den Fachkräften für Schulsozialarbeit (ESF und BuT) sind 117 an regionalen Schulen, 47 an Grundschulen, 36 an Gymnasien, 35 an Förderschulen, 28 an Grundschulen, 23 an Gesamtschulen, 6 an Schulstationen und 20 an mehreren Schulen (Stand 2014) ■ die Verstetigung der Schulsozialarbeit hat seit langem eine hohe politische Priorität im Land; im Koalitionsvertrag von SPD und CDU (2011–2016) wurde vereinbart, die Schulsozialarbeit weiter abzusichern

Fortsetzung von Tabelle 4

Nieder-sachsen	■ SchulsozialarbeiterInnen bzw. (sozial-)pädagogische Fachkräfte in Schulen sind über unterschiedliche Programme und Träger beschäftigt (Stand 2014) ■ im Jahr 2013 kamen im Landesdienst u. a. a) SchulsozialarbeiterInnen an sogenannten Brennpunktschulen (ca. 25 Stellen), b) SozialpädagogInnen im Ganztagsbereich (ca. 200 Stellen), c) sozialpädagogische Fachkräfte an allen BBS mit Berufsvorbereitungsjahr (ca. 100 Stellen) sowie d) SozialpädagogInnen an Förderschulen mit dem Förderschwerpunkt emotionale und soziale Entwicklung, z. T. auch an allgemeinen Schulen (ca. 70 Stellen), zum Einsatz (**mind. 395 Stellen**) (Stand 2014) ■ im Jahr 2014 waren ferner in Schulen SozialpädagogInnen bei Schulträgern (Kommunen) oder freien Trägern angestellt und wurden über a) eine Förderrichtlinie zur Durchführung sozialpädagogischer Maßnahmen zur Berufsorientierung und Berufsbildung (ehem. Hauptschulprofilierungsprogramm mit **500 Stellen**) (jährlich 13,5 Millionen EUR bis 2016), b) kommunale Förderungen oder c) sonstige Fördermittelgeber (z B. Arbeitsagentur, Stiftungen, Bildungs- und Teilhabepaket) finanziert (Stand 2014) ■ die Koalitionsvereinbarung zwischen SPD und Bündnis90/Die Grünen (2013–2018) sieht eine Bestandsaufnahme für ein schulisches Beratungs- und Unterstützungssystem sowie den Ausbau der schulischen Sozialarbeit vor
Nord-rhein-Westfa-len	■ Schulsozialarbeit wird a) auf der kommunalen Ebene im Rahmen des SGB VIII, b) durch das Land mit 593 Zuschlagsstellen zur Grundstellenzahl bzw. Tarifstellen, c) durch einen Runderlass „Beschäftigung von Fachkräften für Schulsozialarbeit in NRW" gefördert ■ im Rahmen des Runderlasses können SchulsozialarbeiterInnen auf Lehrerstellen eingestellt werden, wenn die Kommune/der Kommunalverband bzw. die örtlichen/freien Träger der Jugendhilfe in gleichem Umfang sozialpädagogisches Personal an den Schulen bereitstellen (Stand 2014) ■ in 2011 gab es in NRW insgesamt 1.352 SchulsozialarbeiterInnen auf **1.088 Stellen**, davon 939 Fachkräfte auf 762 landesfinanzierten Stellen und 413 Fachkräfte auf 326 örtlich finanzierten Stellen; im Jahr 2012 stieg die Zahl der landesfinanzierten Stellen auf 837,2 (Stand 2012)

	■ in 2011 wurde 1.217 Schulen (= 21,1 %) mit Schulsozialarbeit versorgt; die größte Versorgungsquote hatten die Gesamtschulen (98,1 %), die Hauptschulen (81,2 %) und die Berufskollegs/Weiterbildungskollegs (21,1 %) (Stand 2012) ■ im Jahr 2012 wurden im Kontext des zeitlich befristeten Bildungs- und Teilhabepaketes zusätzlich insgesamt 1.419 Fachkräfte für Schulsozialarbeit beschäftigt; deren Weiterfinanzierung nach 2013 prekär war (Stand 2014) ■ in 2012 waren die 837,2 landesfinanzierten Stellen für Schulsozialarbeit an Hauptschulen (316,1 Stellen) und Gesamtschulen (268,1 Stellen), aber auch an Berufskollegs (90 Stellen), Grundschulen (44,6 Stellen), Förderschulen (39,0 Stellen), Realschulen (37,5 Stellen) sowie Gymnasien (21,6 Stellen), Weiterbildungskollegs (13,3 Stellen) und Sekundarschulen (6.6 Stellen) tätig (Stand 2012)
Rheinland-Pfalz	■ Schulsozialarbeit wird vom Land an allgemeinbildenden und berufsbildenden Schulen gefördert; es gibt zusätzlich Schulsozialarbeit durch die Kommunen ■ in 2012 wurden vom Land **204,87** Stellen für Schulsozialarbeit gefördert, davon 100,75 Stellen an Realschulen plus, 47,12 an Berufsbildenden Schulen, 32,25 an Integrierten Gesamtschulen, 18,75 an Hauptschulen, 3,5 an Förderschulen und 2,5 an Grundschulen (Stand 2012) ■ in 2012 lag ein hoher Versorgungsgrad mit Schulsozialarbeit (Durchschnitt = 21,4 %) – bezogen auf die öffentlichen Schulen – an a) Berufsbildenden Schulen (98,6 %), b) Hauptschulen (88,9 %), c) Integrierten Gesamtschulen (88,7 %) und d) Realschulen vor (78,5 %). ■ Ende 2013 förderte das Land an a) 163 der 201 Realschulen plus, b) 48 der 55 Integrierten Gesamtschulen und c) 60 der 64 öffentlichen Berufsbildenden Schulen Schulsozialarbeit (Stand 2014) ■ der Koalitionsvertrag zwischen SPD und Bündnis90/Die Grünen (2011–2016) sieht einen landesweiten Ausbau der Schulsozialarbeit und eine Unterstützung der Landkreise und kreisfreien Städte dabei vor

Fortsetzung von Tabelle 4

Saarland	■ im Saarland gibt es – neben kommunalen Projekten – seit längerem ein landesweites Programm „Schoolworker", welches auf die Förderung der Kooperation von Jugendhilfe und Schule abzielt, wobei die SchoolworkerInnen an mehreren Schulen tätig sind (Stand 2014) ■ innerhalb des Programms werden die Personalkosten hälftig vom Land und von den Kreisen finanziert; im Jahr 2013 wurden 1.603.000 EUR im Landeshaushalt für die SchoolworkerInnen bereitgestellt (Stand 2013) ■ im Jahr 2012 bestanden landesweit **60 Personalstellen** mit 89 SchoolworkerInnen tätig an 200 Schulen im Saarland, davon 111 an Grundschulen, 17 an Förderschulen Lernen und 72 an weiterführenden Schulen (Stand 2013) ■ im Jahr 2013 waren landesweit 85 SchoolworkerInnen mit 60 Personalstellen an 200 Schulen im Saarland tätig (Stand 2013) ■ der Koalitionsvereinbarung zwischen CDU und SPD (2012–2017) enthält ein klares Bekenntnis zu einem dauerhaften Netz an Schulsozialarbeit sowie SchoolworkerInnen
Sachsen	■ der Einsatz von SozialpädagogInnen in Schulen wird gefördert über a) die kommunale Jugendpauschale, b) eine Richtlinie zur Weiterentwicklung der Kinder- und Jugendhilfe und das Konzept „Chancengerechte Bildung", c) eine ESF-geförderte Richtlinie für „sozialpädagogische Vorhaben zur Kompetenzentwicklung von Schülerinnen und Schülern", d) eine Richtlinie für die sozialpädagogische Betreuung im Berufsvorbereitungsjahr sowie e) Modellvorhaben zur Koordinierung von Projekten im Bereich, Kompetenzentwicklung für Schülerinnen und Schüler" (Stand 2014) ■ im Juli 2011 waren insgesamt 190 SchulsozialarbeiterInnen an 238 sächsischen Schulen mit einem Umfang von **149 Vollzeitstellen** beschäftigt; (Stand 2011); aktuellere Daten lagen 2014 nicht vor ■ im Koalitionsvertrag von CDU und FDP (2009–2014) wurde formuliert, dass bedarfsgerechte Angebote zur Schulsozialarbeit in Zusammenarbeit mit den Kommunen angestrebt und die Kinder- und Jugendhilfe mit der Schulsozialarbeit verzahnt werden sollen

Sachsen-Anhalt	■ die Förderung der Schulsozialarbeit erfolgte in Sachsen-Anhalt in erster Linie über das ESF-Programm „Projekte zur Vermeidung von Schulversagen und zur Senkung des vorzeitigen Schulabbruchs" des Landes und kommunale Projekte ■ im Rahmen des ESF-Programms wurden seit 2008 Projekte der Schulsozialarbeit gefördert (Stand 2014); die Fortführung der Schulsozialarbeit über 2015 hinaus wird vorbereitet (Stand 2014) ■ im Schuljahr 2011/2012 wurden 265 SchulsozialarbeiterInnen auf **293,1 Vollzeitstellen** über das ESF-Programm gefördert (inklusive der Netzwerkstellen) (Stand 2012) ■ im Schuljahr 2011/2012 gab es an 211 Schulen Schulsozialarbeit über das ESF-Programm, davon an 125 Sekundarschulen, 41 Förderschulen, 20 Berufsbildenden Schulen, 14 Grundschulen, 7 Gesamtschulen und 4 Gymnasien (Stand 2012) ■ in 2013 wurden zudem 229 sozialpädagogische Fachkräfte auf 190,275 Stellen über Mittel im Kontext des Bildungs- und Teilhabepaktes finanziert (Stand 2013) ■ im Koalitionsvertrag von CDU und SPD äußern beide Partner, dass sie bestrebt sind, die Schulsozialarbeit auch über den EU-Förderzeitraum bis 2013 hinaus zu fördern
Schleswig-Holstein	■ Schulsozialarbeit wurde seit Mitte der 2000er Jahre deutlich ausgebaut und wird in erster Linie über Landesmittel und kommunale Mittel finanziert ■ nach dem § 6 Abs. 6 Schulgesetz kann das Land „Angebote der Schulträger fördern, die der Betreuung, Beratung und Unterstützung der Schülerinnen und Schüler dienen (Schulsozialarbeit)"; vom Land wurden 2012 1,7 Mio. EUR und 2013 4,6 Mio. EUR für Schulsozialarbeit bereitgestellt (Stand 2014) ■ einer Befragung des Landesrechnungshofes zufolge, bestanden im Jahr 2009 landesweit 148 Vollzeitstellen mit 114 SozialpädagogInnen; im Kontext des Bildungs- und Teilhabepaktes wurden 106,5 Stellen in Voll- und Teilzeit für Schulsozialarbeit neu geschaffen und weitere Stellen verstetigt oder aufgestockt (= mind. **201,25 Vollzeitstellen insgesamt**) (Stand 2012);

	■ künftig stellt das Land den Kreisen und kreisfreien Städten jährlich 17,7 Mio. EUR für die Schulsozialarbeit zur Weiterleitung an die Schulträger zur Verfügung, auch um die Stellen über das Bildungs- und Teilhabepaket abzusichern (Stand 2014) ■ im Koalitionsvertrag von SPD/Bündnis, 90/Die Grünen und Südschleswigschen Wählerverband (2012–2017) wurde das Ziel formuliert, dass Schulsozialarbeit „normaler Teil von Schule wird" und Finanzierungslösungen für die Schulsozialarbeit mit dem Bund und Ländern gesucht werden sollen
Thüringen	■ Schulsozialarbeit wird in erster Linie über ein Landesprogramm (seit 2013) und kommunale Mittel (örtliche Jugendförderung, kommunale Mittel) finanziert ■ im Haushalt des Landes wurden für 2013 3 Mio. EUR und für 2014 10 Mio. EUR für Schulsozialarbeit bereitgestellt, um 200 neue Schulsozialarbeitsstellen zu schaffen (Stand 2014) ■ im Land Thüringen bestanden im Schuljahr 2013/2014 insgesamt **223,45 Vollzeitstellen** mit insgesamt 286 SchulsozialarbeiterInnen (Stand 2014) ■ die SchulsozialarbeiterInnen sind an Grundschulen, Gemeinschaftsschulen, Regelschulen, Förderschulen/-zentren, Gymnasien, Berufsschulen tätig (Stand 2014) ■ in der Koalitionsvereinbarung zwischen CDU und SPD (2009–2014) wurde eine Stärkung der Schulsozialarbeit und Förderung der Schulsozialarbeit im Rahmen eines Landesprogramms vereinbart

Einen zusammenfassenden Überblick über den recherchierbaren Stand der Schulsozialarbeit in Deutschland im Jahre 2014 gibt die Bestandsaufnahme in Tab. 5.

Demnach gab es zum Erhebungszeitpunkt in Deutschland mindestens 5.300 SchulsozialarbeiterInnen mit 4.400 Vollzeitstellen, wobei dies noch eine konservative Datenlage ist (ohne Bildungs- und Teilhabepakt, je nach Bundesland ohne kommunale Projekte). Berücksichtigt werden muss, dass Schulsozialarbeit in einigen Bundesländern in Trägerschaft von Schulbehörden umgesetzt und auch über örtliche Träger der Jugendhilfe gefördert wird. Über diese zahlenmäßig sehr umfangreiche Schulsozialarbeit (z. B. Gesamt-, Sonder- und Hauptschulen sowie im Berufsvorbereitungsjahr) liegt zum Teil kein Datenmaterial vor (Ausnahme: Nordrhein-Westfalen, Niedersachsen, Berlin). Letztlich besteht eine erhebliche Intransparenz über die Entwicklung und aktuelle Situation zur Schulsozialarbeit in Deutschland, unabhängig ob in Trägerschaft von Schulbehörden oder nicht. Wünschenswert wären umfassendere und vergleichbare Erfassungssysteme zur Anzahl der Schulsozialarbeitsprojekte, zu den beteiligten Schulen und Trägern sowie zur Anzahl der sozialpädagogischen Fachkräfte. Für einen differenzierten Überblick müssten alle verschiedenen Anstellungsverhältnisse (schulischer Träger, freier oder öffentlicher Träger der Jugendhilfe) sowie die verschiedenen sozialpädagogischen Qualifikationsniveaus (z. B. ErzieherInnen, SozialpädagogInnen, SozialarbeiterInnen) erfasst werden (Iser et al. 2013).

Tab. 5: Überblick über die Anzahl der Vollzeitstellen und der SchulsozialarbeiterInnen in Deutschland (abgesicherte Mindestzahlen, aber im Regelfall ohne Berücksichtigung der Stellen im Kontext des Bildungs- und Teilhabepaktes und z.T. ohne kommunale Projekte etc.; Stand 2014)

Baden-Württemberg	■ 1.041 Vollzeitstellen (Stand 2013)	■ 1.556 SchulsozialarbeiterInnen (Stand 2013)
Bayern	■ 642 Vollzeitstellen (Stand 2014)	■ 886 SchulsozialarbeiterInnen (mindestens, Stand 2014)
Berlin	■ 256 Vollzeitstellen (Stand 2014)	■ 368 SchulsozialarbeiterInnen (Stand 2014)
Brandenburg	■ 177 Vollzeitstellen (Stand 2013)	■ es liegen keine detaillierten Daten vor (Stand 2014)
Bremen	■ 55 Vollzeitstellen (Stand 2014)	■ es liegen keine detaillierten Daten vor (Stand 2014)
Hamburg	■ 53,55 Vollzeitstellen (Stand 2013)	■ es liegen keine detaillierten Daten vor (Stand 2014)

Fortsetzung von Tabelle 5

Hessen	▪ es liegen keine detaillierten Daten vor (Stand 2014)	▪ es liegen keine detaillierten Daten vor (Stand 2014)
Mecklenburg-Vorpommern	▪ es liegen keine detaillierten Daten vor (Stand 2014)	▪ 206 SchulsozialarbeiterInnen (Stand 2014)
Niedersachsen	▪ 895 Stellen (Stand 2014)	▪ es liegen keine detaillierten Daten vor (Stand 2014)
Nordrhein-Westfalen	▪ 1.088 Vollzeitstellen (Stand 2011)	▪ 1.352 SchulsozialarbeiterInnen (Stand 2011)
Rheinland-Pfalz	▪ 204,87 Vollzeitstellen (Stand 2012)	▪ es liegen keine detaillierten Daten vor (Stand 2014)
Saarland	▪ 60 Vollzeitstellen (Stand 2013)	▪ 89 SchoolworkerInnen (Stand 2013)
Sachsen	▪ 149 Vollzeitstellen (Stand 2011)	▪ 190 SchulsozialarbeiterInnen (Stand 2011)
Sachsen-Anhalt	▪ 293,10 Vollzeitstellen (Stand 2012)	▪ 265 SchulsozialarbeiterInnen (Stand 2012)
Schleswig-Holstein	▪ 201,25 Vollzeitstellen (Stand 2012)	▪ 114 SchulsozialarbeiterInnen plus BUT (Stand 2012)
Thüringen	▪ 223,45 Vollzeitstellen (Stand 2014)	▪ 286 SchulsozialarbeiterInnen (Stand 2014)
Gesamt für Deutschland	▪ **Mindestens 4.400 Vollzeitstellen**	▪ **Mindestens 5.300 SchulsozialarbeiterInnen**

Für die **Schweiz** zeichnet sich wie in Deutschland einerseits eine fragmentierte Datenlage zur Verbreitung der Schulsozialarbeit und andererseits eine quantitative Gesamtentwicklung, die auf eine Institutionalisierung hinausläuft, ab: Auf der einen Seite fehlen bislang sowohl verlässliche Daten zur aktuellen Verbreitung in der Schweiz. Gründe hierfür sind ein junges und sich rasch etablierendes Arbeitsfeld, die sehr unterschiedlichen Entwicklungen in den einzelnen Kantonen und Gemeinden, die Verantwortung der Gemeinden für die Schulsozialarbeit, die fehlende kantonale Steuerung und Datenaufbereitung sowie die unterschiedlichen Datensätze (z. B. Bezugnahme auf Fachkräfte, Stellen, Gemeinden oder Schulen).

Auf der anderen Seite hat die Schulsozialarbeit in der Schweiz, legt man vorliegende Diplomarbeiten, unveröffentlichte Publikationen und erste Bestandsaufnahmen zugrunde, mit etwas Verzögerung eine ähnliche Gesamtentwicklung wie in Deutschland genommen (Drilling 2009; Helfenstein et al. 2008; Baier 2008; Vögeli-Mantovani 2005; Müller 2007): Nach einzelnen Pilotprojekten in den 1970er und 1980er Jahren fand ab Mitte der 1990er Jahre eine Ausweitung der Schulsozialarbeit vor allem in größeren Städten statt (z. B. Basel, Bern, Luzern, St. Gallen, Zug, Zürich). Besonders in den 2000er Jahren ist dann eine enorme Aufwertung der Schulsozialarbeit zu konstatieren. Im Jahr 2003 gab es in der Deutschschweiz über 118 Standorte der Schulsozialarbeit, wobei der Kanton Zürich mit 67 Stellen die Zahlen klar dominierte (Vögeli-Mantovani 2005, 64 ff.). Baier ermittelte im Jahr 2008 auf der Basis von im Internet zugänglichen Berichten, Homepages und (fach-)politischen Dokumenten bereits 289 SchulsozialarbeiterInnen in der Schweiz und ging aufgrund der unterschiedlichen Datenquellen von insgesamt etwa 400 Personen aus, die in der Schulsozialarbeit in der Schweiz tätig sind (Baier 2008, 89). In einer umfangreichen quantitativen Bestandsaufnahme zur Schulsozialarbeit, die im Auftrag des SchulsozialarbeiterInnen Verbandes (SSAV) durchgeführt wurde, konnten im Jahr 2007 allein für die Deutschschweiz 350 Adressen von SchulsozialarbeiterInnen ermittelt werden (Helfenstein et al. 2008). Einer aktuelleren Bestandsaufnahme zur Schulsozialarbeit in der Deutschschweiz zufolge (Seiterle 2014) gab es in der alleine in der Deutschschweiz Ende 2013 bereits 883 SchulsozialarbeiterInnen auf 527 Vollzeitstellen.

Zur fachlichen Entwicklung und Verbreitung der Schulsozialarbeit in **Österreich** gibt es inzwischen einige Publikationen (für einen Überblick Adamowitsch et al. 2013 und 2011; Braun/Wetzel 2013 und 2011; die Beiträge in Bakic/Coulin-Kuglitsch 2012; Knapp/Lauermann 2007; Vyslouzil/Weißensteiner 2000). Im Vergleich zu Deutschland und der Schweiz hat der Ausbau der Schulsozialarbeit hier später begonnen, konnte aber durch ein Bundesprogramm aktiv unterstützt werden (Krötzl 2009). Einer Untersuchung von Adamowitsch et al. (2011) zufolge gab es im Jahr 2010/2011 an 256 österreichischen Schulen Schulsozialarbeit. Damit wurden österreichweit ca. 4 % der Schule mit dem Angebot Schulsozialarbeit erreicht. Die meisten Schulen mit Schulsozialarbeit bestanden in Oberösterreich, Niederösterreich, der Steiermark und Wien. Zum Einsatz kamen insgesamt 131 SchulsozialarbeiterInnen. In **Liechtenstein** ist ein kleineres Team von SchulsozialarbeiterInnen tätig (www.schulsozialarbeit.li).

Zusammenfassend betrachtet expandierte die Schulsozialarbeit im deutschsprachigen Raum in relativ kurzer Zeit.

3 Begriffsklärung und Definition zur Schulsozialarbeit

Bislang mangelt es dem Arbeitsfeld Schulsozialarbeit sowohl an einem unumstrittenen Begriff als auch einem relativ klaren inhaltlichen Verständnis (Speck 2005).

Der von Maas 1966 aus der amerikanischen „School Social Work" in Deutschland eingeführte und von Abels (1971) einige Jahre später aufgegriffene Begriff „Schulsozialarbeit" ist in Deutschland inzwischen zwar weitgehend gebräuchlich (z. B. in den Ländern Bremen, Mecklenburg-Vorpommern, Nordrhein-Westfalen, Rheinland-Pfalz, Sachsen, Sachsen-Anhalt, Schleswig-Holstein). Gleichwohl werden – anders als in den anderen deutschsprachigen Ländern – darüber hinaus auch andere Begriffe verwendet. Die Begriffsvielfalt gilt angesichts der föderalen Struktur der Bundesrepublik nicht ganz unerwartet für die Förderpolitik der einzelnen Bundesländer, aber auch für die Fachpublikationen (siehe Kasten):

„Berufsschulsozialarbeit" (in den Ländern Bayern, Thüringen)

„Sozialarbeit an Berufsbildenden Schulen" (in Thüringen)

„Jugendsozialarbeit an Schulen" (in den Ländern Baden-Württemberg, Berlin, Bayern)

„Jugendarbeit an Schulen" (im Land Thüringen)

„Schoolworker" (im Saarland)

„Schul Soziale Arbeit" (Witteriede 2003)

„schulalltagsorientierte Sozialpädagogik" (Maykus 2001)

„schulbezogene Jugendhilfe" (Prüß et al. 2001a)

„schulbezogene Jugendsozialarbeit" (z. B. im Land Thüringen BMFSFJ 2005; BAG JAW 1996; BAG KJS 2002)

„Schul-Soziale Arbeit" (Schilling 2004)

„Sozialarbeit an Schulen" (z. B. im Land Brandenburg)

„Sozialarbeit in der Schule" (z. B. Glanzer 1993; THMSG 1998a)

„Soziale Arbeit an Schulen" (z. B. Spies/Pötter 2011)
„Sozialarbeit in Schulen" (im Land Hessen)
„Sozialpädagogische Fachkräfte an Gesamtschulen" (im Land Nordrhein-Westfalen)
„sozialpädagogisches Handeln in der Schule" (z. B. Braun/Wetzel 2000)

Für die unterschiedlichen Begrifflichkeiten werden unter anderem a) die historische Vorbelastung des Begriffes Schulsozialarbeit, b) die stärkere Betonung des Jugendhilfecharakters des Arbeitsfeldes, c) die angestrebte Verknüpfung präventiver und intervenierender Angebote sowie d) die Vermeidung einer einseitigen und etikettierenden Zielgruppenfokussierung auf benachteiligte und beeinträchtigte SchülerInnen angeführt. Auffällig ist allerdings, dass diese Begrifflichkeiten in den Untertiteln, den Ausführungen sowie anderen Veröffentlichungen derselben AutorInnen nicht konsequent eingehalten werden, bei der Bezeichnung der sozialpädagogischen Fachkräfte häufig nicht mehr nutzbar sind und oftmals keine tatsächlich anderen Ziele und inhaltlichen Schwerpunktsetzungen gegenüber anderen Veröffentlichungen zur Schulsozialarbeit markieren.

Angenommen werden kann, dass durch die Begriffsvielfalt in der Förderpolitik und Fachdiskussion ein fachlicher Austausch über die Schulsozialarbeit, die notwendige Konzeptdiskussion und Profilschärfung sowie die Transparenz und Durchsetzung des Arbeitsfeldes in der (Fach-)Öffentlichkeit deutlich erschwert sind. Vor diesem Hintergrund spricht vieles für die Verwendung des Begriffes „Schulsozialarbeit". Der Begriff Schulsozialarbeit

- ist erstens an die Entwicklung im deutschsprachigen Raum (Schweiz, Österreich, Liechtenstein) und die internationale Debatte zur „School Social Work" anschlussfähig (Allen-Meares 2004; Huxtable/Blyth 2002; Constable et al. 2002; Dupper 2002), während andere Begriffe hier zusätzlicher begrifflicher Erläuterungen bedürfen,
- ist zweitens in Deutschland seit mehreren Jahrzehnten historisch gewachsen und gebräuchlich, während andere Begriffsneuschöpfungen eher zu Verständnis- und Akzeptanzproblemen als zu inhaltlichen Impulsen führen,
- ist drittens sowohl in der (Fach-)Öffentlichkeit als auch in allen Bundesländern mit bestimmten konzeptionellen Vorstellungen ver-

bunden, während länderspezifische Begriffe meist bundesweit erklärungsbedürftig sind und im (fach-)öffentlichen Diskurs dann wieder unter dem einheitlichen Begriff Schulsozialarbeit subsummiert werden (müssen),

- impliziert viertens mit dem übergreifenden Wort Sozialarbeit eine komplexe Angebotspalette mit intervenierenden und präventiven Angeboten, während andere Begriffe eher eine ausschließliche Begrenzung auf additive Freizeitangebote („Jugendarbeit") oder zielgruppenbegrenzte Angebote für Benachteiligte oder Beeinträchtigte („Jugendsozialarbeit") nahelegen,
- beschreibt fünftens ein eingrenzbares Arbeitsfeld, während andere Begriffe, die einen starken Bezug der Jugendhilfe auf die Schule aufweisen, auch sehr unterschiedliche Angebote der Jugendhilfe für die Schule umfassen könnten (z. B. einmalige projektbezogene Angebote),
- verdeutlicht sechstens begrifflich die gemeinsame Verantwortung von Schule und Sozialer Arbeit für das Angebot, während bei anderen Begriffen, z. B. mit einem starken Bezug der Jugendhilfe auf die Schule, die SozialpädagogInnen unter Umständen auch in der Außenwahrnehmung auf eine reine Dienstleistungsfunktion für Schule beschränkt werden,
- macht siebtens auf die gemeinsame Finanzierungsverantwortung von Schule und Sozialer Arbeit (bzw. Jugendhilfe) aufmerksam, während bei anderen Begriffen die potenzielle Gefahr besteht, dass das Arbeitsfeld mit Verweis auf eine jugendhilfespezifische Begrifflichkeit allein aus dem Jugendhilferessort finanziert werden soll,
- ermöglicht achtens im Sprachgebrauch eine begriffliche Übereinstimmung zwischen dem Arbeitsfeld („Schulsozialarbeit") und dem Personal („SchulsozialarbeiterInnen"), während bei anderen Begriffen Unstimmigkeiten auftreten und für das Personal meist wieder auf die Begriffe „Schulsozialarbeiterin"/„Schulsozialarbeiter" zurückgegriffen werden muss.

Angesichts dieser Argumente ist sehr nachdrücklich für die Verwendung des Begriffes Schulsozialarbeit zu plädieren. Legt man die Fachdiskussion zugrunde, so bedeutet eine solche Einigung auf die Bezeichnung Schulsozialarbeit allerdings noch nicht, dass es ein einheitliches Verständnis über den grundsätzlichen Auftrag, die Rechtsgrundlage, die Ziele, die Zielgruppen, den Leistungsumfang, die institutionelle Anbindung und Zusammenarbeit sowie den Arbeitsort von Schulsozialarbeit gibt. Zu einer gewissen inhaltlichen Schärfung gelangt man jedoch, wenn man vorliegende Definitionen zur Schulsozialarbeit in ihrem historischen Kontext betrachtet:

- *In den 1970er Jahren* wurden die Definitionsversuche zur Schulsozialarbeit entscheidend durch erste Berührungspunkte zwischen Jugendhilfe und Schule sowie die Schulreform und daraus abgeleitete, kompensatorische und sehr optimistische Zielvorstellungen zur Schulsozialarbeit bestimmt (wie z. B. Chancengleichheit, Abbau von Benachteiligungen, soziales Lernen). In dem ersten ausführlichen Artikel zur Schulsozialarbeit in Deutschland formulierte Abels 1971:

„Die Schulsozialarbeit kann die Defizite unseres Schulsystems ausgleichen helfen. Vor allem aber ist sie der Beitrag, den die Schule als Kompensationshilfe für die Jugendlichen leisten muß, die [...] den sich immer rascher differenzierenden und komplizierenden Anforderungen und Möglichkeiten der Industriegesellschaft nicht gerecht werden." (Abels 1971, 359)

In eine ähnliche Richtung wies der Leitfaden der Bundesarbeitsgemeinschaft Jugendaufbauwerk zur Einrichtung von Modellversuchen der Schulsozialarbeit aus dem Jahre 1973:

„Zukünftige Schulsozialarbeit muß sich an den Zielen der Bildungsreform orientieren und [diese] zu realisieren helfen. [...] Sie muß die Ziele dieser Bildungsreform aber auch ständig kritisch reflektieren. [...] Schulsozialarbeit wird also: a) bei der Sozialisation von Schülern aus unterprivilegierten Schichten schichtspezifische Hemmungen und Schwierigkeiten abbauen und überwinden; b) antizipatorisch sozialisieren, indem sie alle anzusprechenden Schüler – gleich aus welchen sozialen Schichten sie stammen – mit den Rollenerwartungen, Ansprüchen und Chancen der Gesellschaft vertraut macht und sie zu einer kritischen Auseinandersetzung mit ihnen befähigt; c) personale und soziale Bildungsprozesse in der Lern- und Berufsfindungsphase fördern; d) potentielle oder bereits ausgebrochene Konflikte pädagogisch fruchtbar machen." (BAG JAW 1973, 17)

Letztlich wurde die Schulsozialarbeit in den 1970er Jahren angesichts eklatanter Probleme des bestehenden Schulsystems auf die Zielvorstellungen der Bildungsreform ausgerichtet. Davon ausgehend leitete man sehr klare Ziele für die Schulsozialarbeit, ein schulunterstützendes Aufgabenverständnis und sehr hohe Erwartungen an das Arbeitsfeld ab.

Aufgrund erster kritischer Erfahrungsberichte zu den Möglichkeiten der Schulsozialarbeit in der Schule (Tillmann 1972; BMBW 1978b) wurde dann zunehmend eine „kritische Integration" (Helbrecht-Jordan 1978, 22) der Schulsozialarbeit in die Schule bzw. eine „Schulsozialarbeit als Bestandteil der offensiven Jugendhilfe" (Arbeitskreis Hessische Schulsozialarbeit 1980, 21) eingefordert.

- *In den 1980er Jahren* wurden die Definitionen zur Schulsozialarbeit zum einen durch ernüchternde Erfahrungen mit den installierten Schulsozialarbeitsprojekten und zum anderen durch die Vielfalt an unterschiedlichsten Trägern und Ansätzen der Schulsozialarbeit bzw. eigentlich der Kooperation von Jugendhilfe und Schule sowie der damit einhergehenden Intransparenz geprägt. Die Definitionen zur Schulsozialarbeit zeichneten sich auf der einen Seite durch a) deutlich zurückhaltendere bis fehlende Zielvorgaben, b) einen stärkeren eigenständigen sozialpädagogischen und präventiven Anspruch sowie c) eine schulkritischere Haltung aus. Auf der anderen Seite bestand in zahlreichen Definitionen auch der Anspruch, die gemeinsamen Merkmale der verschiedenen Kooperationsprojekte herauszukristallisieren, um so das Arbeitsfeld beschreiben zu können. Eine auch noch vielfach zitierte Definition zur Schulsozialarbeit von Tillmann (1982b) lautete:

„Arbeitsformen der Schulsozialarbeit haben gemeinsam, daß sie darauf ausgerichtet sind,

- die räumlich-organisatorische Trennung zwischen Schule und Jugendhilfe zumindest partiell aufzubrechen;
- Sozialpädagogische Fachqualifikationen dauerhaft in (oder an) der Schule anzusiedeln, um
- damit eine Korrektur und Ergänzung der erzieherischen Wirkung von Schule zu erreichen, die insbesondere auf die Hilfestellung bei schwierigen oder gefährdeten Schülern zielt." (Tillmann 1982b, 13)

Im Vergleich zu den 1970er Jahren bestand in den 1980er Jahren ein sehr weites Verständnis von Schulsozialarbeit, bei dem „Schulsozialarbeit" als Oberbegriff für alle Kooperationsansätze zwischen Jugendhilfe und Schule bzw. LehrerInnen und sozialpädagogischen Fachkräften fungierte. Als typisch kann hier das erste Handbuch zur Schulsozialarbeit von Raab et al. aus dem Jahre 1987 gelten, das den sehr weiten

Untertitel „Konzeption und Praxis sozialpädagogischer Förderung von Schülern" trägt und in dem in einem sehr breiten Verständnis „unter dem Oberbegriff Schulsozialarbeit auch Schülertagesheime, Horte, Hausaufgaben- und Schülerhilfen und andere Maßnahmen der Jugendhilfe für Schüler" verstanden und in die Analysen einbezogen wurden (Raab et al. 1987, 141).

- *In den 1990er Jahren* wird die Schulsozialarbeit – beeinflusst durch verschiedene Landesprogramme in den ostdeutschen Bundesländern – nicht mehr als Oberbegriff für alle Kooperationsansätze von Jugendhilfe und Schule verstanden, sondern dem Kooperationsbereich „Jugendhilfe und Schule" untergeordnet. Die Schulsozialarbeit wird dabei als die engste Form der Kooperation von Jugendhilfe und Schule verstanden, ist nunmehr jedoch enger gefasst und auf die Tätigkeit von sozialpädagogischen Fachkräften bezogen, die in der Schule tätig sind oder einen unmittelbaren und zentralen Arbeitsbezug zur Schule aufweisen (Oelerich 1996, 227; Segel 1996, 484). Neben dieser strukturellen Neupositionierung kristallisiert sich auch ein inhaltlicher Paradigmenwechsel heraus. Die z.T. massive Schulkritik Mitte der 1970er/Anfang der 1980er Jahre ist – zumindest in den Definitionen – kaum noch erkennbar. Stattdessen erfolgt ein Plädoyer für eine Kooperation zwischen LehrerInnen und SozialarbeiterInnen auf Augenhöhe. Kennzeichnend ist außerdem, dass die Schulsozialarbeit in den Definitionen in der Regel weder mit dem Anspruch einer – wie auch immer gestalteten – Reform von Schule noch mit schulischen Zielen verknüpft wird. Stattdessen erfolgt oft ein Verweis auf den Jugendhilfecharakter des Angebotes und die jugendhilfespezifischen Ziele, Methoden, Prinzipien sowie Angebote und Hilfen, die in die Schule eingebracht werden.

„… Schulsozialarbeit [wird] als ein Oberbegriff verwendet, der alle Aktivitäten einschließt, die dazu geeignet sind, Konflikte und Diskrepanzen bei SchülerInnen, Eltern und LehrerInnen auf der Grundlage adäquater Methoden der Sozialarbeit (bzw. Sozialpädagogik) innerhalb der Schule oder auf die Schule bezogen abzubauen. So kann die unterrichtliche, soziale und psychische Situation der genannten Personen verbessert werden. Die gewählten Aktivitäten sollen gleichzeitig zu einer Öffnung der Schulen nach innen und außen beitragen und eine soziale Verbesserung des Schulklimas bewirken. Eine Zusammenarbeit mit anderen öffentlichen und privaten Einrichtungen, die in diesem Bereich arbeiten, ist unabdingbar" (Wulfers 1996, 28).

Obwohl oder möglicherweise auch weil die Definitionen in den 1990er Jahren zu einer strukturellen und inhaltlichen Präzisierung der Schulsozialarbeit beigetragen haben, zeichneten sich beträchtliche Differenzen und Unschärfen gegenüber der Schulsozialarbeit (z. B. zu den Aufträgen, Zielen und Zielgruppen) ab, die jedoch in der Fachliteratur kaum thematisiert wurden.

- *In den 2000er Jahren* deutet sich – bei aller gegebenen Vorsicht – eine weitere Profilschärfung der Schulsozialarbeit an. Nunmehr wird in einer stärkeren Auseinandersetzung mit und in Abgrenzung zu vorliegenden Definitionen und Fachbeiträgen sehr konkret diskutiert, wer und vor allem was mit welchem Schulsozialarbeitsangebot erreicht werden soll. Einen Überblick über aktuelle Definitionen zur Schulsozialarbeit aus den 2000er Jahren gibt die folgende Aufzählung.

Aktuelle Definitionen zur Schulsozialarbeit aus der Fachliteratur der 2000er Jahre

- Olk et al. (2000, 180): „Unter Schulsozialarbeit sollen sämtliche Aktivitäten und Ansätze einer verbindlich vereinbarten, dauerhaften und gleichberechtigten Kooperation von Jugendhilfe und Schule – bzw. von Fachkräften der Jugendhilfe einerseits und Lehrkräften andererseits – verstanden werden, durch die sozialpädagogisches Handeln am Ort sowie im Umfeld der Schule ermöglicht wird."
- Hollenstein/Tillmann (2000, 36): „Schulsozialarbeit im engeren Sinne wird durchgeführt von hauptamtlichen Sozialarbeiterinnen/Sozialarbeitern bzw. Sozialpädagoginnen/Sozialpädagogen mit staatlicher Anerkennung. Die Trägerschaft dieser Praxis ist unterschiedlich und wird kontrovers diskutiert. [...] Einheitlicher sind hingegen die Arbeitsschwerpunkte in unterschiedlichen Trägerschaften: Gruppenarbeit, Einzelfallhilfe, Beratung, Vernetzung (Hilfeverbund, Gemeinwesenarbeit), Hilfen für den Übergang Schule und Beruf, und als ein allgemeines Ziel ist die Prävention zu nennen."
- Homfeldt/Schulze-Krüdener (2001, 22): „In der Schule ist eine zweite professionelle Kompetenz nötig als Schulsozialarbeit, die auf der Mikro-, Meso- und Makroebene tätig ist, auch als inter-

mediäre Instanz, die niedrigschwellige Angebote schafft, eigene Räume anbieten kann, an der Organisationsentwicklung von Schule mitwirkt und sozialpädagogische Verfahren (z. B. biographische Diagnostik) einbringt. Dies gilt für alle, nicht nur für belastete Schulen."

- Ludewig/Paar (2001, 521): „Schulsozialarbeit ist eine Form der Jugendhilfe, verortet in der Schule, einer wichtigen Sozialisationsinstanz für junge Menschen. Schulsozialarbeit ist insofern ein infrastrukturelles Element in der Schule. Sie setzt dort an, wo sozialpädagogische bzw. sozialarbeiterische Kompetenzen erforderlich sind, wo psychosoziale Bedingungen und Belastungen Lernen unmöglich machen, wo soziale Ausgrenzungen drohen oder bestehen, wo die Entwicklung von sozialen Kompetenzen zu unterstützen ist, wo es der personenorientierten Hilfen zum Übergang in Ausbildung und Beschäftigung bedarf und zuweilen auch wo die Entwicklung eines entwicklungsfördernden Schulklimas zu unterstützen ist."
- Seithe (2002a, 78): „Die Schulsozialarbeit umfasst den Zusammenhang der sozialpädagogischen Tätigkeiten im Kontext des öffentlichen Schulwesens. Programmatisch, institutionell und rechtlich ein integraler Bestandteil der Jugendhilfe ist sie in besonderem Maße geeignet, Prävention und konkrete Intervention miteinander zu verbinden und zudem der Aufgabenstellung des Kinder- und Jugendhilfegesetzes nachzukommen, sich für bessere Lebensbedingungen ihres Klientels einzusetzen und sich in die bestehenden Lebenswelten, hier die Schule, ‚einzumischen' (§ 1.4 KJHG)."
- Bolay et al. (2003, 9): „Wir verstehen unter ‚Schulsozialarbeit' nicht die ganze Breite an schulbezogenen Kooperationsformen der Jugendhilfe, sondern reservieren diesen Begriff für eine Arbeitsform, die, langfristig vereinbart und mit sozialpädagogisch qualifizierten Fachkräften durchgeführt, direkt in Schulen oder zentral auf Schule bezogen stattfindet (Rademacker 1996, 217)."
- Kraimer (2003, 17): „Schulsozialarbeit bezeichnet al.e Arbeitsansätze, Tätigkeiten und Zusammenhänge, die auf einer professionellen Basis in oder im Umfeld der Schule zur lebensweltnahen Unterstützung in Notlagen oder zur generellen Förderung des sozialen Zusammenlebens realisiert werden. Schulsozialarbeit leitet ihren Auftrag aus der Kinder- und Jugendhilfe ab und ist eine professionelle Leistung, die den Prinzipien der Freiwilligkeit, der Aufforderung zur Selbsttätigkeit und der Lebensweltorientierung mit den Aspekten der Dezentralisierung und Regionalisierung folgt."

- Vögeli-Mantovani (2005, 24): „Schulsozialarbeit ist die organisatorische, kooperative und auf Dauer angelegte Integration einer zusätzlichen, eigenständigen fachlichen Kompetenz und Dienstleistung in die Institution Schule, um die Umsetzung eines umfassend verstandenen Bildungs- und Erziehungsauftrags der Schule mit erweiterten, den Problemen und Umständen der Lernenden und Heranwachsenden angepassten Mitteln und Aktivitäten zu unterstützen."
- Drilling (2009, 95): „Schulsozialarbeit ist ein eigenständiges Handlungsfeld der Jugendhilfe, das mit der Schule in formalisierter und institutionalisierter Form kooperiert. Schulsozialarbeit setzt sich zum Ziel, Kinder und Jugendliche im Prozess des Erwachsenwerdens zu begleiten, sie bei einer für sie befriedigenden Lebensbewältigung zu unterstützen und ihre Kompetenzen zur Lösung von persönlichen und/oder sozialen Problemen zu fördern. Dazu adaptiert Schulsozialarbeit Methoden und Grundsätze der Sozialen Arbeit auf das System Schule."
- AvenirSocial/SchulsozialarbeiterInnen-Verband (2010a, 1 f.): „Die Schulsozialarbeit ist ein Berufsfeld der Sozialen Arbeit und nutzt deren Methoden und Grundsätze. Sie arbeitet mit Fachleuten trans- und interdisziplinär zusammen. Die Theorie und Praxis der Schulsozialarbeit orientieren sich an der Sozialen Arbeit als Handlungswissenschaft. Die Schulsozialarbeit ist eine gleichberechtigte Partnerin gegenüber der Schule, welche als eigenständige Fachstelle mit der Schule kooperiert. Schulsozialarbeit ist an allen Schulformen (z. B. Volks-, Berufs-, Privat- oder Kantonsschulen) ein fester Bestandteil der Schule. Die Schulsozialarbeit fördert und unterstützt die Integration der SchülerInnen in die Schule. Die Schulsozialarbeit bietet Unterstützung für eine erfolgreiche Bewältigung des (Schul-)Alltags. Sie trägt dazu bei, sozialen und persönlichen Problemen vorzubeugen, sie zu lindern und zu lösen. Sie fördert die Zusammenarbeit zwischen Schule und Elternhaus."
- Spies/Pötter (2011, 14): „Zumeist steht bzw. stand hinter dem jeweiligen Begriff letztlich der Gedanke, ein auf Kinder und Jugendliche in der Schule bezogenes, aber nicht auf Schule begrenztes, von Jugendhilfe allein oder gemeinsam mit Schule verantwortetes Tätigkeitsfeld sozialer Arbeit zu markieren, das sowohl einen Teilbereich von Jugendhilfe als auch mehrere ihrer Angebotsformen am Ort der Schule bereithält und sich dabei auf eigenständige sozialpädagogische Handlungskompetenz stützt.

Aufbauend auf die begrifflichen und fachlichen Erläuterungen wird im Weiteren die folgende Definition von Schulsozialarbeit zugrunde gelegt:

> „Unter Schulsozialarbeit wird ein Angebot der Jugendhilfe verstanden, bei dem sozialpädagogische Fachkräfte kontinuierlich am Ort Schule tätig sind und mit Lehrkräften auf einer verbindlich vereinbarten und gleichberechtigten Basis zusammenarbeiten, um junge Menschen in ihrer individuellen, sozialen, schulischen und beruflichen Entwicklung zu fördern, dazu beizutragen, Bildungsbenachteiligungen zu vermeiden und abzubauen, Erziehungsberechtigte und LehrerInnen bei der Erziehung und dem erzieherischen Kinder- und Jugendschutz zu beraten und zu unterstützen sowie zu einer schülerfreundlichen Umwelt beizutragen" (Speck 2006a, 23).

Ungeachtet einer begriffliche Klärung und Eingrenzung gibt es in der Förderpolitik und Praxis weiterhin unterschiedliche Handlungsstrategien hinsichtlich der theoretischen Begründungen, des Auftrags, der Ziele, der Zielgruppen, der Rechtsgrundlagen, der Methoden, der Angebotspalette, des Arbeitsortes, des Bedarfs und der richtigen Trägerkonstellation von Schulsozialarbeit:

- Leitet sich der Auftrag von Schulsozialarbeit aus sozialisations-/modernisierungstheoretischen Begründungen oder schulfunktionalen Begründungen ab?
- Geht es um einen komplexen Auftrag der Jugendhilfe am Ort Schule mit einer präventiven und intervenierenden Angebotspalette oder nur um ausgewählte, intervenierende Angebote?
- Besteht das Ziel der Schulsozialarbeit darin, sozialpädagogische Angebote zur Unterstützung der Lebensbewältigung sowie Identitäts- und Persönlichkeitsentwicklung der SchülerInnen vorzuhalten, SchülerInnen ein richtiges Sozialverhalten zu vermitteln oder die Schule im Interesse der SchülerInnen zu verändern/zu reformieren?
- Gehören neben den SchülerInnen auch die LehrerInnen und Eltern zu den Zielgruppen von Schulsozialarbeit oder stehen im extremen Fall nur benachteiligte oder „auffällige" SchülerInnen im Zentrum der Schulsozialarbeit?
- Bilden §§ 1, 11, 13, 81 SGB VIII die Rechtsgrundlage für die Schulsozialarbeit oder nur der § 13 SGB VIII/KJHG?
- Werden bei den Methoden der Schulsozialarbeit in erster Linie (schülerbezogene) Einzelfallhilfen umgesetzt oder auch Gruppenarbeit und Gemeinwesenarbeit?

- Muss die Schulsozialarbeit in der Schule stattfinden oder reicht es, wenn sich das Angebot in der Nähe der Schule befindet und zentral auf die Schule bezogen ist?
- Sollte Schulsozialarbeit flächendeckend an allen Schulen eingerichtet werden oder genügt eine bedarfsgerechte Versorgung für bestimmte Schulen oder Schultypen (z. B. Brennpunktschulen, Hauptschulen)?
- Ist ein Jugendhilfeträger der richtige Träger für die Schulsozialarbeit oder doch eher eine Schulbehörde?

Abzuwarten bleibt, ob diesbezüglich in den 2010er Jahren Entscheidungsprozesse erfolgen. Für die notwendige Profilschärfung und Institutionalisierung des Arbeitsfeldes wäre dies ohne Zweifel wünschenswert.

4 Begründungen, Ziele und Zielgruppen von Schulsozialarbeit

Schulsozialarbeit agiert an der Schnittstelle von Jugendhilfe und Schule und stellt die intensivste Form der Kooperation zwischen beiden Institutionen dar. Dabei bestehen zwischen Jugendhilfe und Schule sowohl Gemeinsamkeiten als auch Unterschiede. Zu den Gemeinsamkeiten zählen die Zielgruppe der Kinder und Jugendlichen, ein pädagogischer Auftrag und wachsende pädagogische Anforderungen. Unterschiede gibt es unter anderem in den Funktionen, in den inhaltlichen Schwerpunkten, in den methodischen Zugängen und im Grad der Freiwilligkeit der Teilnahme. Für die anvisierte Klärung der Begründungen, Ziele und Zielgruppen von Schulsozialarbeit ist daher ein genauerer Blick auf die verschiedenen Funktionen und das Verhältnis von Jugendhilfe und Schule hilfreich (Prüß/Bettmer 1996; Thimm 1999).

4.1 Funktion und Verhältnis von Jugendhilfe und Schule

Betrachtet man in einem ersten Schritt die Jugendhilfe, dann ist hierunter ein komplexes System von der Gesellschaft bereitgestellten Leistungen, Diensten und Einrichtungen außerhalb von Elternhaus, Schule und Ausbildung zu verstehen, die der Verbesserung der Lebensbedingungen von Kindern und Jugendlichen sowie ihrer individuellen und sozialen Entwicklung dienen sollen (Jordan/Sengling 1994). Kennzeichnend für die Jugendhilfe war lange Zeit eine auf Kontrolle und Eingriff setzende „Sozialdisziplinierung“ im Rahmen eines umfassenden Fürsorge- und Ordnungsstaates (BMJFFG 1990, 75). Diese ist spätestens mit dem Kinder- und Jugendhilfegesetz (SGB VIII/KJHG) von 1990/1991 zugunsten einer starken präventiven, partizipatorischen und freiwilligen (Dienstleistungs-)Orientierung weitgehend aufgegeben worden. Dem § 1 Abs. 3 des SGB VIII/KJHG zufolge soll die Jugendhilfe insbesondere

„1. junge Menschen in ihrer individuellen und sozialen Entwicklung fördern und dazu beitragen, Benachteiligungen zu vermeiden oder abzubauen, 2. Eltern und andere Erziehungsberechtigte bei der Erziehung beraten und unterstützen, 3. Kinder und Jugendliche vor Gefahren für ihr Wohl schützen, 4. dazu beitragen, positive Lebensbedingungen für junge Menschen und ihre Familien sowie eine kinder- und familienfreundliche Umwelt zu erhalten oder zu schaffen."

Als Zielgruppe der Jugendhilfe gelten daher nicht nur benachteiligte junge Menschen, sondern alle Kinder und Jugendlichen, die Eltern und auch die LehrerInnen. Zur Umsetzung des sozialpädagogischen Anspruches wird in der Jugendhilfe inzwischen eine große Vielfalt an Leistungen, eine umfangreiche sozialpädagogische Infrastruktur und ein hohes Maß an Datenschutz im Interesse der Adressaten sichergestellt (Münder 1996, 34 ff.).

Die zentrale Funktion der Jugendhilfe – als einem untergeordneten System der Sozialen Arbeit – besteht letztlich darin, Integrationsarbeit in die Gesellschaft zu leisten (Merten 1997). Der gesellschaftliche Auftrag der Jugendhilfe – dies ist für die Schulsozialarbeit übertragbar – ist dabei jedoch ambivalent. Einerseits soll die Jugendhilfe (bzw. die Schulsozialarbeit) Personen unterstützen und fördern, andererseits hat sie gesellschaftliche Erwartungen in Bezug auf die Einhaltung bestehender Normen durchzusetzen. Die sozialpädagogischen Fachkräfte stehen so vor einem doppelten Mandat von Hilfe und Kontrolle.

Betrachtet man in einem zweiten Schritt die Schule, so ist zunächst anzuerkennen, dass sie nicht nur ein Ort zur zielgerichteten Organisation von Lernprozessen ist (Fend 1981; Oelerich 1996 und 1998; Tillmann 1999; Olk et al. 2000), sondern stattdessen – staatlich und gesellschaftlich legitimiert – mehrere unterschiedliche und bei genauerer Betrachtung konfliktträchtige Funktionen ausübt. So lassen sich eine Qualifikations-, eine Selektions- und eine Integrationsfunktion unterscheiden (Fend 1981, 15 ff.): Unter der Qualifikationsfunktion kann die Vermittlung von Fertigkeiten und Kenntnissen für die konkrete Arbeit und Teilhabe am gesellschaftlichen Leben verstanden werden. Die Selektionsfunktion umfasst die Weitergabe der vorherrschenden sozialen Positionen innerhalb einer Gesellschaft von einer Generation zur nächsten. Die Integrationsfunktion schließlich dient – mittels einer Reproduktion herrschender Normen, Werte und

Interpretationsmuster – einer Sicherung der gegenwärtigen Machtverhältnisse. Alle drei Funktionen von Schule beinhalten strukturelle Störquellen:

Die Ausübung der Qualifikationsfunktion durch die Schule stößt durch die starke Zukunftsorientierung schnell an Grenzen. Zum Ersten ist die Zukunftsorientierung der Schule – erkennbar unter anderem am geringen unmittelbaren Nutzen der vermittelten Inhalte – nur bedingt passfähig zu den oftmals gegenwartsorientierten Kindern und Jugendlichen. Verschärfend kommt zum Zweiten hinzu, dass Schulabschlüsse in einer äußerst angespannten Ausbildungs- und Arbeitsmarktlage nur einen begrenzten Tauschwert haben und SchülerInnen bewusst ist, dass gute Schulleistungen zwar eine notwendige, jedoch keine hinreichende Bedingung für eine gelingende Einmündung auf dem Ausbildungs- und Arbeitsmarkt sind. Zum Dritten nimmt Schule die Kinder und Jugendlichen fast ausschließlich in ihrer „Schülerrolle" wahr, während ihre gesamte Lebenslage als Kinder und Jugendliche („Kindsein" bzw. „Jugendlichersein") in der Regel nicht beachtet wird (Oelerich 1996 und 1998). Durch die starke Leistungsorientierung, die kognitive Wissensvermittlung und die begrenzte, standardisierte Wahrnehmung von SchülerInnen werden deren lebensweltliche Voraussetzungen und Bezüge im schulischen Alltag oftmals weitgehend ausgeblendet.

Die Selektionsfunktion von Schule, die bemerkenswerter Weise in Bildungsdiskussionen häufig außer Acht gelassen wird, führt – trotz aller rhetorischen und praktischen Bemühungen um eine Schule des Wohlfühlens – zu einer alltäglichen Konkurrenzsituation im schulischen Raum, denn Selektion gehört funktional zur Schule dazu. Ein Teil der SchülerInnen stößt daher – und nicht nur aus persönlichen Gründen – bei schulischen Anforderungen und Belastungen an Grenzen und muss schulisches Versagen und eine Ausgrenzung im schulischen Kontext individuell erleben und verarbeiten. Dies gilt besonders für jene SchülerInnen, die nur auf eine eingeschränkte schulische Vorbereitung und Unterstützung der Eltern zurückgreifen können, über ein geringes Selbstwertgefühl und unzureichende Bewältigungsressourcen und -strategien verfügen und möglicherweise mit überhöhten Elternerwartungen konfrontiert sind. Anzumerken ist in diesem Zusammenhang, dass der Einfluss von Schule nicht auf die unmittelbare Schulzeit beschränkt ist, sondern mit schulischen Leistungsanforderungen, Zeitabläufen und Beurteilungen bis in die alltägliche Lebensgestaltung, das Lebensgefühl und die Identitätsentwicklung von Kindern und Jugendlichen wirkt (Oelerich 1996).

Auch die an sich positiv besetzte Integrationsfunktion von Schule beinhaltet bei genauer Betrachtung strukturelle Probleme. Schule setzt bei ihrer Norm- und Wertevermittlung mittels klarer Regeln und Rollenerwartungen soziale Kompetenzen voraus, über die zumindest ein Teil der SchülerInnen aufgrund sozialer Benachteiligungen nicht verfügt. Da im schulischen Raum eine umfassende soziale Kontrolle stattfindet und praktisch kein Raum für eine Privatsphäre bleibt, müssen die SchülerInnen in einem für die eigenständige Identitätsentwicklung an sich sehr wichtigen Lebensabschnitt, sehr große Anpassungsleistungen vollbringen. Besonders für SchülerInnen, die – aus welchen Gründen auch immer – wiederholt gegen bestehende Normen und Werte verstoßen, besteht sehr schnell die Gefahr einer Etikettierung als auffällige SchülerInnen mit einer entsprechenden Verfestigung des Verhaltens und schulischen Sanktionierungen.

Für beide Institutionen, also die Jugendhilfe und die Schule, erscheint es nun im Rahmen der Schulsozialarbeit bedeutsam, wie sie angesichts der ihnen gesellschaftlich zugewiesenen Funktionen mit dem Spannungsverhältnis von Integration und Differenzierung umgehen (Raab et al. 1987, 14 ff.). Dies gilt besonders für die Schule. So zeigt sich, dass sich die Schule sehr stark auf ihre Qualifikations- und Selektionsfunktion konzentriert und die Integrationsfunktion vernachlässigt. Demgegenüber hat die Jugendhilfe oftmals nur den außerschulischen Freizeit- bzw. Problembereich im Blick und blendet den komplexen Auftrag von Schule und das schulische Erleben von Jugendlichen aus (Raab et al. 1987; Prüß/Bettmer 1996; Olk et al. 2000).

4.2 Begründungsmuster für Schulsozialarbeit

Grundlegend für die Einrichtung von Schulsozialarbeitsprojekten und die fachliche Auseinandersetzung mit dem Arbeitsfeld ist die Beantwortung der Frage, warum es überhaupt Schulsozialarbeit geben soll. Analytisch lassen sich die Einzelbegründungen dabei zu alltagspraktischen Begründungsmustern auf der einen Seite und theoretischen Begründungsmustern auf der anderen Seite zusammenfassen und dort weiter ausdifferenzieren. Alltagspraktische Begründungsmuster stützen sich auf einen tatsächlichen oder wahrgenommenen, aktuellen Problemdruck in einer bestimmten Region, beinhalten sehr konkrete, defizitorientierte Ziel- und Lösungsvorstellungen, beeinflussen maßgeblich politische

Entscheidungsprozesse zur Schulsozialarbeit mit und sind insofern zumindest für die Institutionalisierung von Schulsozialarbeit äußerst wirksam. Theoretische Begründungsmuster hingegen setzen sich am strukturellen Spannungsfeld von Schule und Jugendhilfe sowie gestützt auf abgesicherte empirische Befunde und theoretische Konzepte mit projektübergreifenden und längerfristigen fachlich-konzeptionellen Begründungen zur Schulsozialarbeit auseinander.

Die *alltagspraktischen Begründungsmuster*, auf die in einem ersten Schritt eingegangen werden soll, stellen eine pragmatische Grundlage für die Institutionalisierung von Schulsozialarbeit vor dem Hintergrund eines tatsächlichen bzw. wahrgenommenen Handlungsdrucks dar. Sie bieten in der Regel sehr anschauliche und nachvollziehbare Begründungen für den Einsatz von Schulsozialarbeit und erleichtern die Etablierung und Erfolgsprüfung von Projekten der Schulsozialarbeit. Anhand der Förderpolitik, der Presseveröffentlichungen in Zeitungen und im Internet sowie der Berichte von wissenschaftlichen Begleitungen lassen sich zwei alltagspraktische Begründungsmuster für Schulsozialarbeit herauskristallisieren.

Zum einen wird der Einsatz von SchulsozialarbeiterInnen in der Praxis sehr häufig anlassbezogen mit dem Abbau von Verhaltensauffälligkeiten und des schuldevianten Verhaltens von SchülerInnen begründet. Im Mittelpunkt dieses Begründungsmusters stehen meist sehr detaillierte und schülerbezogene Zielvorstellungen, wie die Verringerung von Gewalt und Mobbing, die Reduzierung von Schulverweigerung und Schulbummelei, die Verbesserung des Lern- und Sozialverhaltens sowie der Abbau von Schwierigkeiten beim Übergang von der Schule in die Ausbildung. Als nachteilig wirkt sich bei diesem Begründungsmuster oft die (meist kurzfristige) Instrumentalisierung der Schulsozialarbeit im Sinne eines Legitimationsnachweises für politisches Handeln, die fehlende langfristige Absicherung und konzeptionelle Begründung der Schulsozialarbeit, die Vernachlässigung des Kooperationsgedankens, die Förderung hierarchischer Kooperationsmodelle zwischen Jugendhilfe und Schule, die Stigmatisierung von SchülerInnen sowie die strukturelle Überforderung der Schulsozialarbeit mit der Lösung gesellschaftlicher Probleme aus.

Zum anderen wird die Einführung von Schulsozialarbeit im Rahmen eines alltagspraktischen Begründungsmusters häufig mit der Absicherung der Freizeitangebote und Nachmittagsbetreuung legitimiert (z. B. im Rahmen von Ganztagsangeboten). Die Schulsozialarbeit erhält dadurch einen klaren Auftrag und einen großen Gestaltungsspielraum. Bei einem solchen Begründungsmuster besteht jedoch die Gefahr, additive Kooperationsmodelle zwischen Jugendhilfe und Schule zu fördern, der Schulsozialarbeit eine Lückenbüßerfunktion für den außerunterrichtlichen Bereich zuzuweisen sowie Potenziale und Kompetenzen der SchulsozialarbeiterInnen strukturell zu vernachlässigen (Tab. 6).

Auf die *theoretischen Begründungsmuster* zur Schulsozialarbeit soll nunmehr im zweiten Schritt eingegangen werden.

Zwar werden regelmäßig in Veröffentlichungen und Berichten Begründungen für Schulsozialarbeit geliefert und detailliert auf eine stärkere gegenseitige Öffnung von Jugendhilfe und Schule hingewiesen, darüber hinausgehende theoretische Auseinandersetzungen und vor allem Systematisierungen sind jedoch eher selten. Hervorhebenswert sind die Systematisierungsversuche von Salustowicz zu den Argumentationsansätzen für Schulsozialarbeit (1986), von Raab et al. zu den länderspezifischen Organisationsformen zur Schulsozialarbeit (1987), von Olk et al. zu verschiedenen Projekttypen von Schulsozialarbeit (2000) und von Maykus zu Begründungen der Schulsozialarbeit in der Fachliteratur (2001). Gestützt auf diese Systematisierungsversuche und weitere fachliche Einzelbegründungen zur Schulsozialarbeit aus der aktuellen Fachliteratur (Baier 2011a und b; Spies/Pötter 2011; Drilling 2009; Bönsch 2004; Seithe 2002a; Helsper 2001; Hollenstein 2000c; Olk/Speck 2000; Terhart 2000), lassen sich insgesamt fünf theoretische

Tab. 6: Alltagspraktische Begründungsmuster zur Schulsozialarbeit

Begründungsmuster	Begründungen
1. *Abbau von Verhaltensauffälligkeiten und des schuldevianten Verhaltens*	■ Schule ist zeitlich nicht in der Lage, sich um die zunehmenden auffälligen und abweichenden SchülerInnen zu kümmern (z. B. Gewalt und Mobbing, schlechtes Sozialverhalten, Schulverweigerung) ■ Schule bedarf hier einer Unterstützung
2. *Absicherung der Freizeitangebote sowie der Ganztags- und Nachmittagsbetreuung*	■ für die Freizeitangebote und Nachmittagsbetreuung benötigt die Schule eine Unterstützung (z. B. Ganztagsbetreuung)

Tab. 7: Theoretische Begründungsmuster zur Schulsozialarbeit

Begründungsmuster	**Begründungen**
1. *Sozialisations- und modernisierungs-theoretisches Begründungsmuster*	defizitäre Sozialisationsbedingungen und stärkere Belastungen und Probleme für Kinder und Jugendliche (Adressatenbezug – Kompetenzförderung, Hilfen zur Lebensbewältigung und Schulerfolg)
2. *Bildungstheoretisches Begründungsmuster*	soziale Benachteiligung sowie fehlende Abstimmung im Bildungs- und Sozialsystem (Bildungsbezug – Abbau von Benachteiligungen, Förderung der subjektiven Aneignung von Welt und der Lebenskompetenzen)
3. *Schultheoretisches Begründungsmuster*	veränderte Lebensbedingungen von Kindern und Jugendlichen haben Auswirkungen auf die Institution Schule (Institutionenbezug – Funktionstüchtigkeit von Schule sowie Schulreform und -entwicklung)
4. *Transformations-theoretisches Begründungsmuster*	Verunsicherungen, Risiken sowie abweichende Verhaltensweisen und Probleme bei Kindern und Jugendlichen durch Transformationsprozesse (Gesellschaftsbezug)
5. *Rollen- und professionstheoretisches Begründungsmuster*	Lehrer können sozialpädagogische Rolle nicht übernehmen, da Probleme mit Wissen, Zeit, Widersprüchen und Rolle (Professionsbezug)

Begründungsmuster für Schulsozialarbeit erkennen. Hierzu zählen 1) ein sozialisations- und modernisierungstheoretisches, 2) ein bildungstheoretisches, 3) ein schultheoretisches, 4) ein transformationstheoretisches und 5) ein rollen- und professionstheoretisches (Tab. 7).

Zu berücksichtigen ist, dass sich in den Fachbeiträgen vielfach mehrere Begründungsmuster vermischen, die im Folgenden analytisch getrennt werden.

1 Ausgangspunkt des sozialisations- und modernisierungstheoretischen Begründungsmusters, auf das in der Fachliteratur oft explizit oder implizit zurückgegriffen wird, sind gesellschaftliche Veränderungen in Familie, Freizeit, Schule und Beruf, die – je nach Sichtweise – zu schwierigen, problematischen oder defizitären Sozialisationsbedingungen von Kindern und Jugendlichen führen (Drilling 2009; Speck 2006a; Schwendemann/Krauseneck 2001; Maykus 2001; Hollenstein 2000c). Verwiesen wird meist auf außerschulische und schulische Probleme und Belastungen von Jugendlichen. Aus diesen Veränderungen wird ein Bedarf für Schulsozialarbeit abgeleitet. Erwähnt werden in diesem Zusammenhang Veränderungen in den Familienstrukturen (z. B. viele Scheidungen, Alleinerziehende), die Möglichkeiten und Risiken der gestiegenen Individualisierung, die zunehmende Einschränkung jugendlicher Lebensräume (z. B. in Jugendeinrichtungen, im öffentlichen Raum), der gestiegene Leistungsdruck in der Schule, die Grenzen schulischer Erziehungsmöglichkeiten, die wachsende Arbeitslosigkeit von Eltern mit ihren sozialisatorischen Folgen sowie die gestiegene berufliche Unsicherheit für eine beträchtliche Zahl von Jugendlichen.

„Schule und Soziale Arbeit stehen vor sich verändernden Lebenswelten, in deren Folge eine zunehmende Zahl von Individuen aus ihren Bindungs- und Versorgungsstrukturen herausgelöst werden. Schule und Soziale Arbeit erleben eine steigende Zahl von Kindern und Jugendlichen, die auf diese Belastungen mit Schulversagen und Schulverdrossenheit reagieren und deren Eltern in ihren Erziehungsanstrengungen Unterstützung brauchen. Schule und Soziale Arbeit sind auf der Suche nach schlüssigen Konzepten, die sie befähigen, zum Wohle der Schülerinnen und Schüler zu agieren statt nur zu reagieren" (Drilling 2009, 10 f.).

Die Befunde weisen auf einen Unterstützungsbedarf hinsichtlich der Identitäts- und Persönlichkeitsentwicklung, der schulischen und außerschulischen Lebensbewältigung sowie der sozialen Kompetenzentwicklung der Kinder und Jugendlichen hin. In diesem Zusammenhang ist nicht zu vernachlässigen, dass Schule per se nur geringe Bezüge zur außerschulischen Lebenswelt der Kinder und Jugendlichen aufweist, die Kinder und Jugendlichen vorwiegend in ihrer Schülerrolle wahrnimmt und systemintern nur eine begrenzte Unterstützung bei der Bewältigung außerschulischer, aber auch schulischer Herausforderungen und Belastungen bereitstellt bzw. angesichts ihrer Selektionsfunktion bereitstellen kann (Oelerich 1996 und 1998). Bedeutsam erscheint daher, dass sich eine tragfähige Begründung von Schulsozialarbeit nicht allein auf modernisierungsbedingte Sozialisationskonflikte stützt, sondern die klassischen Probleme der Schulsozialisation ebenso im Blick hat (Hollenstein 2000c, 81).

Noch einen deutlichen Schritt weiter in der sozialisations- und modernisierungstheoretischen Begründung von Schulsozialarbeit kann man gehen, wenn man die Schulsozialarbeit vorrangig mit der notwendigen Förderung der schulischen Entwicklung benachteiligter und beeinträchtigter SchülerInnen begründet. So betont Hermann Rademacker (2002), der Wegbereiter der Schulsozialarbeit in Deutschland, zum einen die Vorteile einer auf den Ort Schule bezogenen Jugendsozialarbeit (z. B. Sichtbarwerden von Benachteiligungen und Beeinträchtigungen, zunehmende Bedeutung des Schulerfolgs, gute und wenig aufwendige Kontaktmöglichkeiten zu Jugendlichen, Kooperationsnotwendigkeit mit Schule) und leitet aus der hohen biografischen Bedeutung eines erfolgreichen Schulabschlusses zum anderen das zentrale Ziel von Schulsozialarbeit ab.

> „Ob von Schulsozialarbeit die Rede sein kann oder nicht, entscheidet sich […] vor allem daran, ob ihre Angebote und Leistungen sich vorrangig an sozial benachteiligte oder individuell beeinträchtigte Kinder und Jugendliche richten, deren Schulerfolgschancen erkennbar und massiv beeinträchtigt sind. […] Das Ziel von Leistungen der Jugendhilfe für schulpflichtige Kinder und Jugendliche dieser Zielgruppe muss es sein, deren Schulerfolgschancen zu verbessern. […] Sozialarbeiter und Sozialpädagogen wissen um die Bedeutung und den Stellenwert von Bildung für das Gelingen der sozialen Integration von Kindern und Jugendlichen und sehen deshalb die Sicherung von Schulerfolgen auch als wesentliches Ziel ihrer Arbeit" (Rademacker 2002, 11, 23, 26).

Zusammenfassend betrachtet, geht es im sozialisations- und modernisierungstheoretischen Begründungsmuster letztlich darum, mit Hilfe der Schulsozialarbeit Kinder und Jugendliche in ihrer Identitäts- und Persönlichkeitsentwicklung zu begleiten, in ihrer schulischen und außerschulischen Lebensbewältigung zu unterstützen sowie in ihren sozialen Kompetenzen zu fördern bzw. durch die Verbesserung der Schulerfolgschancen die soziale Integration von Kindern und Jugendlichen langfristig zu erhöhen (Böhnisch 1993, 72 ff.). Bedeutsam für die Tragfähigkeit dieses Begründungsmusters von Schulsozialarbeit ist außerdem, dass – neben den sich verändernden Sozialisationsbedingungen von Kindern und Jugendlichen in sich modernisierenden Gesellschaften – die klassischen Probleme der Schulsozialisation von Kindern und Jugendlichen sowie die spezifische Lebenslage „Schülersein" im Mittelpunkt stehen (Hollenstein 2000c; Oelerich 1998).

Die fachlichen Vorteile des Begründungsmusters sind darin zu sehen, dass Kinder und Jugendliche mit ihren alltäglichen Herausforderungen und lebensweltlichen Bezügen – und nicht allein in ihrer Schülerrolle – wahrgenommen werden, die Schulsozialarbeit eine klare Legitimation durch den Verweis auf bestehende Benachteiligungen, Beeinträchtigungen und Belastungen erhält, die Schulsozialarbeit über einen klaren sozialpädagogischen Auftrag verfügt und bei einer Anerkennung schulischer und klassischer Sozialisationsherausforderungen komplexe sozialpädagogische Ansätze möglich sind.

Als Nachteile des sozialisations- und modernisierungstheoretischen Begründungsmusters können der kompensatorische und unter Umständen defizitorientierte Ansatz von Schulsozialarbeit sowie die aus dem Begründungsmuster möglicherweise erwachsenden, überhöhten Erwartungen zur Lösung gesellschaftlicher Probleme bewertet werden. Der möglichen Kritik, dass auch andere kostengünstigere Angebote der Jugendhilfe auf die Sozialisations- und Modernisierungsanforderungen von Kindern und Jugendlichen reagieren könnten, kann entgegengehalten werden, dass der Ort Schule für die Jugendhilfe zahlreiche Vorteile bietet und eine sehr enge Kooperation mit schulischen PartnerInnen aufgrund der hohen biografischen Bedeutung von Schule wichtig erscheint.

2 Das *bildungstheoretische Begründungsmuster* erlangte im Zuge der internationalen Vergleichsstudien (z. B. PISA) und des Ganztagsausbaus eine zunehmende Bedeutung (Walther 2011). Das bildungstheoretische Begründungsmuster geht von Organisationsmängeln im Bildungs- und Sozialsystem aus. Entscheidende Kritikpunkte sind die starke soziale Ungleichheit und Selektion im Bildungssystem, die hohe Zahlen an Schulverweigerern, „RisikoschülerInnen" und SchülerInnen ohne Abschluss, die mangelnde Förderung und Begleitung von benachteiligten Kindern und Jugendlichen sowie die unzureichende Abstimmung zwischen den Systemen (BJK 2002a und 2002b; BJK/Sachverständigenkommission/AGJ 2002). Baier (2011b) weist mit Blick auf Gerechtigkeitskonzepte und die UN-Kinderrechtskonvention darauf hin, dass Kinder und Jugendliche ein Recht auf Bildung, Nicht-Diskriminierung und Beteiligung haben und leitet daraus die Begründung für Schulsozialarbeit ab:

„Grundlegend für eine Orientierung an sozialer Gerechtigkeit bzw. für die Rollenübernahme von Schulsozialarbeit als Anwältin sozialer Gerechtigkeit ist zunächst die Besonderheit herauszustellen, dass sich Schulsozialarbeit durch diese Positionierung damit primär einem Ziel, und nicht bedingungslos einer bestimmten Personengruppe (z. B. als Anwältin für Kinder und Jugendliche) gegenüber verpflichtet. Die Orientierung am Ziel, für Gerechtigkeit einzutreten, ermöglicht es, im Einzelfall fachliche Positionierungen zu finden und schützt die Schulsozialarbeit zudem davor, unhinterfragt parteiisch für eine bestimmte Personengruppe zu handeln oder deren Erwartungen als Arbeitsaufträge unhinterfragt zu übernehmen und somit möglicherweise ein diffuses Handlungsbild – je nach Auftragslage – abzugeben" (Baier 2011b, 87).

Die fachpolitischen Forderungen richten sich auf eine stärkere Orientierung an den Lebenslagen und -biographien von Kindern und Jugendlichen im Bildungssystem, einen Abbau von Bildungsbenachteiligungen und Selektionsmechanismen im Bildungssystem, eine Umsetzung eines erweiterten Bildungsverständnisses (formale, nonformale und informelle Bildung) mit einer Aufwertung außerschulischer Lernorte und -gelegenheiten sowie einen Aufbau eines abgestimmten Gesamtsystems von Bildung, Betreuung und Erziehung (Baier 2011a und b; Rauschenbach 2009; Olk/Speck 2009; Coelen/Otto 2008; Speck 2006a; BMFSFJ 2005; die Beiträge in Deinet/Reutlinger 2004; Coelen 2004; Otto/Coelen 2004; Seithe 2002a; Hornstein 2002; Münchmeier et al. 2002). Der Schnittstelle Jugendhilfe und Schule kommt in den bildungstheoretischen Überlegungen eine zentrale Bedeutung zu, um Bildungsbenachteiligungen abzubauen sowie die subjektive Aneignung von Welt und von Lebenskompetenzen zu fördern (BMFSFJ 2005). Die Vorteile des bildungstheoretischen Begründungsmusters sind a) in der kritischen Auseinandersetzung mit der sozialen Ungleichheit und Selektion im Schulsystem, b) der Aufwertung der nonformalen und informellen Bildung sowie c) in der Verknüpfung schul- und sozialpädagogischer Interessenlagen und Strukturen zu sehen. Der entscheidende Nachteil des Begründungsmusters besteht darin, dass der Bildungsbegriff in Theorie und Praxis stark schulisch geprägt ist und insofern die sozialpädagogische Verortung, Ausdifferenzierung und Schwerpunktsetzung unter Umständen kaum zum Tragen kommt. Zudem ist offen, ob sich aus dem Begründungsmuster nicht zunächst eine Veränderung des Schulsystems ergibt und, ob sich zwangsläufig eine dauerhafte Präsenz der sozialpädagogischen Expertise am Ort Schule ergibt.

3 Das *schultheoretische Begründungsmuster* verfügte besonders in den 1970er Jahren und Anfang der 1980er Jahre über eine sehr hohe Attraktivität (Abels/Peltzer-Gall 1976; Helbrecht-Jordan 1978; Raab/Rademacker 1981 und 1982). Letztlich existierte die (vergebliche) Hoffnung, mit Schulsozialarbeit die wachsenden Anforderungen des reformierten Schulsystems und die steigenden sozialen Probleme in den Gesamt- und Hauptschulen zu bewältigen (Salustowicz 1986). Von dieser optimistischen Vorstellung hat man sich zwar in den 1990er und 2000er Jahren verabschiedet, förderliche bzw. sogar reformerische Wirkungen auf das System Schule versprechen sich einige ExpertInnen aus dem Bereich der Bildungs- und Jugendhilfebereich allerdings mehr oder weniger deutlich auch weiterhin als Ziel von Schulsozialarbeit.

Beim schultheoretischen Begründungsmuster werden ebenso wie beim sozialisations- und modernisierungstheoretischen Begründungsmuster veränderte Lebensbedingungen von Kindern und Jugendlichen anerkannt, die in die Schule hineingetragen werden und zu komplexen Herausforderungen für Schule und LehrerInnen führen. Im Gegensatz zum sozialisations- und modernisierungstheoretischen Begründungsmuster werden sich jedoch von der Schulsozialarbeit zunächst nicht adressatenbezogene Wirkungen versprochen, sondern Wirkungen für das System Schule, die dann wieder den SchülerInnen einen Nutzen bringen sollen. Das schultheoretische Begründungsmuster liefert insofern weniger eine schultheoretische Begründung für Schulsozialarbeit im engeren Sinne, sondern vielmehr eine schulbezogene Begründung für Schulsozialarbeit, die als schultheoretische Begründung im weiteren Sinne verstanden werden kann. Es lassen sich zwei gegensätzliche Einzelbegründungen voneinander unterscheiden.

In einer ersten Begründung soll Schulsozialarbeit angesichts veränderter Sozialisationsbedingungen und gestiegener Anforderungen an Schule und LehrerInnen einen Beitrag zum „Funktionieren" der Institution Schule leisten. Im Sinne dieser Förderung der Funktionstüchtigkeit von Schule begründet Bönsch (2004, 129 ff.) sehr differenziert die Kooperation von Jugendhilfe und Schule damit, dass Schule a) das „notwendige Auffangnetz" für schwierige Lebenssituationen von jungen Menschen nicht allein spannen kann, b) bei den heutigen, komplexen Erziehungsaufgaben „quantitativ, aber auch qualitativ" an Grenzen stößt, c) selbst binnenstrukturelle Probleme produziert, d) die Ausweitung der Ganztagsschule „in quantitativer und qualitativer

Sicht" nicht allein leisten kann und e) für eine Öffnung nach außen einer „Assistenz" bedarf. Sein Verständnis von Schulsozialarbeit fasst Bönsch (2004) so zusammen:

> „Sie ist zu definieren als sozialpädagogische Arbeit, die unterrichtsergänzend/-stützend, lernfördernd und sozialintegrativ die Pädagogik des Unterrichts begleitet" (Bönsch 2004, 131).

In einer stark schulpädagogischen Sichtweise geht es hier vor allem darum, dass mit Hilfe von Schulsozialarbeit die komplexen Herausforderungen von Schule bewältigt werden, sodass diese ihren gesellschaftlichen Auftrag überhaupt wahrnehmen kann. Im Mittelpunkt des Interesses steht häufig die sozialpädagogische Arbeit mit verhaltensauffälligen, gefährdeten und benachteiligten Jugendlichen und zum Teil deren Eltern, wobei der Schulsozialarbeit im Vergleich zur Schule ein eher untergeordneter Status – im Sinne einer unterstützenden Assistenz – zukommt.

Die zweite „schultheoretische" Begründung, die in der Regel von ExpertInnen aus dem Bereich der Sozialen Arbeit vertreten wird, zielt hingegen darauf ab, dass Schulsozialarbeit schulische Reformen und Prozesse der Schulentwicklung anregen oder unterstützen soll. Akzente eines solchen schulkritischen Verständnisses von Schulsozialarbeit findet man in fast allen sozialpädagogischen Beiträgen und Fachpublikationen zur Schulsozialarbeit (Rademacker 1994a; Wulfers 1996; Glanzer 1997; Nieslony 1998); in einer zugespitzten Form beispielsweise bei Liebau (1995):

> „Heute liegen hinter Lernproblemen von Schülerinnen und Schülern zumeist massive Lebensprobleme. Wenn die Lehrer-Schule diese Lebensprobleme von Kindern und Jugendlichen nicht von sich aus in den Mittelpunkt stellt, wenn sie sich nicht von sich aus zu einer Schule als Lebens- und Erfahrungsraum erweitert, dann kann es durchaus hilfreich sein, den Schülern Advokaten an die Seite zu stellen, die dieses Interesse wahrnehmen und artikulieren" (Liebau 1995, 212 f.).

Im Gegensatz zu den 1970er und dem Anfang der 1980er Jahre werden solche schulkritischen Begründungen von Schulsozialarbeit, die auf Schulveränderungen und -reformen abzielen, in den 1990er und vor allem den 2000er Jahren kaum noch als alleinige Zielvorstellung und insgesamt deutlich zurückhaltender formuliert. Die Veränderung oder Reform von Schule mit Hilfe der Schulsozialarbeit wird insofern eher als Chance, denn als Ziel von Schulsozialarbeit beschrieben. Offensichtlich hat sich die Erkenntnis durchgesetzt, dass LehrerInnen eine äußerst anspruchsvolle und sehr belastende Tätigkeit ausüben und Soziale Arbeit in der Schule nur mit den LehrerInnen und nicht gegen sie umgesetzt werden kann.

Die Vorteile des schultheoretischen Modells sind in der Verknüpfung schulischer und sozialpädagogischer Interessenlagen, der Orientierung auf die konkreten Bedürfnisse, Problemlagen und Belastungen von LehrerInnen, dem klaren Auftrag von Schulsozialarbeit sowie der Einbindung der Schulsozialarbeit in schulisch bedeutsame Aufgaben zu sehen. Als äußerst problematisch ist hingegen das Risiko zu werten, dass sich Schulsozialarbeit bei der Förderung der Funktionstüchtigkeit von Schule fast vollständig schulischen Leistungs- und Verhaltenserwartungen unterordnen muss und keinen eigenständigen sozialpädagogischen Handlungsauftrag mehr entwickeln kann. Zudem ist zu befürchten, dass bei den Reform- und Schulentwicklungsansprüchen an Schulsozialarbeit die Aktivierungsmöglichkeiten der LehrerInnen und die Kompetenzen der SchulsozialarbeiterInnen stark überschätzt werden, die SchulsozialarbeiterInnen als überhebliche und fachlich nicht kompetente Partner wahrgenommen und auf einen starken Widerstand in den Schulen stoßen werden. Insgesamt bietet das schultheoretische Begründungsmuster unter Umständen eine Begründungsmöglichkeit für Schulsozialarbeit, birgt in seiner Reinform allerdings deutliche Probleme bei der sozialpädagogischen Ausgestaltung und den Wirkungspotenzialen von Schulsozialarbeit.

4 Das *transformationstheoretische Begründungsmuster* wurde vor allem Anfang bis Mitte der 1990er Jahre zur Begründung der Schulsozialarbeit in Ostdeutschland herangezogen (Hoyer/Väth 1994; Rademacker 1996; Prüß/Bettmer 1996; Prüß 1997; Olk/Hartnuß 1999). Im Mittelpunkt der Begründungen standen transformationsbedingte Veränderungen im Bildungs- und Erziehungssektor nach der Wende in Ostdeutschland.

Berücksichtigt werden muss dabei, dass die Schule und die LehrerInnen zu DDR-Zeiten umfassende soziale Funktionen innehatten (Rademacker 1996; Prüß/Bettmer 1996, Olk et al. 2000). Hierzu zählten beispielsweise der umfassende Bildungs- und Erziehungsauftrag, die Mitverantwortung für den Leistungserfolg und die Versetzung der

SchülerInnen, die Verantwortung für die Bereitstellung außerunterrichtlicher Freizeitangebote, die sehr intensive Zusammenarbeit mit den Eltern sowie die enge Verknüpfung mit dem kommunalen Umfeld und Betrieben. Die starke Betonung der Integrationsfunktion von Schule führte unter anderem zu einer Inflation an sehr guten und guten Noten und einer starken kontrollierenden, erzieherischen und ideologischen Einflussnahme der Schule auf die SchülerInnen. Im Gegensatz dazu stand und steht beim westdeutschen Regel-Schulsystem – trotz aller Reformbemühungen – die Selektionsfunktion im Mittelpunkt, während die Integrationsfunktion vernachlässigt wird.

Im Rahmen des ostdeutschen Transformationsprozesses wurde nunmehr ohne Vorbereitungsphase das westdeutsche Institutionensystem mit seinen Stärken und Schwächen auf Ostdeutschland übertragen. Ostdeutsche LehrerInnen und Eltern verfügten dabei über unterschiedliche Ressourcen und Strategien bei der persönlichen Bewältigung des Transformationsprozesses. Der Transformationsprozess führte ohne Zweifel durch die Infragestellung bisheriger Lebensentwürfe und -perspektiven sowie das häufige Erleben von gravierender Unsicherheit und Arbeitslosigkeit zu biografischen Belastungen, Verunsicherungen und Brüchen (Speck 2006b), die sich mittelbar auch auf die SchülerInnen bzw. Kinder und Jugendlichen auswirkten. Parallel dazu mussten Verunsicherungen und Orientierungsprobleme, aber auch abweichendes Verhalten bei ostdeutschen Jugendlichen konstatiert werden. Angesichts der negativen Begleiterscheinungen des Transformationsprozesses und der unterschiedlichen Gewichtung der Integrations- und Selektionsfunktion in Ost- und Westdeutschland verwundert es nicht, dass zahlreiche ExpertInnen in den 1990er Jahren die Schulsozialarbeit in Ostdeutschland auch mit den Folgen des Transformationsprozesses begründeten.

> „Wir stehen vor neuen Erziehungsanforderungen – in den neuen Bundesländern sogar in zweifacher Hinsicht: einmal durch sich allgemein verstärkende Widersprüche und dem daraus erwachsenden veränderten pädagogischen Handeln, zum anderen durch die Entwertung bisheriger Handlungsmuster und normativer Regelungen, deren Gültigkeit mit der Etablierung neuer Werte und Normen, die nicht von den Menschen über einen längeren Zeitraum verinnerlicht werden konnten, abgelöst wurde. Von der notwendigen Umorientierung waren die Kinder und Jugendlichen besonders betroffen, da sie sich entwicklungsbedingt ohnehin in einem psychosozialen und statusbedingten Umbruch befinden. […] Wir stehen

am Anfang einer notwendigen Neuverteilung der Erziehungsaufgaben. Zur Vorbereitung und Förderung dieses Prozesses scheint die soziale Arbeit in der Schule das Bindeglied zwischen Schule, Jugendhilfe und Familie zu sein ..." (Prüß 1997, 47).

Im Einzelnen lassen sich im Rahmen des transformationstheoretischen Begründungsmusters drei unterschiedliche Einzelbegründungen für Schulsozialarbeit erkennen (Speck 2006a und 2006b): Schulsozialarbeit sollte

a zu einer neuen Ausbalancierung des Verhältnisses zwischen den Erziehungs- bzw. Sozialisationsinstanzen Schule, Eltern und Jugendhilfe beitragen,
b die Lebensbewältigung von Kindern und Jugendlichen angesichts der Verunsicherungen und Orientierungsprobleme unterstützen und/oder
c auf das abweichende Verhalten und die Probleme von Kindern und Jugendlichen reagieren.

Auf der Basis einer sehr weiten, transformationstheoretischen Grundlage wird Schulsozialarbeit also mit den negativen Folgeerscheinungen des Transformationsprozesses in Ostdeutschland für die Gruppe der Kinder und Jugendlichen und einem daraus erwachsenden Auftrag für die Jugendhilfe begründet. Spezifisch für dieses Begründungsmuster ist die Hervorhebung von unmittelbaren und mittelbaren Problemen, Risiken und Verunsicherungen für Kinder und Jugendliche durch den Transformationsprozess, die Ableitung eines jugendhilfespezifischen Handlungsbedarfes sowie die Konzentration der Angebote der Schulsozialarbeit auf die Zielgruppe der SchülerInnen und auf ostdeutsche Projekte der Schulsozialarbeit.

Die Vorteile und Nachteile des transformationstheoretischen Begründungsmusters liegen auf der Hand: Das Begründungsmuster liefert auf der einen Seite mit Verweis auf die negativen Transformationsfolgen und den Unterstützungsbedarf seitens der Jugendhilfe eine fachlich und politisch nachvollziehbare Begründung für die Etablierung von Schulsozialarbeit. Die Wirksamkeit dieses Begründungsmusters ist an der Installierung zahlreicher Landesprogramme zur Schulsozialarbeit in Ostdeutschland in den 1990er Jahren erkennbar. Auf der anderen Seite bietet dieses Begründungsmuster allein keine tragfähige, langfristige und konzeptionelle Perspektive für die Schulsozialarbeit in Ost- und Westdeutschland. Zudem besteht die Gefahr, dass a) ostdeutsche Kinder und Jugendliche als auffällig und therapiebedürftig stigmatisiert werden, b) Schulsozialarbeit mit der unrealistischen Erwartung konfrontiert wird, gesellschaftliche Probleme lösen zu können und c) Schulsozialarbeit durch diese defizit- und eingriffsorientierte Sicht auf eine Feuerwehrfunktion begrenzt wird. Entsprechenden Ansätzen in Praxis und Politik, Schulsozialarbeit alleine auf den Abbau von Verhaltensauffälligkeiten oder die Arbeit mit verhaltensauffälligen Jugendlichen zu begrenzen, wurde daher in Fachpublikationen eine Absage erteilt (Hoyer/Väth 1994; Glanzer 1993; Prüß 1997; Olk u.a. 2000).

5 Das *rollen- und professionstheoretische Begründungsmuster* greift den alten Richtungsstreit aus den 1970er Jahren über das „richtige" Modell sozialpädagogischer Angebote in der Schule („Sozialpädagogische Schule" vs. „Sozialarbeit in der Schule") mit einer neuen Akzentuierung wieder auf. Inzwischen besteht zum einen ein breiter Konsens darüber, dass die in den 1970er Jahren angestrebte umfassende Sozialpädagogisierung von Schule unerfüllt geblieben ist. Im Rahmen des rollen- und professionstheoretischen Begründungsmusters von Schulsozialarbeit steht allerdings auch nicht mehr die massive Kritik der 1970er Jahre an der geringen Reformbereitschaft und unzureichenden sozialpädagogischen Profilierung der Institution Schule im Mittelpunkt des Interesses. Es geht vielmehr um den Nachweis, dass eine Sozialpädagogisierung der LehrerInnenrolle weder möglich noch fachlich tragfähig sei. LehrerInnen sind diesem Begründungsmuster folgend nicht in der Lage, sozialpädagogische Funktionen und Tätigkeiten angemessen wahrzunehmen. Begründet wird dies zum einen mit den Grenzen der objektiven und subjektiven Belastbarkeit, den fehlenden sozialpädagogischen Kenntnissen sowie dem ambivalenten Selektions- und Kontrollauftrag von LehrerInnen (Salustowicz 1986, 39 ff.). Bei einer Sozialpädagogisierung der LehrerInnenrolle werden ein diffuses Aufgabenprofil, verstärkte Rollenkonflikte, eine kaum zu bewältigende Allzuständigkeit und letztlich eine Überforderung der LehrerInnen befürchtet (Salustowicz 1986; Terhart 1996b; Helsper 2001). Erwartet wird letztlich, dass eine Erweiterung der Aufgaben von Schule und LehrerInnen eine Zunahme der Lehrerprobleme um sozialpädagogische Probleme und eine strukturelle Überforderung zur Folge hat. Helsper (2001, 34 f.) weist z.B. auf die zusätzlichen Antinomien und die Inkonsistenzen zwischen unterschiedlichen Handlungsanforderungen bei einer Übernahme sozialpädagogischer Funktionen durch LehrerInnen hin:

„Zu den internen Antinomien und institutionellen Widerspruchskonstellationen des Lehrer(innen)handelns in der Arbeit an Bildungsprozessen gesellen sich nun die internen Antinomien der anderen Handlungsformen und die Inkonsistenzen zwischen den unterschiedlichen Handlungsanforderungen. Damit stoßen wir in diesem Konzept einer Sozialpädagogisierung des Schulischen auf eine grenzenlose Schule und einen Lehrer ohne Grenzen, der bei richtigem Engagement alles vermag: Ein Bild, das in der Linie einer illusionären Verkennung der Grenzen der Erziehung, der Grenzen der pädagogischen Institutionen und der Grenzen der professionellen Pädagogen steht und dem Phantasma einer umfassenden Machbarkeit und Allmacht des Pädagogischen zugehört, faktisch aber nur in ein umfassendes Scheitern münden und eine Systembildung des Pädagogischen unterminieren kann" (Helsper 2001, 34 f.).

Die von der Kultusministerkonferenz eingesetzte Kommission zur Zukunft der Lehrerbildung hat sich dem – hinter diesen verschiedenen Einzelbegründungen stehenden – rollen- und professionstheoretischen Begründungsmuster angeschlossen, indem sie die Bewältigung gesellschaftlicher Probleme durch die LehrerInnen und eine sozialpädagogische Ausrichtung des Lehrerberufs aufgrund der Überdehnung und Überforderung der Institution Schule und des Lehrerberufs ausdrücklich ablehnt und stattdessen eine Kooperation mit außerschulischen PartnerInnen empfiehlt (Terhart 2000, 15 ff.). VertreterInnen einer „sozialpädagogischen Schule" mit einer Sozialpädagogisierung der LehrerInnen-Rolle gibt es kaum noch (in den 1990er Jahren z. B. Struck 1994; Hilbig 1993).

Worin liegen nun die Vor- und Nachteile des rollen- und professionstheoretischen Begründungsmusters? Das Begründungsmuster kann – dies ist ein deutlicher Vorteil – erklären, warum einem sozialpädagogischen Lehrerhandeln professionelle Grenzen gesetzt sind. Es entlastet damit zugleich LehrerInnen vor unzumutbaren Erwartungen und wenig erfolgversprechenden Versuchen einer sozialpädagogischen Tätigkeit (Allzuständigkeit). Allerdings kann das Begründungsmuster keine wirkliche Begründung für Schulsozialarbeit liefern, sondern „nur" für die Kooperation von LehrerInnen und SozialpädagogInnen. Neben der Schulsozialarbeit kommen also auch andere Kooperationsmöglichkeiten zwischen Jugendhilfe und Schule in Betracht.

Zusammenfassend betrachtet hängen die Ziele und Zielgruppen von Schulsozialarbeit vom jeweiligen Begründungsmuster ab. Aus fachlicher Sicht ist ein umfassender sozialpädagogischer Auftrag notwendig, der trotz der schulischen Nähe weitgehend unabhängig von schulischen Aufträgen umgesetzt wird und die Sozialisations- und Modernisierungsherausforderungen von Kindern und Jugendlichen in den Blick nimmt. Demzufolge soll Schulsozialarbeit a) alle jungen Menschen in ihrer individuellen, sozialen, schulischen und beruflichen Entwicklung fördern, b) dazu beitragen, Bildungsbenachteiligungen zu vermeiden und abzubauen, c) Erziehungsberechtigte und LehrerInnen bei der Erziehung und dem erzieherischen Kinder- und Jugendschutz beraten und unterstützen sowie d) zu einer schülerfreundlichen Umwelt beitragen.

Im Hinblick auf die SchülerInnen geht es vor allem um die breite Förderung der Identitäts- und Persönlichkeitsentwicklung, der schulischen und außerschulischen Lebensbewältigung sowie der sozialen Kompetenzen. Dabei hat die Schulsozialarbeit eine besondere Verpflichtung, mit ihren Angeboten benachteiligte und beeinträchtigte SchülerInnen zu erreichen und diese zu unterstützen. Schulsozialarbeit lässt sich jedoch in einem modernen Verständnis von Jugendhilfe und einer lebensweltorientierten Schulsozialarbeit nicht auf die Zielgruppe der Jugendlichen oder – wie häufig in Förderprogrammen – die benachteiligten und beeinträchtigten SchülerInnen beschränken. Bei einem solchem Ansatz sind a) Defizitorientierungen und Stigmatisierungen der SchülerInnen, b) eine geringe Mitwirkungsbereitschaft der SchülerInnen sowie c) problematische konzeptionelle Beschränkungen, die dem Bild einer präventiven, lebensweltorientierten und anwaltschaftlichen Jugendhilfe widersprechen, vorprogrammiert. Zudem würden Ressourcen, Kooperationsmöglichkeiten und Wirkungspotenziale der Schulsozialarbeit ungenutzt bleiben.

4.3 Zielgruppen von Schulsozialarbeit

Zielgruppen von Schulsozialarbeit sind alle Kinder und Jugendlichen unter besonderer Berücksichtigung der Benachteiligten und Beeinträchtigten; darüber hinaus aber auch die Lehrkräfte und Erziehungsberechtigten (Drilling 2009, 17). Für die einzelnen Zielgruppen ergeben sich – zusammenfassend betrachtet – unterschiedliche Ziele der Schulsozialarbeit:

Zielgruppen von Schulsozialarbeit

- *Kinder und Jugendliche:* Eine zentrale Zielgruppe einer lebensweltorientierten und modernen Schulsozialarbeit sind zunächst alle Kinder und Jugendlichen. Schulsozialarbeit soll hier mittels präventiver und intervenierender Angebote
  - **a** die gelingende Identitäts- und Persönlichkeitsentwicklung von Kindern und Jugendlichen,
  - **b** deren schulische und außerschulische Lebensbewältigung bei Entwicklungsaufgaben und akuten Problemen und Konflikten sowie
  - **c** deren soziale Kompetenzen (z. B. Engagement, soziales Lernen) fördern.

Als Angebote kommen hier niedrigschwellige und attraktive Gesprächs-, Kontakt- und Freizeitangebote, gruppen- und projektbezogene Angebote sowie gezielte Einzelberatungen und -begleitungen in Betracht. Im Interesse der Kinder und Jugendlichen ist auf eine transparente Rollenklärung gegenüber allen schulischen Beteiligten und auf eine Wahrung des Vertrauensverhältnisses zu den SchülerInnen bei Kontakten zu den LehrerInnen und Eltern zu achten. Berücksichtigt werden sollte, dass benachteiligten und beeinträchtigten Kindern und Jugendlichen eine besondere, wenngleich nicht ausschließliche, Rolle in der Schulsozialarbeit zukommt. Als ein Erfolgskriterium von Schulsozialarbeit kann insofern die Erreichung und gelungene Unterstützung und Förderung von benachteiligten und beeinträchtigten Kindern und Jugendlichen angesehen werden.

- *Lehrkräfte:* LehrerInnen sind sowohl zentrale KooperationspartnerInnen als auch Zielgruppen der Schulsozialarbeit. Schulsozialarbeit soll
  - **a** LehrerInnen für die Sichtweisen und Lebenswelten von Kindern und Jugendlichen und sozialpädagogische Fragestellungen sensibilisieren,
  - **b** LehrerInnen über konkrete Unterstützungsmöglichkeiten sowie Kooperationspartner bei den sozialen Einrichtungen und Diensten vor Ort informieren,
  - **c** LehrerInnen in Bezug auf sozialpädagogische Themen (z. B. Präventionskonzepte, Elternarbeit) beraten und fortbilden,
  - **d** LehrerInnen konkrete fachliche Anregungen für die Verringerung und Bewältigung von akuten Problemen von SchülerInnen und in Klassen bieten und schließlich
  - **e** als Vermittler und Berater bei Konflikten zwischen LehrerInnen und SchülerInnen agieren.

Die Zielgruppe der LehrerInnen sollte daher durch Informationsblätter, Aushänge, persönliche Gespräche und mündliche Informationen in Lehrerkonferenzen über lehrer- und schulbezogene Unterstützungsmöglichkeiten durch die Schulsozialarbeit informiert werden sowie in Hilfeplangespräche, Angebote und gemeinsame Projekte mit der Schulsozialarbeit eingebunden werden.

- *Erziehungsberechtigte:* Die Unterstützung und Förderung von Kindern und Jugendlichen ist oft nur dann erfolgreich, wenn die Erziehungsberechtigten in die sozialpädagogische Arbeit eingebunden und als relevante Bezugspersonen von Kindern und Jugendlichen verstanden werden. Erziehungsberechtigte sollen daher im Rahmen der Schulsozialarbeit a) bei Erziehungsfragen und -problemen sowie Fragen des Kinder- und Jugendschutzes beraten und unterstützt werden, b) über Hilfsangebote, soziale Einrichtungen und konkrete Ansprechpartner vor Ort informiert werden und c) eine Vermittlung und Unterstützung bei Konflikten mit LehrerInnen und ihren Kindern erhalten. Erforderlich ist in der Arbeit mit den Erziehungsberechtigten eine offensive Ansprache und Werbung für Angebote der Schulsozialarbeit, beispielsweise über Elternsprechtage, Elternsprechstunden, Elternabende und Lehrerkontakte, aber auch ein Elterncafé, Elternbesuche und gemeinsame Feiern an der Schule.

5 Rechtsgrundlagen, Förderpolitik und Finanzierung der Schulsozialarbeit

Aufgrund der komplexen Zuständigkeiten (Bund und Länder/Kantone, Land – Landkreis – Kommune, Jugendhilfe – Schule) sowie der länderspezifischen und kommunalen Unterschiede in der Schulsozialarbeit ist ein vollständiger und aktueller Überblick über die Rechtsgrundlagen, die Förderpolitik und die Finanzierung für dieses Arbeitsfeld kaum zu erhalten. Nachfolgend wird daher 1) auf wesentliche schulrechtliche und jugendhilferechtliche Grundlagen in Deutschland, 2) die Förderpolitik zur Schulsozialarbeit in Deutschland sowie 3) mögliche Regelungen zur Verbesserung der rechtlichen und finanziellen Absicherung der Schulsozialarbeit in Deutschland eingegangen.

5.1 Schulgesetz bzw. Kinder- und Jugendhilfegesetz

Auf der schulrechtlichen Ebene sind für die allgemeine Institutionalisierung der Kooperation von Jugendhilfe und Schule bzw. die Schulsozialarbeit zunächst die Schulgesetze der Länder bedeutsam (Rademacker 2001). Bei der Darstellung der rechtlichen Regelungen wird sich im Folgenden aus pragmatischen Gründen auf Deutschland konzentriert. Unterscheidbar sind – nach Füssel/Münder 2005, 286 ff. – Schulgesetze mit:

- allgemeinen Zusammenarbeitsklauseln mit anderen Behörden,
- präzisierenden Zusammenarbeitsklauseln,
- einer ausdrücklichen Erwähnung der Jugendhilfe als Kooperationspartner für die Öffnung von Schule,
- Regelungen zum Abschluss von Vereinbarungen zwischen Schule und Jugendhilfe sowie
- klaren Aufträgen zur Zusammenarbeit zwischen Schule und Jugendhilfe.

Die schulgesetzlichen Regelungen haben zum einen die allgemeine Funktion, die Kooperation von Jugendhilfe und Schule auf der Seite der Schulen rechtlich abzusichern, zu fördern und zu stabilisieren. Zum anderen sind die schulgesetzlichen Regelungen aber auch für einen Teil der sozialpädagogischen Fachkräfte unmittelbar relevant. So sind in zahlreichen Bundesländern/Kantonen sozialpädagogische Fachkräfte über schulgesetzliche Bestimmungen – zumeist unbefristet – bei *Schulbehörden* (Kultusministerien, Schulämter) angestellt, was meist eine finanzielle Absicherung der sozialpädagogischen Arbeit, eine sehr gute institutionelle Integration in die Schule sowie eine verlässliche Beziehungsarbeit ermöglicht. Für die konkrete sozialpädagogische Arbeit sind dabei – neben den Schulgesetzen – die Schulverwaltungsgesetze, die Schulmitwirkungsgesetze sowie die Verwaltungsvorschriften, Richtlinien und Runderlasse der Länder zum Einsatz der sozialpädagogischen Fachkräfte u. a. zuständig.

Eine Einstellung von sozialpädagogischen Fachkräften über eine Schulbehörde gibt es vor allem an Gesamtschulen und Ganztagsschulen und zum Teil an Berufsbildenden Schulen einzelner Bundesländer (z. B. Niedersachsen, Nordrhein-Westfalen). Die sozialpädagogischen Fachkräfte sind in diesen Fällen zumeist Landesbedienstete, über deren Eignung, Befähigung und fachliche Leistung in der Regel die SchuldezernentInnen bzw. SchulleiterInnen entscheiden. Dies ist nicht unproblematisch, weil die Fach- und Dienstaufsicht damit bei fachfremden Personen liegt und die Gefahr besteht, dass die sozialpädagogische Arbeit und deren Ziele, Verständnisse und Grundprinzipien schulischen Interessen untergeordnet werden. Unabhängig davon gilt die berufliche Schweigepflicht für staatlich anerkannte SozialarbeiterInnen/SozialpädagogInnen, die eine Verletzung von Privatgeheimnissen gemäß § 203 Strafgesetzbuch (StGB) unter Strafe stellt.

Eine entscheidende rechtliche Arbeitsgrundlage für die Schulsozialarbeit in *Trägerschaft der Jugendhilfe* ist das Kinder- und Jugendhilfegesetz. Neben den umfangreichen Vorschriften zum Schutz von Sozialdaten nach §§ 61 ff SGB VIII/KJHG in Verbindung mit § 35 SGB I und §§ 67 bis 85 a SGB X und den Schutz von Privatgeheimnissen nach § 203 StGB sind für die Schulsozialarbeit insbesondere die §§ 1, 80, 81, 11 und 13 SGB VIII/KJHG von Bedeutung, wobei vorweggenommen werden kann, dass die Schulsozialarbeit in keinem Paragrafen des SGB VIII/KJHG bislang explizit erwähnt wird und insofern strittig ist, inwieweit eine ausreichende Rechtsgrundlage für die Schulsozialarbeit im SGB VIII/KJHG besteht:

- *§ 1 Abs. 3 SGB VIII/KJHG (Jugendhilfe)* benennt die Ziele der Kinder- und Jugendhilfe und geht zum einen auf die Förderung von jungen Menschen, den Abbau von Benachteiligungen, die Erziehungsberatung für Erziehungsberechtigte sowie den Kinder- und Jugendschutz ein. Demzufolge soll die Kinder- und Jugendhilfe „dazu beitragen, positive Lebensbedingungen für junge Menschen und ihre Familien sowie eine kinder- und familienfreundliche Umwelt zu erhalten oder zu schaffen.“ Aus dem § 1 ist insofern eine Anwaltsfunktion der Schulsozialarbeit für die SchülerInnen und eine Einmischungsfunktion in die Institution Schule zu erkennen (Münder et al. 1998, 166; Wiesner et al. 2000, 32). Hingegen lässt sich daraus keine Rechtsgrundlage für die Schulsozialarbeit ableiten.
- *Die §§ 80 und 81 SGB VIII/KJHG (Jugendhilfeplanung, Zusammenarbeit mit anderen Stellen und öffentlichen Einrichtungen)* beinhalten Aussagen zur Jugendhilfeplanung und zur Zusammenarbeit der Jugendhilfe mit anderen Stellen. Die Schulsozialarbeit wird jedoch weder im § 80 noch § 81 ausdrücklich erwähnt. Allerdings weist § 80 die Träger der öffentlichen Jugendhilfe an, darauf hinzuwirken, dass „die Jugendhilfeplanung und andere örtliche und überörtliche Planungen aufeinander abgestimmt werden und die Planungen insgesamt den Bedürfnissen und Interessen der jungen Menschen und ihrer Familien Rechnung tragen.“ Dies kann als Abstimmungsgebot zwischen Jugendhilfe- und Schulentwicklungsplanung interpretiert werden. In § 81 Nr. 1 werden die Träger der öffentlichen Jugendhilfe außerdem zur Kooperation mit den „Schulen und Stellen der Schulverwaltung“ verpflichtet. Aus den §§ 80 und 81 geht also ein Gebot bzw. eine Verpflichtung zur Kooperation zwischen Jugendhilfe und Schule hervor, die sich jedoch aufgrund der Autonomie der freien Träger ausschließlich auf die Träger der öffentlichen Jugendhilfe bezieht (Münder et al. 1998, 81 und Kunkel 2003, 963 f.).
- *In § 11 SGB VIII/KJHG (Jugendarbeit)* ist festgelegt, dass jungen Menschen die zur Förderung ihrer Entwicklung erforderlichen Angebote der Jugendarbeit zur Verfügung gestellt werden sollen. In Bezug auf die Schulsozialarbeit ist relevant, dass zu den Schwerpunkten der Jugendarbeit unter anderem die arbeitswelt-, schul- und familienbezogene Jugendarbeit gezählt wird (§ 11 Abs. 3 Nr. 3). Damit bietet die schulbezogene Jugendarbeit die rechtliche Möglichkeit, die unterschiedlichen Lebensräume von Jugendlichen mit verschiedenen Freizeit-, Bildungs-, Unterstützungs- sowie Beratungsange-

boten innerhalb und außerhalb der Schule zu verknüpfen (Münder et al. 1998, 166; Wiesner et al. 2000, 168; Kunkel 2003, 134). Eine Rechtsgrundlage für die Schulsozialarbeit ist aus § 11 nicht ableitbar, vor allem weil die Schulsozialarbeit dort nicht explizit erwähnt wird.

- *Nach § 13 SGB VIII/KJHG (Jugendsozialarbeit)* sollen im Rahmen der Jugendhilfe jungen Menschen, die zum Ausgleich sozialer Benachteiligungen oder zur Überwindung individueller Beeinträchtigungen in erhöhtem Maße auf Unterstützung angewiesen sind, sozialpädagogische Hilfen angeboten werden, die ihre schulische und berufliche Ausbildung, ihre Eingliederung in die Arbeitswelt und ihre soziale Integration fördern. Damit ist ersichtlich, dass die schulbezogene Jugendsozialarbeit nach § 13 nicht auf alle, sondern lediglich auf benachteiligte und beeinträchtigte Jugendliche abzielt. Mit § 13 hat sich die rechtliche Absicherung für Projekte von Jugendhilfe und Schule und damit auch für die Schulsozialarbeit deutlich verbessert (Segel 1996; Wulfers 1997). Die juristischen Kommentare zum SGB VIII/KJHG gehen dementsprechend in ihren Erläuterungen beim § 13 übereinstimmend auf die Schulsozialarbeit ein (Münder et al. 1998, 173; Wiesner et al. 2000, 176 ff.; Schellhorn 2000; Kunkel 2003, 143 ff.). Äußerst kontrovers wird jedoch diskutiert, ob der § 13 SGB VIII/KJHG tatsächlich eine fundierte Rechtsgrundlage für die Schulsozialarbeit bietet (Tab. 8). In einer ersten Position besteht – meist ohne ausführliche Begründung – die Auffassung, dass mit dem § 13 eine Rechtsgrundlage für die Schulsozialarbeit vorliegt (BMFSFJ 1994 und 1998; Raab 1994 und Rademacker 2001). Dafür sprechen sicher die explizite Erwähnung der Schulsozialarbeit in der Begründung zum damaligen Regierungsentwurf, die Berücksichtigung der Schulsozialarbeit in den einschlägigen Gesetzeskommentaren zum § 13 sowie die Gefahr einer Profillosigkeit der Schulsozialarbeit. In der Gegenposition wird hingegen die Auffassung vertreten, dass die Schulsozialarbeit im § 13 SGB VIII/KJHG aufgrund der fehlenden Erwähnung über keine bzw., aufgrund der einseitigen Ausrichtung auf benachteiligte Kinder und Jugendliche mit einem sehr hohen Unterstützungsbedarf, nur über eine unzureichende rechtliche und inhaltlich-konzeptionelle Grundlage verfügt (Segel 1996, 484; Hartnuß/Maykus 2000a und 2000b; Ludewig/Paar 2001, 522 f.; Maykus 2001; Speck 2006a).

Tab. 8: Pro- und Contra-Argumente für eine Rechtsgrundlage im SGB VIII/KJHG

Pro-Argumente	Contra-Argumente
Kernaussage	
▪ § 13 SGB VIII/KJHG bietet eine klare Rechtsgrundlage für Schulsozialarbeit	▪ § 13 SGB VIII/KJHG bietet keine bzw. nur eine unzureichende Rechtsgrundlage für Schulsozialarbeit
Argumente	
▪ Schulsozialarbeit ist im Begriff „schulbezogene Jugendsozialarbeit" des § 13 enthalten ▪ explizite Erwähnung der Schulsozialarbeit in der Begründung zum Regierungsentwurf ▪ Berücksichtigung der Schulsozialarbeit in den einschlägigen Gesetzeskommentaren zum § 13 ▪ Notwendigkeit, sich auf bestimmte Zielgruppen und Schwerpunkte in der Schulsozialarbeit zu begrenzen (Prioritätensetzung und Profilschärfung) ▪ zahlreiche Landesprogramme stützen sich auf § 13	▪ Schulsozialarbeit ist in § 13 nicht benannt, daher fehlt eine rechtliche Absicherung über einen eigenen Paragrafen ▪ mit § 13 sind auch (andere) Kooperationsprojekte gemeint, sodass der Schulsozialarbeit die Grundlage fehlt ▪ Beschränkung in § 13 auf individuell beeinträchtigte und sozial benachteiligte SchülerInnen mit sehr hohem Unterstützungsbedarf ist fachlich nicht sinnvoll ▪ § 13 führt zu Stigmatisierung der Schulen und SchülerInnen, die Schulsozialarbeit in Anspruch nehmen ▪ moderner Anspruch einer lebensweltorientierten, präventiven und offensiven Schulsozialarbeit ist über § 13 nicht möglich ▪ Forschungen zeigen, dass ein komplexer Ansatz mit präventiven und intervenierenden Angeboten in der Schulsozialarbeit notwendig ist

Fortsetzung von Tab. 8

VertreterInnen	
■ BMFSFJ 1994 und 1998 ■ Raab 1994 ■ Rademacker 2001	■ Segel 1996 ■ Hartnuß/Maykus 2000a und b ■ Ludewig/Paar 2001 ■ Maykus 2001 ■ Speck 2006a

Wägt man die unterschiedlichen Positionen ab, so kann man zum Schluss kommen, dass der § 13 SGB VIII/KJHG keine – zumindest keine hinreichende – fachlich-konzeptionell tragfähige Rechtsgrundlage für die Schulsozialarbeit bietet. Vor diesem Hintergrund erhalten die Ausführungsgesetze zum SGB VIII/KJHG eine hohe Bedeutung, der die Länder dort jedoch nur selten mit inhaltlich-konzeptionellen Aussagen zur Kooperation von Jugendhilfe und Schule nachkommen (Hartnuß/Maykus 2000a und 2000b). Auf der Landesebene dominieren – offensichtlich aufgrund der eingeschränkten Haushaltslage und/oder der kommunalen Zuständigkeit – befristete Landesprogramme zur Schulsozialarbeit mit klaren Richtlinien sowie darüber hinaus unverbindliche Empfehlungen.

5.2 Gegenwärtige Förderung der Schulsozialarbeit

Einen vollständigen und detaillierten Überblick über die Förderung und die Fördermodalitäten zur Schulsozialarbeit in Deutschland zu erhalten, ist gegenwärtig aufgrund der spezifischen Fördermodalitäten zur Schulsozialarbeit nahezu unmöglich. Im Folgenden sollen stattdessen grundlegende Merkmale der Förderung – mit einem besonderen Schwerpunkt auf die Landesprogramme zur Schulsozialarbeit – herausgearbeitet werden. Eingegangen wird auf a) die differierenden Begrifflichkeiten in den Bundesländern, b) die unterschiedlichen Fördermittelgeber und -modalitäten, c) die verschiedenen Zuständigkeiten und Ansprechpartner, d) die unzureichenden inhaltlichen und finanziellen Konzepte, e) die einseitigen und defizitären Förderungen sowie f) die prekäre und diskontinuierliche Förderung der Schulsozialarbeit.

Zu a) *Differierende Begrifflichkeiten in den Bundesländern:* Ein grundsätzliches Problem ist – zumindest für Deutschland – darin zu sehen, dass für das Arbeitsfeld Schulsozialarbeit eine Vielzahl an Programmtiteln und Begrifflichkeiten (auch innerhalb einzelner Länder) existiert. Dies bedeutet letztlich, dass für ähnlich ausgerichtete Stellen und Programme zur Schulsozialarbeit in den Bundesländern unterschiedliche und jeweils zu ermittelnde Begrifflichkeiten verwendet werden, ohne dass gravierende inhaltlich-konzeptionelle Unterschiede erkennbar sind.

Zu b) *Unterschiedliche Fördermittelgeber und -modalitäten:* Eine Chance, aber auch eine Schwierigkeit besteht darin, dass es sehr unterschiedliche Fördermittelgeber mit einer Vielzahl an differierenden Programmen, Konzepten und Fördermodalitäten für die Schulsozialarbeit in den Ländern, aber auch innerhalb einzelner Länder gibt. Dies hat zur Folge, dass auch innerhalb von Ländern verschiedene Förderungen existieren und eine bundesweite Transparenz über die Fördermodalitäten zur Schulsozialarbeit somit kaum möglich ist. Ein wesentlicher Grund hierfür ist, dass die (Finanzierungs-)Zuständigkeit für die Schulsozialarbeit – bei Unterstellung eines Jugendhilfeansatzes nach dem SGB VIII/KJHG – zwar beim örtlichen Träger der Jugendhilfe liegt, d. h. den Kreisen und kreisfreien Städten mit ihren Jugendämtern. Allerdings wird die Schulsozialarbeit in zahlreichen Ländern auch über schulrechtliche Regelungen (Landesdienst, Einsatz auf Lehrerstellen) abgesichert bzw. aufgrund der begrenzten Haushaltsmittel der Kreise und kreisfreien Städte über zeitlich befristete Modellprojekte, Pauschalen für die Jugendarbeit/Jugendsozialarbeit oder anteilige Zuschüsse an die Träger der örtlichen Jugendhilfe gefördert. Hinzu kommen Landesförderungen über den Europäischen Sozialfond (ESF), Mischfinanzierungen sowie partiell Förderungen über die Arbeitsverwaltung. Letztlich gibt es – neben der Vielzahl an Fördermittelgebern – kaum überschaubare Fördermodalitäten. Beschränkt man sich auf die Schulsozialarbeit in Trägerschaft der Jugendhilfe unterscheiden sich diese besonders hinsichtlich 1) der Zuwendungsdauer (Modell- oder Regelfinanzierungen), 2) der Zuwendungsart (anteilige Zuschüsse oder Festbeträge), 3) der notwendigen Co-Finanzierung (Mittel des Europäischen Sozialfonds, der Landkreise/kreisfreien Städte, der freien Träger), 4) des Zuwendungsgegenstandes (Personal- und/oder Sachkosten), 5) der Zuwendungsempfänger (freie und/oder örtlicher Träger der Jugendhilfe) sowie 6) der Zuwendungsvoraussetzungen. Die unterschiedlichen Fördermittelgeber und -modalitäten bieten ohne Zweifel die Chance, ein Projekt der Schulsozialarbeit über unterschiedliche Finanzierungsquellen abzusichern. Sie erweisen sich allerdings im Jugendhilfebereich immer dann als Problem, wenn es um die Stabilisierung bzw. Weiterförderung von Projekten geht und die Verantwortung an einen jeweils anderen Partner abgeschoben wird („Schwarze-Peter-Spiel“).

Zu c) *Verschiedene Zuständigkeiten und Ansprechpartner:* Unabhängig von den unterschiedlichen Fördermittelgebern und -modalitäten bestehen auch auf der gleichen Ebene von Land bzw. Landkreis/kreisfreie Stadt unterschiedliche Zuständigkeiten bei Jugendhilfe und Schule, die nicht in jedem Falle eine nachvollziehbare Sachlogik aufweisen. Charakteristisch hierfür ist, dass in den einzelnen Bundesländern unterschiedliche Ministerien für die Schulsozialarbeit zuständig sind. In einigen Bundesländern sind die Sozialministerien und in anderen die Kultusministerien für die Schulsozialarbeit verantwortlich. Mitunter sind auch mehrere Ministerien eines Landes im selben oder mit unterschiedlichen Programmen im Bereich Schulsozialarbeit aktiv. Erschwerend wirkt sich zudem aus, dass in den Schulbehörden in Abhängigkeit vom jeweiligen Schultyp verschiedene Zuständigkeiten und Ansprechpartner existieren, im ungünstigsten Falle für jeden Schultyp andere.

Zu d) *Unzureichende inhaltliche und finanzielle Konzepte:* Nimmt man die fachpolitischen Empfehlungen und rechtlichen Regelungen auf Landesebene als Maßstab, so hat seit den 2000er Jahren ohne Zweifel eine Annäherung zwischen Schule und Jugendhilfe stattgefunden (Wiesner et al. 2000, 1400; Hartnuß/Maykus 2000a und 2000b; Deutscher Verein für öffentliche und private Fürsorge 2000 und 2001; Maykus 2001; Füssel/Münder 2005). Kritisch ist jedoch zu werten, dass sowohl auf der Landesebene als auch auf der kommunalen Ebene häufig weder ein gemeinsames Verständnis noch ein längerfristiges, inhaltliches und finanzielles Konzept zur Kooperation von Jugendhilfe und Schule existiert, in das die Schulsozialarbeit integriert werden könnte bzw. integriert wird. Ausnahmen sind in der Regel dort anzutreffen, wo es bereits eine längere Tradition mit der Kooperation von Jugendhilfe und Schule bzw. Schulsozialarbeit gibt.

In einzelnen Ländern deutet sich zudem an, dass zwischen dem Jugendhilfe- und Schulressort statt einer bewussten Kooperation eher eine klassische Aufgabenteilung angestrebt wird, beispielsweise, wenn Kultusministerien im Sinne eines additiven Selbstverständnisses ausschließlich an einer außerunterrichtlichen Betreuung Interesse haben und sich dafür verantwortlich fühlen (z. B. Arbeitsgemeinschaften, Ganztagsangebote, schulbezogene Jugendarbeit), während die Sozialministerien ausschließlich für die problembelasteten SchülerInnen zuständig sind bzw. verantwortlich sein sollen/wollen (z. B. schulbezogene Jugendsozialarbeit).

Zu e) *Einseitige und defizitäre Förderungen:* Analytisch lassen sich bei den bestehenden Vorschriften und Regelungen zur sozialpädagogischen Arbeit bzw. Schulsozialarbeit hinsichtlich der konzeptionellen Ausrichtung präventive Betreuungs- und außerunterrichtliche Freizeitprogramme (z. B. schulbezogene Jugendarbeit, außerunterrichtliche Betreuung, Schuljugendarbeit, Sicherung des Ganztagsbetriebes) und stärker intervenierende Programme (z. B. schulbezogene Jugendsozialarbeit) voneinander unterschieden. Vereinfacht formuliert gilt Folgendes: Während in schulrechtlichen Bestimmungen für die Gesamt- und Ganztagsschulen häufig eher Betreuungs- und freizeitpädagogische Aufgaben für die sozialpädagogischen Fachkräfte anvisiert werden, steht bei den anderen Schultypen/-formen und den spezifischen Landesprogrammen zur Schulsozialarbeit vor allem die Arbeit mit verhaltensauffälligen, schulverweigernden und problematischen SchülerInnen im Mittelpunkt des Interesses. Verstärkt wird die Defizitorientierung bei den intervenierenden Programmen durch eine einseitige Auswahl der Schulen anhand bestimmter Schultypen (vor allem Hauptschulen, Förderschulen, Berufsbildende Schulen) und/oder vermeintlicher sozialräumlicher Problemkumulationen bzw. ProblemschülerInnen. Mindestens ebenso wichtige Kriterien, wie eine vorhandene Kooperationsbereitschaft, eine bereits bestehende Kooperation zwischen Schulen und Jugendhilfeträgern, fundierte Bedarfsanalysen in Abstimmung mit der Jugendhilfe- und Schulentwicklungsplanung, konzeptionelle Vorarbeiten sowie begonnene Prozesse der Weiterentwicklung von Schulen geraten dabei meist vollständig aus dem Blick. Sowohl die auf Betreuung und Freizeitprogramme als auch die stärker auf Intervention ausgerichteten Programme weisen eine konzeptionelle Einseitigkeit auf, da sie einem lebensweltorientierten Konzept von Schulsozialarbeit nicht gerecht werden. So ist bei Freizeitprogrammen nachgewiesenermaßen davon auszugehen, dass die SchülerInnen ihre SozialarbeiterInnen auch mit persönlichen, beruflichen und familiären

Problemen ansprechen (THMSG 1998a und 1998b). Bei den stärker defizitorientierten Landesprogrammen wiederum hat sich gezeigt, dass sich eine Begrenzung der NutzerInnen und eine verpflichtende Teilnahme stigmatisierend und nachteilig auf die Schulsozialarbeit auswirkt, für die Kontaktaufnahme niedrigschwellige Angebote erforderlich sind und daher oftmals freizeitpädagogische Angebote mit vorgehalten werden müssen (Speck 2006a).

Letztlich sprechen sowohl das Fachverständnis einer modernen, lebensweltorientierten Jugendhilfe als auch die Praxiserfahrungen dafür, dass die Trennung in Betreuungs- und Freizeitprogramme („schulbezogene Jugendarbeit“) vs. intervenierende Programme („schulbezogene Jugendsozialarbeit) rein förderpolitischer Natur ist und in der Schulsozialarbeit ein komplexer Ansatz mit präventiven und intervenierenden Angeboten notwendig erscheint (so z.B. die ausgelaufene Förderrichtlinie aus Sachsen-Anhalt). Stärker betont werden müssten in den Vorschriften und Regelungen zur Schulsozialarbeit zudem die konzeptionellen Ziele der Kooperation von Jugendhilfe und Schule, ressourcenorientierte Zielvorstellungen, die Möglichkeiten zur sozialpädagogischen Fortbildung der LehrerInnen sowie die Unterstützung der Schulen durch die SchulsozialarbeiterInnen bei der Schulentwicklung und Schulprogrammarbeit (z. B. in Brandenburg, Rheinland-Pfalz, Sachsen-Anhalt vorhanden).

Zu f) *Prekäre und diskontinuierliche Förderung:* Die Finanzierung bzw. Förderung der Schulsozialarbeit weist in Deutschland eine klare Zweiteilung auf: Während für die sozialpädagogischen Fachkräfte, die über schulrechtliche Regelungen angestellt sind, aufgrund der Eingliederung in den öffentlichen Dienst ein sehr hohes Maß an Finanzierungsstabilität besteht, sieht dies bei der Förderung der Schulsozialarbeit über den Jugendhilfebereich deutlich anders aus. Kennzeichnend für die Schulsozialarbeit im Jugendhilfebereich sind einerseits ein hohes Engagement der Länder, Landkreise und kreisfreien Städte, erkennbar an den zahlreichen befristeten Modellprojekten zur Schulsozialarbeit. Andererseits ist durch die oftmals prekäre, befristete und co-finanzierte Förderung eine fehlende Kontinuität zu beklagen. Dies hat Auswirkungen auf die Planbarkeit von Aktivitäten, die Beziehungsarbeit mit SchülerInnen, LehrerInnen und Eltern, die Fluktuation des Personals in Projekten der Schulsozialarbeit sowie die Anerkennung des Arbeitsfeldes und der dort tätigen SchulsozialarbeiterInnen.

Besonders von den Ländern werden Modellprojekte als Anschubfinanzierung verstanden, die zu einer übergangslosen Zuständigkeit der örtlichen Jugendhilfe (Landkreise, kreisfreie Städte) für die Schulsozialarbeit führen soll. Die Erfahrungen aus unterschiedlichen Bundesländern bestätigen auch, dass sich landesweite Modellprogramme sehr günstig auf die Initiierung, Profilierung, Verfachlichung und Vernetzung der Schulsozialarbeit auswirken.

Gleichzeitig – und auch hier sind die Befunde sehr eindeutig (z.B. aus Baden-Württemberg, Sachsen, Sachsen-Anhalt und Thüringen) – reicht eine zeitlich begrenzte Modellförderung der Länder als Erfolgsfaktor für eine Etablierung der Schulsozialarbeit auf der kommunalen Ebene nicht aus. Für Projekte, die über Landesprogramme zur Schulsozialarbeit abgesichert werden, existiert besonders in Zeiten knapper Haushaltskassen nachgewiesenermaßen ein sehr hohes Risiko, nach dem Auslaufen der Landesförderung nicht weiter auf der kommunalen Ebene gefördert zu werden und daher eingestellt werden zu müssen. Der über die Parteigrenzen hinaus offensichtlich vorhandene politische Wille, auf der Landesebene Modellprogramme der Schulsozialarbeit zu installieren, ist notwendig, jedoch nicht hinreichend für eine dauerhafte Etablierung der Schulsozialarbeit.

5.3 Zukünftige rechtliche und finanzielle Absicherung

Geht man davon aus, dass die gegenwärtige rechtliche und finanzielle Absicherung der Schulsozialarbeit noch unzureichend ist, dann stellt sich die Frage nach Alternativen. In Betracht kommen aus heutiger Sicht grundsätzlich sechs Alternativen:

1 Eine klare Verbesserung der rechtlichen und finanziellen Situation in der Schulsozialarbeit würde ohne Zweifel eine *Nachbesserung des SGB VIII/KJHG durch den Bundesgesetzgeber* erbringen (Segel 1996; Olk/Speck 1999; Ludewig/Paar 2001). Entsprechende Gesetzesvorschläge für schulbezogene sozialpädagogische Hilfen (Hartnuß/Maykus 2000a und 2000b; Maykus 2001) bzw. für die Schulsozialarbeit (Speck 2006a, 351) liegen seit längerem vor.

§ 13a Schulsozialarbeit

1 Jungen Menschen, Erziehungsberechtigten und LehrerInnen sollen im Rahmen der Jugendhilfe die erforderlichen sozialpädagogischen Angebote und Hilfen der Schulsozialarbeit in der Schule zur Verfügung gestellt werden. Schulsozialarbeit soll junge Menschen in ihrer individuellen, sozialen, schulischen und beruflichen Entwicklung fördern, dazu beitragen, Bildungsbenachteiligungen zu vermeiden und abzubauen, Erziehungsberechtigte und LehrerInnen bei der Erziehung und dem erzieherischen Kinder- und Jugendschutz beraten und unterstützen sowie zu einer schülerfreundlichen Umwelt beitragen.

2 Schulsozialarbeit soll durch sozialpädagogische Fachkräfte kontinuierlich und auf einer verbindlich vereinbarten und gleichberechtigten Zusammenarbeit mit den LehrerInnen am Ort Schule stattfinden.

3 Zu den Schwerpunkten der Schulsozialarbeit gehören:
   1 Beratung und Begleitung von einzelnen SchülerInnen,
   2 sozialpädagogische Gruppenarbeit,
   3 Zusammenarbeit und Beratung der Lehrer Innen und Erziehungsberechtigten,
   4 Offene Gesprächs-,Kontakt- und Freizeitangebote,
   5 Mitwirkung in Unterrichtsprojekten und in schulischen Gremien,
   6 Kooperation und Vernetzung mit dem Gemeinwesen.

4 Für die Ausgestaltung der Schulsozialarbeit soll zwischen den beteiligten Trägern der Jugendhilfe und den LehrerInnen unter Beteiligung der SchülerInnen und ihrer Eltern eine Bereitschaft zur Zusammenarbeit erzielt, eine Bedarfsanalyse durchgeführt, ein Konzept formuliert und eine Kooperationsvereinbarung abgeschlossen werden, die Aussagen zu den konkreten Zielen, Angeboten und Hilfen, Rahmenbedingungen, Kooperationsstrukturen, Verantwortlichkeiten sowie zur regelmäßigen Überprüfung enthält.

5 Das Angebot der Schulsozialarbeit sowie deren Finanzierungsollen zwischen den Jugendämtern und der Schulverwaltung sowie der Jugendhilfeplanung und der Schulentwicklungsplanung abgestimmt werden. Schulsozialarbeit ist eine gemeinsame Aufgabe von Jugendhilfe und Schule (Speck 2006a, 351).

Aufgrund der Haushaltslage, der unterschiedlichen föderalen Zuständigkeiten und der sukzessiven Einschränkungen wohlfahrtsstaatlicher Leistungen ist eine Änderung des SGB VIII/KJHG aus heutiger Sicht gleichwohl nur langfristig zu erwarten.

2 Realistischer erscheint eine *Präzisierung der Schulgesetze oder der Ausführungsgesetze zum SGB VIII/KJHG* durch die Landesgesetzgeber, bei der die Schulsozialarbeit als eigenständige Leistung aufgenommen wird. So verfügen die Länder nicht nur die Hoheit über den Schulbereich, sondern im Rahmen des § 15 SGB VIII/KJHG auch über die Möglichkeit, die Inhalte und den Umfang der Jugendarbeit, der Jugendsozialarbeit und des erzieherischen Kinder- und Jugendschutzes eigenständig zu regeln und inhaltlich-konzeptionell zu konkretisieren. Bislang wird häufig mit befristeten Regelungen für die Landesprogramme sowie unverbindlichen Empfehlungen zur Schulsozialarbeit reagiert. Allerdings sind inzwischen in fast allen Schulgesetzen Kooperationsverpflichtungen mit der Jugendhilfe und zum Teil Regelungen zur Schulsozialarbeit aufgenommen worden (z.B. Schleswig-Holstein, Mecklenburg-Vorpommern). Damit hat sich die kritische Situation noch aus Anfang der 2000er Jahre entspannt (Hartnuß/Maykus 2000a und 2000b).

3 Sofern man die Schulsozialarbeit als ein gemeinsames Anliegen von Jugendhilfe und Schule versteht, könnten –unabhängig von einer Gesetzesänderung – *Mischfinanzierungen oder gemeinsame Budgets* zwischen Jugendhilfe und Schule eine tragfähige Lösung für das Finanzierungsdilemma bieten (Verein für Kommunalwissenschaften 1997, JMK und KMK 2002). Kommt es zu einer Einigung auf der örtlichen und überörtlichen Ebene, sind beispielsweise eine Drittelung der Kosten bzw. gemeinsame Budgets zwischen der Schulbehörde, dem örtlichen Jugendhilfeträger und dem örtlichen Schulträger vorstellbar.

4 Eine weitere handlungsbezogene Alternative zum Finanzierungsproblem in der Schulsozialarbeit wäre auch eine neue inhaltliche *Prioritätensetzung in der örtlichen Jugendhilfe.* So könnten beispielsweise bereitgestellte Mittel und vorhandenes Personal aus weniger frequentierten Jugendfreizeiteinrichtungen (oder den Hilfen zur Erziehung) in die Schulsozialarbeit verlagert werden (Niederbühl 2000 und 2001). Mit einer veränderten Prioritätensetzung in der Jugendhilfe hin zur Schulsozialarbeit würde unstrittig der präventive Leistungsbereich der Jugendhilfe gestärkt und ein schnellerer Zugang zu Klienten ermöglicht werden. Allerdings gehen bei einer sehr umfassenden Verlagerung der Jugendarbeit in die Schule die Strukturmerkmale, die organisierte Offenheit und die lebensweltlichen und jugendkulturellen Wirkungspotenziale

der traditionellen Jugendarbeit verloren. Zudem ist – abseits aller „Verteilungskämpfe" – anzuerkennen, dass ein erheblicher Teil der Jugendlichen nur ein begrenztes Interesse daran hat, sich nach der Schule noch freiwillig auf dem Schulgelände aufzuhalten. Eine Veränderung der örtlichen Jugendhilfeangebote sollte daher genau auf die absehbaren Wirkungen und Nebenwirkungen für die Kinder und Jugendlichen, die Schulsozialarbeit und die Jugendarbeit geprüft und diskursiv mit den beteiligten Trägern und Fachkräften ausgehandelt werden.

5 Vorstellbar ist, dass eine Art *mobile schulbezogene Jugendsozialarbeit* entwickelt wird, bei der SozialarbeiterInnen entweder für mehrere Schulen gleichzeitig tätig sind oder auf Anfrage Schulen aus einem Einzugsbereich mit bestimmten Angeboten versorgen. Ein solches Modell kann aus ökonomischen und fachlichen Gründen sinnvoll sein, entspricht jedoch weder dem allgemeinen Konzept von Schulsozialarbeit noch seinen Wirkungspotenzialen. So ist hinsichtlich der Wirkungspotenziale von Schulsozialarbeit inzwischen empirisch nachgewiesen, dass diese überproportional (!) zunehmen, je mehr Stunden in der Woche die SchulsozialarbeiterInnen an einer Schule tätig sind (Olk et al. 2003; Bolay et al. 2003). Dies gilt in ähnlicher Form auch für Modelle, in denen SchulsozialarbeiterInnen mit gleichen Stundenanteilen sowohl an einer Schule als auch einer benachbarten Jugendfreizeiteinrichtung oder im mobilen Bereich tätig sind, wobei hier Synergieeffekte entstehen.

6 Eine grundsätzlich denkbare Möglichkeit bestände schließlich darin, die Schulsozialarbeit als eine genuine Aufgabe von Schule zu verstehen und entsprechend bei den Kultusministerien der Länder anzusiedeln und *in den Schulgesetzen so rechtlich zu verankern.* Umfangreiche Erfahrungen mit einem solchen Trägermodell gibt es bereits in Deutschland beim Einsatz von sozialpädagogischen Fachkräften (u. a. an den Gesamtschulen). Vorteilhaft wirkt sich in diesem Modell die klare Zuständigkeit und Finanzierungsverantwortung sowie die langfristige Absicherung der Schulsozialarbeit aus. Aus sozialpädagogischer Sicht ist ein solches Modell allerdings weniger begrüßenswert, da hier die Dienst- und Fachaufsicht bei an sich fachfremden Personen liegt, die sozialpädagogische Profilierung und Positionierung der Schulsozialarbeit im Arbeitsalltag schwierig ist und unter Umständen eine starke Instrumentalisierung der Schulsozialarbeit für schulische Interessen stattfindet. Dies schließt nicht aus, die Schulsozialarbeit bzw. die Kooperation von Jugendhilfe und Schule stärker in den Schulgesetzen und schulrechtlichen Bestimmungen zu berücksichtigen.

Letztlich ist die rechtliche und finanzielle Absicherung der Schulsozialarbeit davon abhängig, welcher Stellenwert der Kooperation von Jugendhilfe und Schule jugend- und bildungspolitisch beigemessen wird. Die Voraussetzungen hierfür haben sich zweifelsohne seit den 2000er Jahren deutlich verbessert.

6 Angebote, methodisches Handeln und Handlungsprinzipien von Schulsozialarbeit

6.1 Angebote

Die Frage, welche Angebote bzw. Leistungen spezifisch für das Arbeitsfeld Schulsozialarbeit sind, lässt sich anhand der Befunde der wissenschaftlichen Begleitungen zu Programmen der Schulsozialarbeit beantworten (für einen Überblick: Adamowitsch et al. 2011; Speck/Olk 2010 a und b; Drilling 2009; Olk et al. 2000). Die Untersuchungsbefunde machen zunächst darauf aufmerksam, dass die Angebote der SchulsozialarbeiterInnen von den Begründungsmustern und Konzepten der Schulsozialarbeit beeinflusst werden. Geht es vorrangig um eine freizeitpädagogische Ausrichtung der Schulsozialarbeit, stehen andere Angebote im Mittelpunkt (z.B. Betreuungs- und Freizeitangebote) als bei einer stärker intervenierenden Ausrichtung (z.B. Einzelfallhilfe, Beratung, Vernetzung). Allerdings zeigen die Untersuchungen der verschiedenen Landesprogramme auch sehr deutlich, dass die mitunter förderpolitisch anvisierte Begrenzung auf freizeitpädagogische Angebote oder aber intervenierende Angebote für benachteiligte bzw. auffällige Kinder und Jugendliche in der Praxis so nicht tragfähig ist, eine künstliche Versäulung darstellt und letztlich die komplexen Wirkungspotenziale von Schulsozialarbeit einschränkt. Erforderlich ist ein komplexes Leistungsangebot aus präventiven und intervenierenden Leistungen.

Grundsätzlich existiert innerhalb der verschiedenen Schulsozialarbeitsprojekte ein sehr breites Angebotsspektrum, das von Schulclubs und Freizeitangeboten über schülerbezogene Einzelfallhilfen, sozialpädagogische Gruppenarbeit mit Klassen und Mediation bis hin zu Elternbesuchen und zur Gemeinwesenarbeit reicht. Unterschiede gibt es in Abhängigkeit a) vom zugrunde liegenden Förderprogramm bzw. -konzept, b) vom Schultyp, c) vom konkreten Bedarf und den bereits bestehenden Angeboten an den Schulen und im Umfeld, d) von den zeitlichen und personellen Ressourcen der SchulsozialarbeiterInnen sowie e) von den Kompetenzen der SchulsozialarbeiterInnen. Die

Angebotsbreite und -varianz birgt nicht nur für Außenstehende die Gefahr einer Profillosigkeit des Arbeitsfeldes, sie kann auch zu einer Überlastung der SchulsozialarbeiterInnen führen. In der Praxis nehmen die SchulsozialarbeiterInnen daher häufig nach einer anfänglich sehr breiten Angebotspalette eine Prioritätensetzung bei den Angeboten vor.

Für die weitere Etablierung der Schulsozialarbeit ist es daher notwendig, ein klares Arbeitsprofil von Schulsozialarbeit herauszuarbeiten, das bei allen notwendigen Differenzierungen möglichst projekt-, schultyp-, schul- und länderübergreifend gilt und bestimmte Kernleistungen beinhaltet. Ein solches Anliegen erschien lange Zeit aufgrund der Projektvielfalt in der Schulsozialarbeit kaum realistisch. Inzwischen liegen – über die einzelnen wissenschaftlichen Begleitungen hinaus – seit mehreren Jahren Vorschläge für ein Arbeitsprofil der Schulsozialarbeit vor, und zwar a) von den Bundes- und Landesarbeitsgemeinschaften der SchulsozialarbeiterInnen, b) von verschiedenen Trägern und Trägerverbünden auf der Bundesebene (z. B. Deutscher Verein 2014a; Kooperationsverbund Schulsozialarbeit 2006; GEW 2003) sowie aus dem Wissenschaftsbereich (z. B. Spies/Pötter 2011; Drilling 2009; Speck 2006a). Stützt man sich auf das Konzept einer lebensweltorientierten Schulsozialarbeit (Bolay 2004c) im Rahmen der Jugendhilfe und die Befunde der wissenschaftlichen Begleitungen, dann lassen sich folgende sechs Kernleistungen für ein vollständiges Arbeitsprofil von Schulsozialarbeit herauskristallisieren (siehe Kasten):

Kernleistungen der Schulsozialarbeit

- Beratung und Begleitung von einzelnen SchülerInnen (z. B. Einzelfallhilfe, Beratungsgespräche bei sozialen, schulischen, persönlichen und beruflichen Problemen, Einzelförderung, feste Sprechstunden),
- sozialpädagogische Gruppenarbeit (z. B. berufsorientierende Angebote, erlebnispädagogische Maßnahmen, soziales Kompetenztraining, außerunterrichtliche Projekte, offenes Förderangebot),
- offene Gesprächs-, Kontakt- und Freizeitangebote (z. B. Schülerclub, offener Schülertreff, Freizeitangebote),
- die Mitwirkung in Unterrichtsprojekten und in schulischen Gremien (z. B. Gesamtkonferenz, Klassenkonferenzen, Schulprogrammarbeit),

- Zusammenarbeit mit und Beratung der LehrerInnen und Erziehungsberechtigten (z. B. Beratungsgespräche für LehrerInnen, Fortbildung für LehrerInnen, Elterngespräche, Teilnahme an Elternabenden, Elternbesuche) sowie
- Kooperation und Vernetzung mit dem Gemeinwesen (z. B. die Kooperation mit dem Jugendamt, der Arbeitsverwaltung, anderen Ämtern und freien Trägern der Jugendhilfe, der Aufbau von Hilfestrukturen sowie die Integration von Personen, Unternehmen und Institutionen aus dem Gemeinwesen).

Diese Kernleistungen des Arbeitsprofils sollten darauf ausgerichtet sein, die schulische und außerschulische Entwicklung der Kinder und Jugendlichen zu fördern, Benachteiligungen zu verringern, das Wohl der Kinder und Jugendlichen zu schützen und zu einer schülerfreundlichen Umwelt beizutragen. Die Kernleistungen sind letztlich als „Pflichtaufgaben“ zu verstehen, die in jedem Schulsozialarbeitsprojekt zu leisten sind, sofern es die Bezeichnung Schulsozialarbeit trägt. Sie beschreiben insofern lediglich das Mindestangebot. Dies schließt ausdrücklich nicht aus, dass in den Projekten bedarfsbezogen weitere Leistungen erbracht werden sollen und auch müssen. Diese können der Systematisierung zugeordnet werden bzw. diese ergänzen.

6.2 Methoden und methodisches Handeln

Bis in die 2010er Jahre gab es erstaunlich wenig Beiträge, die sich ausführlicher mit den Methoden, d. h. zielorientierten und überprüfbaren Wegen zur Problemlösung (Stimmer 2000, 22) und dem methodischen Handeln in der Schulsozialarbeit beschäftigen (Müller 2004). In den wenigen, vorliegenden Fachbüchern wird auf a) die Merkmale, Ausbildung und Systemunterschiede zwischen Jugendhilfe und Schule, b) die Ziele, Angebote, Themen und Methoden der Schulsozialarbeit, c) Rollenklärungen, Begründungen und fachliche Orientierungen sowie d) grundlegende Haltungen und Arbeitsprinzipien eingegangen (Hollenstein/Nieslony 2012; Baier/Deinet 2011; Pötter/Segel 2009). Im Vordergrund stehen die Angebote und Arbeitsbereiche der Schulsozialarbeit. Ein Grund für die geringe fachliche Auseinandersetzung könnte sein, dass Schulsozialarbeit als eine sozialpädagogische Leistung am Ort Schule über grundsätzlich keine anderen, sondern dieselben Methoden, wie auch die systematisch übergeordnete Soziale Arbeit verfügt. Die vorhandenen Methoden der Sozialen Arbeit müssen insofern „lediglich" an die Anforderungen und die Adressaten der Schulsozialarbeit angepasst werden. Es gibt also – wie Burkhard Müller (2004, 222) zu Recht feststellt – „keine spezifischen Methoden der Schulsozialarbeit". Das Methodenspektrum der Schulsozialarbeit ist damit äußerst vielfältig, denn neben den klassischen Methoden der Sozialen Arbeit, die sich vorrangig auf die direkte Arbeit mit den KlientInnen beziehen (Einzelfallhilfe, soziale Gruppenarbeit und Gemeinwesenarbeit), haben „neuere" Methoden, die sich nur indirekt auf die KlientInnen beziehen (z. B. Supervision, Selbstevaluation), in der Sozialen Arbeit an Bedeutung gewonnen (von Spiegel 2013; Stimmer 2000). In Anlehnung an Galuskes Konzept- und Methodeneinteilung in der Sozialen Arbeit (1998, 166 ff.) lassen sich vier Gruppen von Methoden in der Schulsozialarbeit unterscheiden:

a *Direkte einzelfall- und primärgruppenbezogene Methoden mit direktem Interventionsbezug* streben eine gezieltere und überprüfbarere Intervention zwischen SchulsozialarbeiterInnen und KlientInnen an. In der Schulsozialarbeit kommen hier beispielsweise die Einzelfallhilfe, die sozialpädagogische und klientenzentrierte Beratung, die multiperspektivische Fallarbeit, das Case-Management, die Mediation, die rekonstruktive Sozialarbeit oder die Familientherapie zum Einsatz.

b *Direkte sekundärgruppen- und sozialraumbezogene Methoden mit direktem Interventionsbezug* fokussieren ebenfalls auf eine gezieltere und überprüfbarere Intervention zwischen SchulsozialarbeiterInnen und KlientInnen, beziehen dabei aber das Netzwerk der KlientInnen, andere Gruppenmitglieder bzw. das Gemeinwesen stärker ein. Zu diesen Methoden zählen in der Schulsozialarbeit zum Beispiel die soziale Gruppenarbeit, die Gemeinwesenarbeit, die soziale Netzwerkarbeit, die Erlebnispädagogik, die themenzentrierte Interaktion und das Empowerment.

c *Indirekt interventionsbezogene Methoden* dienen den SchulsozialarbeiterInnen dazu, ihre sozialpädagogische Arbeit bzw. ihr konkretes Arbeitsfeld systematisch zu reflektieren und die eigene Handlungsfähigkeit zu verbessern. Zu nennen sind hier unter anderem die Supervision und die Selbstevaluation.

d *Struktur- und organisationsbezogene Methoden* zielen auf die Abstimmung und Planung von Hilfestrukturen vor einer eigentlichen Intervention ab. Dabei geht es um die Diskussion und Bereitstellung entsprechender Rahmenbedingungen für die Schulsozialarbeit. Bedeutsame Methoden sind unter anderem das Sozialmanagement und die Jugendhilfeplanung.

Betrachtet man Trends in der Methodenentwicklung der Schulsozialarbeit, so haben seit Mitte der 2000er Jahre vor allem Methoden, die die Eltern in den Blick nehmen sowie sekundärgruppen- und sozialraumbezogene Methoden mit direktem Interventionsbezug an Bedeutung gewonnen, ohne dass hier in jedem Fall bereits tragfähige Konzepte und Erfolge vorliegen. Zugenommen hat ohne Zweifel die zielgruppenspezifische Arbeit der SchulsozialarbeiterInnen mit den LehrerInnen. Ausschlaggebend für das erweiterte primärgruppen-, sekundärgruppen- und sozialraumbezogene Methodenverständnis ist die Einsicht, dass mit klientenbezogenen Interventionen nur dann Erfolge erreicht werden können, wenn gleichzeitig das soziale und kulturelle Umfeld angemessen einbezogen wird. Bei der Angebotsgestaltung für die SchülerInnen zeichnet sich eine kind- und jugendgerechtere Anpassung des Methodenrepertoires (z.B. Erlebnispädagogik) und der Interaktionsmedien (z.B. Soziogramme, Rollenspiele) ab. Darüber hinaus werden von den SchulsozialarbeiterInnen – beeinflusst durch entsprechende Entwicklungen in der Sozialen Arbeit und der Jugendhilfe – indirekt interventionsbezogene Methoden (Supervision, Selbstevaluation) und struktur- und organisationsbezogen Methoden (z.B. Sozialmanagement und Beteiligung an der Jugendhilfeplanung) durch die Träger und Fördermittelgeber immer häufiger eingefordert.

Einschränkend ist darauf hinzuweisen, dass die Methoden keinen Erfolg in der Schulsozialarbeit garantieren können, denn das methodische Handeln in der Sozialen Arbeit findet immer in einem Setting statt, in dem die SozialarbeiterInnen „hartnäckigen Dauerproblemen" ausgesetzt sind (Schütze 1992, 147). Kennzeichnend hierfür sind das doppelte Mandat von Hilfe und Kontrolle, die Zieldiffusion, besonders zu Beginn von Hilfeprozessen, die geringe empirische Datenbasis, die Mehrperspektivität von Problemen, die hohe Bedeutung von einzelfallbezogenen Erfolgskriterien, das Vorhandensein unterschiedlicher Wirklichkeitskonstruktionen, das strukturelle Technologiedefizit, die Co-Produktion von Leistungen mit den Adressaten und die zirkulären Problemlösungsprozesse (von Spiegel 2004a, 36ff.; Stimmer 2000,

31 ff.; Merchel 1999b, 20; Galuske 1998). Verschärfend kommen spezifische Strukturprobleme der Schulsozialarbeit hinzu:

- es gibt kein bis ins Detail festlegbares, schulform-übergreifendes Arbeitsprofil von Schulsozialarbeit, sodass die SchulsozialarbeiterInnen an den Einzelschulen vor Ort bedarfsgerechte Konzepte entwickeln müssen,
- die verschiedenen Personengruppen in der Schulsozialarbeit verfügen an der Schnittstelle zwischen Jugendhilfe und Schule über sehr unterschiedliche und zum Teil überhöhte Erwartungen, denen die SchulsozialarbeiterInnen kaum entsprechen können,
- die SchulsozialarbeiterInnen treffen aufgrund einer vermeintlichen Konkurrenzsituation in den Schulen zum Teil auf Vorbehalte und Ängste bei den LehrerInnen,
- in vielen Fällen müssen die SchulsozialarbeiterInnen unter äußerst ungünstigen personellen, strukturellen, reflexiven und kooperativen Rahmenbedingungen arbeiten, die ein hohes Maß an Frustrationstoleranz abverlangen,
- obwohl die SchulsozialarbeiterInnen in einer fachfremden Institution und in einem konfliktreichen Arbeitsfeld agieren, existieren nicht immer eine fachliche Unterstützung und Stabilisierung durch die Träger sowie Möglichkeiten zur Reflexion und zum Austausch.

Die allgemeinen Probleme der Sozialen Arbeit und die speziellen Strukturprobleme der Schulsozialarbeit können mit Blick auf die Adressaten zu eher pragmatischen und standardisierten Problemlösungen, einer einseitigen Wahrnehmung von Kontroll- und Sanktionsaufgaben gegenüber SchülerInnen, einer Binnenorientierung auf den Raum Schule und die SchülerInnen sowie unzulässigen Etikettierungen führen (Schütze 1992 und 1996). Sie können zum anderen bei den SchulsozialarbeiterInnen Konflikte bei der Eingrenzung des Arbeitsfeldes, Schwierigkeiten bei der Rollenfindung sowie Gefühle der Allzuständigkeit und Überlastung – bis hin zum Burn-out – hervorrufen (Schumann 1998, 184). Grundlegend erscheint daher die Erkenntnis, dass die SchulsozialarbeiterInnen ihre Aktivitäten und Maßnahmen wirkungsorientiert planen und reflektieren müssen, aber gleichzeitig in Kauf nehmen müssen, dass diese nicht vollständig standardisierbar sind und sie Konflikte, Ungewissheiten und Misserfolge im Leistungsprozess und bei der Erreichung der angestrebten Wirkungen aushalten müssen.

6.3 Grundsätze und Handlungsprinzipien

In der Fachliteratur werden sehr unterschiedliche Handlungs- bzw. Arbeitsprinzipien für Schulsozialarbeit diskutiert (z.B. Alicke 2011; die Beiträge in Baier/Deinet 2011; Drilling 2009; Müller 2004; Segel 2004). Versteht man die Schulsozialarbeit als ein Angebot der Jugendhilfe am Ort Schule, dann kann sie nicht losgelöst von den Grundsätzen und Handlungsprinzipien der Jugendhilfe betrachtet werden. Sie sind daher als Leitmaxime für die Schulsozialarbeit zu verstehen. Unterscheidbar sind 1) Grundsätze der Jugendhilfe, die uneingeschränkt auch für die Schulsozialarbeit gelten (Grundsätze der Schulsozialarbeit), 2) Strukturmaximen der Jugendhilfe, die auf die Schulsozialarbeit übertragen und präzisiert werden müssen und so zu allgemeinen Handlungsprinzipien der Schulsozialarbeit führen (allgemeine Handlungsprinzipien der Schulsozialarbeit) sowie 3) spezielle Handlungsprinzipien der Schulsozialarbeit, die aus den Grundsätzen und Strukturmaximen der Jugendhilfe hervorgehen und prägend für die Schulsozialarbeit an der Schnittstelle zwischen Jugendhilfe und Schule sind (spezielle Handlungsprinzipien der Schulsozialarbeit).

1 Angelehnt an die Grundsätze der Kinder- und Jugendhilfe, die im Kinder- und Jugendhilfegesetz enthalten sind, müssen in der Schulsozialarbeit folgende Grundsätze beachtet werden (Grundsätze der Schulsozialarbeit): a) eine präventive Ausrichtung, b) eine sozialpädagogische Dienstleistungsorientierung, c) eine Vielfalt an Inhalten, Methoden und Arbeitsformen, d) eine Zusammenarbeit und Abstimmung der Träger über die Angebote, e) eine Freiwilligkeit der Adressaten bei der Inanspruchnahme von Leistungen, f) ein Wunsch- und Wahlrecht der Leistungsberechtigen, g) eine Beteiligung der Kinder und Jugendlichen an allen sie betreffenden Entscheidungen, h) ein Schutz der Privatgeheimnisse und Sozialdaten von KlientInnen, i) der Vorrang des Elternrechtes, j) ein Schutzauftrag der Jugendhilfe und des Staates bei Kindeswohlgefährdung sowie k) der Anspruch eines offensiven Handelns (z.B. Kunkel 2003; Schellhorn 2000; Wiesner et al. 2000; Münder et al. 1998).

2 Bei der Formulierung von allgemeinen Handlungsprinzipien der Schulsozialarbeit kann auf das im achten Jugendbericht vorgestellte Konzept der Lebensweltorientierung in der Jugendhilfe zurückgegriffen werden (BMJFFG 1990, 85 ff. und Thiersch 1997), das sechs Strukturmaximen beinhaltet und inzwischen als Leitbild der Ju-

gendhilfe weitgehend anerkannt ist (Beiträge in Grunwald/Thiersch 2004). Zu den Strukturmaximen gehören a) die Prävention, b) die Dezentralisierung/Regionalisierung, c) die Alltagsorientierung, d) die Integration-Normalisierung, e) die Partizipation sowie f) die Hilfe und Kontrolle. Überträgt man die grundlegenden Ausführungen des achten Jugendberichtes zu den Strukturmaximen (BMJFFG 1990, 85 ff.) auf die Schulsozialarbeit und versteht sie als Handlungsprinzipien, dann ergeben sich einige Konsequenzen, auf die im Folgenden etwas ausführlicher eingegangen werden soll (Speck 2006a):

- Dem *Handlungsprinzip Prävention* zufolge darf das Arbeitsfeld Schulsozialarbeit nicht auf Eingriffe bei Auffälligkeiten, Problemen oder Konflikten sowie Hilfen in akuten Lebenssituationen beschränkt werden, sondern muss einen präventiven Auftrag erhalten und diesen selbst offensiv übernehmen. Der präventive Auftrag von Schulsozialarbeit leitet sich bei einem modernen Verständnis von Jugendhilfe allerdings nicht allein aus der Vermeidung von Schwierigkeiten oder Gefährdungen ab. Er geht vielmehr von einem umfassenderen Präventionsverständnis aus, das auf einen persönlichen Eigenwert sozialpädagogischer Angebote für die Adressaten abzielt. Für die Arbeit der SchulsozialarbeiterInnen bedeutet dies, sich in der Zusammenarbeit und Auseinandersetzung mit LehrerInnen für positive Lebensbedingungen von Kindern und Jugendlichen in Schulen einzusetzen, Räume zur persönlichen Entfaltung für alle Kinder und Jugendlichen zu schaffen sowie Beratungsangebote, vorbeugende Hilfen und Vernetzungsstrukturen zu entwickeln, die es Kindern und Jugendlichen erleichtern, mit anforderungsreichen Lebenssituationen und -lagen in- und außerhalb von Schule zurechtzukommen.
- Das *Handlungsprinzip Dezentralisierung/Regionalisierung* ist in der Schulsozialarbeit hinsichtlich der Dezentralisierung durch die Anbindung an den Ort Schule wie in fast keinem anderen Arbeitsfeld der Jugendhilfe strukturell umgesetzt. Eine Regionalisierung der Schulsozialarbeit wird erreicht, indem die SchulsozialarbeiterInnen mit schulischen und außerschulischen PartnerInnen zusammenarbeiten und so ihre (ergänzenden) Angebote in gewachsene Strukturen der Schule und Region einbetten. Darüber hinaus sind SchulsozialarbeiterInnen im Sinne einer aktivierenden Regionalisierung aber auch gefordert, zu einer

Weiterentwicklung der vorhandenen Kooperations- und Vernetzungsstrukturen von Schule und Region beizutragen.

- Das *Handlungsprinzip der Alltagsorientierung* umfasst Forderungen nach einer Zugänglichkeit der Angebote im Alltag, einer Orientierung der Angebote auf die Lebenssituation der Adressaten und einem ganzheitlichen Verständnis. Die Angebote der Schulsozialarbeit sollten daher zum einen für Kinder, Jugendliche und Eltern in ihrem Alltag leicht zugänglich sein. Auf Zugangsbarrieren, wie die Begrenzung auf spezifische Zielgruppen, den Verweis auf bestimmte Sprechzeiten oder die Notwendigkeit von Anmeldungen/Laufzetteln zum Besuch der SchulsozialarbeiterInnen, ist möglichst zu verzichten. Zum anderen sind die komplexen sozialen Systeme von SchülerInnen und Eltern, aber auch von LehrerInnen von den SchulsozialarbeiterInnen in ihrer sozialpädagogischen Arbeit zu berücksichtigen. Hierzu gehören die Berücksichtigung der Beziehungen der Adressaten von Schulsozialarbeit zu anderen Personen und Gruppen und unterschiedliche Alltagsverständnisse und Sichtweisen zwischen SchulsozialarbeiterInnen und AdressatInnen.
- Das *Handlungsprinzip der Integration-Normalisierung* wendet sich – übertragen auf die Schulsozialarbeit – gegen die mitunter subtil vorhandenen Spezialisierungsversuche, die Schulsozialarbeit auf bestimmte Probleme und Problemgruppen zu begrenzen sowie eine Absonderung von bestimmten Jugendlichen vorzunehmen. Nimmt man den Anspruch von Integration und Normalisierung ernst, dann sollte Schulsozialarbeit darauf ausgerichtet sein a) als die Jugendhilfeinstitution am Ort Schule prinzipiell alle Kinder, Jugendlichen, Eltern und Lehrer zu erreichen, b) nicht „normalen" Strategien der Lebensbewältigung und Lebenseinstellungen offen gegenüberzustehen, c) strukturelle Integrationshemmnisse innerhalb von Schule und unangebrachte Anpassungserwartungen zu erkennen und thematisieren sowie d) integrierend zu wirken, ohne eine Anpassung bei den Adressaten zu beanspruchen. Nicht zuletzt müssen die SozialarbeiterInnen selbst darauf achten, mit ihrem Leistungsprofil und ihren Leistungen nicht ausgrenzend zu wirken.
- Das *Handlungsprinzip der Partizipation* zielt in der Schulsozialarbeit darauf ab, die Adressaten als Subjekte ihres Lebens und nicht als passive Empfänger sozialpädagogischer Leistungen am Ort Schule ernst zu nehmen. Die Adressaten von Schulsozialar-

beit sollen in diesem Sinne bei der Entwicklung von Angeboten und Hilfen aktiv beteiligt werden und diese auch im weiteren Verlauf durch informelle und formelle Mitbestimmungsmöglichkeiten mitgestalten können. Die Pflicht oder die „Überredung“ zur Inanspruchnahme von Angeboten und Hilfen durch Adressaten gegen ihren Willen verstößt gegen den Partizipationsanspruch und ist kontraproduktiv für den Leistungsprozess und Wirkungen in der Schulsozialarbeit. Sie muss daher die Ausnahme sein, explizit begründet und begrenzt werden und hinsichtlich des Autonomieeingriffs regelmäßig überprüft werden.

- Dem *Handlungsprinzip der Hilfe und Kontrolle* kann sich die Schulsozialarbeit – wie die anderen Arbeitsfelder der Jugendhilfe insgesamt – nicht entziehen. Sie ist durch einen widersprüchlichen öffentlichen Auftrag zur Hilfe und Kontrolle geprägt, der im Schulalltag allgegenwärtig ist. Einerseits sollen SchulsozialarbeiterInnen Hilfen bereitstellen. Andererseits sind SchulsozialarbeiterInnen kontrollierenden Erwartungen von Gesellschaft, Politik und Schule ausgesetzt. Nach dem Kinder- und Jugendhilfegesetz (§ 8 a) sind Fachkräfte der Jugendhilfe sogar explizit verpflichtet, im Einzelfall das Risiko einer Kindeswohlgefährdung abzuschätzen, gegebenenfalls bei Personensorgeberechtigten auf die Inanspruchnahme von Hilfen hinzuwirken und das Jugendamt zu informieren, wenn die angenommenen Hilfen nicht ausreichen. Für eine fachkompetente Hilfe ist es wichtig, dass die SchulsozialarbeiterInnen unabhängig arbeiten können und allein der (sozialpädagogischen) Fachlichkeit verpflichtet sind. Zur Begrenzung der Kontrollfunktion von Schulsozialarbeit muss es im Sinne der Lebensweltorientierung – von einer Kindeswohlgefährdung abgesehen – möglich sein, sich den Angeboten der Schulsozialarbeit zu entziehen. Zur Reflexion des eigenen Handelns erscheinen Kollegiale Beratung und Supervision für die SchulsozialarbeiterInnen unerlässlich.

3 Die *speziellen Handlungsprinzipien der Schulsozialarbeit* sind an sich aus den Grundsätzen der Jugendhilfe und den allgemeinen Handlungsprinzipien ableitbar. Sie werden allerdings von FachexpertInnen aus dem Wissenschaftsbereich, den Landesarbeitsgemeinschaften und nicht zuletzt den SchulsozialarbeiterInnen vielfach explizit hervorgehoben, da ihnen in der alltäglichen Arbeit der SchulsozialarbeiterInnen eine besondere Bedeutung an der Schnittstelle zwischen Ju-

Tab. 9: Grundsätze sowie allgemeine und spezielle Handlungsprinzipien der Schulsozialarbeit

Grundsätze	■ präventive Ausrichtung, ■ sozialpädagogische Dienstleistungsorientierung, ■ Vielfalt an Inhalten, Methoden und Arbeitsformen, ■ Zusammenarbeit und Abstimmung der Träger über die Angebote, ■ Freiwilligkeit der Adressaten bei der Inanspruchnahme von Leistungen, ■ Wunsch- und Wahlrecht der Leistungsberechtigten, ■ Beteiligung der Kinder und Jugendlichen an den Entscheidungen, ■ Schutz von Privatgeheimnissen und Sozialdaten, ■ Vorrang des Elternrechtes, ■ Schutzauftrag der Jugendhilfe und des Staates bei Kindeswohlgefährdung, ■ offensives Handeln.
Allgemeine Handlungsprinzipien	■ Prävention, ■ Dezentralisierung/Regionalisierung, ■ Alltagsorientierung, ■ Integration-Normalisierung, ■ Partizipation, ■ Hilfe und Kontrolle.
Spezielle Handlungsprinzipien	■ verlässliche Präsenz am Ort Schule, ■ eigenständiges Jugendhilfeangebot, ■ schülerorientiertes, anwaltschaftliches Handeln, ■ niedrigschwellige und präventive Ausrichtung, ■ beteiligungsorientierte und flexible Angbotsplanung und -durchführung, ■ freiwillige Zusammenarbeit und Inanspruchnahme der Angebote durch die Adressaten, ■ ganzheitliche Betrachtung von Lebenssituationen und -lagen der Adressaten, ■ abgestimmte Kooperation mit schulischen und außerschulischen Partnern, ■ Vertraulichkeit der Gesprächsinhalte und ■ Daten.

gendhilfe und Schule zukommt. Beachtenswert sind hier vor allem a) die verlässliche Präsenz der SchulsozialarbeiterInnen am Ort Schule, b) das von Schule eigenständige Jugendhilfeangebot, c) die Umsetzung eines schülerorientierten, anwaltschaftlichen Handelns, d) die niedrigschwellige und präventive Ausrichtung der Angebote, e) die beteiligungsorientierte und flexible Angebotsplanung und -durchführung, f) die freiwillige Zusammenarbeit und Inanspruchnahme der Angebote durch die Adressaten, g) die ganzheitliche Betrachtung von Lebenssituationen und -lagen der Adressaten, h) die abgestimmte Kooperation mit schulischen und außer-schulischen Partnern sowie i) die Vertraulichkeit der Gesprächsinhalte und Daten (Tab. 9).

Die Grundsätze sowie allgemeinen und speziellen Handlungsprinzipien der Schulsozialarbeit können nicht uneingeschränkt gelten, sie sind als Maßstab für ein professionelles Handeln der SchulsozialarbeiterInnen zu sehen, für deren Nichteinhaltung ein wichtiger Grund vorliegen muss. Dies gilt zum Beispiel für die Weitergabe von Informationen bei einer Kindeswohlgefährdung (Vertraulichkeit der Gesprächsinhalte und Daten), aber auch die freiwillige Teilnahme der Adressaten an den Angeboten. So stößt beispielsweise der Freiwilligkeitsanspruch in der Praxis der Schulsozialarbeit an Grenzen (Drilling 2009). Die mitunter verpflichtende Teilnahme von SchülerInnen an Beratungsgesprächen (z. B. in Trainingsräumen) ist – ebenso wie die Verpflichtung zur Kontaktaufnahme – ohne Zweifel aus fachlichen Gründen abzulehnen. Sinnvoller erscheint, dass ein erstmaliges Beratungsgespräch von SchulsozialarbeiterInnen oder LehrerInnen angeregt wird, die SchülerInnen dies aber ablehnen können.

Schwieriger stellt sich die Sachlage allerdings bei klassenbezogenen Angeboten, Unterrichtsprojekten, Projekttagen oder Angeboten im Ganztagsbereich dar, wenn man nicht vollständig auf sie verzichten möchte. Das daraus erwachsene rechtliche und ethische Dilemma bei der Umsetzung des Freiwilligkeitsgebotes betrifft bei genauer Betrachtung auch das Selbstverständnis, die Grundsätze und die Handlungsprinzipien der Träger und sozialpädagogischen Fachkräfte. Es empfiehlt sich in der Schulsozialarbeit a) mit solchen Angeboten, die die Freiwilligkeit einschränken, sehr sensibel umzugehen, b) SchülerInnen, Eltern und LehrerInnen offensiv für eine Zusammenarbeit zu gewinnen, c) bei Beratungen von Klassen, SchülerInnen und Eltern das Einverständnis explizit einzuholen und Zwangsberatungen abzulehnen sowie d) Regeln und Verfahrensabläufe für die Freiwilligkeit einschränkende Angebote zu entwickeln und diese einzuhalten. Letztlich muss die Schulsozialarbeit bei der Umsetzung des Freiwilligkeitsgebotes transparent sein und diesbezüglich die eigene Rolle systematisch reflektieren. Dies löst das Dilemma nicht, ermöglicht aber einen verantwortungsbewussten und transparenten Umgang damit.

7 Rahmenbedingungen der Schulsozialarbeit

Für eine professionelle Schulsozialarbeit sind ohne Zweifel bestimmte Rahmenbedingungen – mitunter auch Voraussetzungen, Mindeststandards, Qualitätsstandards oder Strukturqualität genannt – erforderlich. Zur Beantwortung der Frage, was angemessene Rahmenbedingungen in der Schulsozialarbeit sind, kann man allerdings sehr verschiedene Quellen heranziehen:

- die zahlreichen fachpolitischen Stellungnahmen und Empfehlungen von Fachorganisationen der Jugendhilfe auf der Bundesebene,
- die bislang zu wenig beachteten Stellungnahmen und Empfehlungen der Zusammenschlüsse von SchulsozialarbeiterInnen,
- die Fachbeiträge und -publikationen aus der Theorie, Forschung und wissenschaftlichen Begleitung zur Schulsozialarbeit sowie
- die förderrechtlichen Regelungen und Empfehlungen der Jugendhilfe zur Schulsozialarbeit bzw. die schulrechtlichen Regelungen für den Einsatz sozialpädagogischer Fachkräfte in Schulen.

Bemerkenswert ist bei einer Analyse dieser Quellen, dass zwischen den fachpolitischen Stellungnahmen und Empfehlungen der Fachorganisationen und der Zusammenschlüsse von SchulsozialarbeiterInnen sowie den Fachbeiträgen und -publikationen aus dem Wissenschaftsbereich eine sehr hohe Übereinstimmung darüber besteht, welche Rahmenbedingungen in der Schulsozialarbeit erforderlich sind. In der Fachdiskussion ist offensichtlich klar, welche Rahmenbedingungen notwendig sind (z.B. Adamowitsch et al. 2011; die Beiträge in Bakic/Coulin-Kuglitsch 2012; Baier/Heeg 2011; Alicke 2011; die Beiträge in Speck/Olk 2010a; Streblow 2010; Drilling 2009; Baier 2008; Hollenstein 2007; Speck 2009 und 2006a; Vögeli-Mantovani 2005; Vyslouzil 2005; Bauer et al. 2005; Schermer 2004; Bolay et al. 2004; Bolay 2004a und b; Speck/Olk 2004; Kraimer 2003; Landesinitiative Jugend- und Schulsozialarbeit 2002; Seithe o.J. a und b, 2002; Korus o.J.; Prüß et al. 2000; Olk et al. 2000; Hollenstein 2000b und 2000c).

Ein historischer Rückblick macht zugleich deutlich, dass entsprechende Erkenntnisse bereits seit den 1980er/1990 Jahre vorliegen (Kentler 1972, 11; Arbeitskreis Hessische Schulsozialarbeit 1980, 24; GGG 1980, 171; Tillmann 1981, 51; Raab/Rademacker 1981; Mühlum 1993, 260; Glanzer 1997; Segel 1998; THMSG 1998a, 37 f.; Wulfers 1998, 25 ff.; Hartmann 1998; Prüß et al. o. J.), ohne dass dies jedoch zu einer konsequenten Implementierung der Rahmenbedingungen geführt hätte. Unterschieden werden muss daher bei Rahmenbedingungen – wie im Folgenden deutlich wird – zwischen den Forderungen auf der einen Seite und den finanzierten und tatsächlichen Rahmenbedingungen in der Praxis auf der anderen Seite, denn die in der Fachdiskussion für notwendig erachteten Rahmenbedingungen werden in förderrechtlichen Regelungen zur Schulsozialarbeit und in der Praxis nicht immer finanziert und eingehalten. Vor diesem Hintergrund erstaunt nicht, dass die wissenschaftlichen Begleitungen und Untersuchungen zur Schulsozialarbeit immer wieder auf Defizite bei grundlegenden Rahmenbedingungen zur Schulsozialarbeit aufmerksam machen müssen. Im Mittelpunkt der heutigen Fachdiskussion zu den Rahmenbedingungen von Schulsozialarbeit stehen – neben rechtlichen Fragen – besonders 1) die personelle Ausstattung, 2) das richtige Trägermodell, 3) die finanzielle Ausstattung, 4) die räumliche Situation, 5) die materiell-technische Ausstattung sowie 6) die Kooperationsstrukturen. Auf diese Punkte soll im Folgenden – gestützt auf die oben angeführten Quellen – zusammenfassend eingegangen werden.

7.1 Personelle Rahmenbedingungen

Dem in der Schulsozialarbeit eingesetzten Personal kommt – angesichts des hohen Anteils an Beziehungsarbeit, der hohen methodischen und reflexiven Anforderungen, der verschiedenen Zielgruppen und Kooperationspartner sowie der anvisierten Kooperation mit den LehrerInnen – eine sehr hohe Bedeutung zu. Dies gilt für die Ausbildung, die Kompetenzen und Kenntnisse, die persönliche Eignung und die Kontinuität der SchulsozialarbeiterInnen sowie die Personalausstattung an den Schulen. Dabei sind vor allem folgende Aspekte von Bedeutung:

- Es gibt zum Ersten eine große Übereinstimmung darüber, dass für eine professionelle Schulsozialarbeit eine grundständige sozialpädagogische Ausbildung an Universitäten und Fachhochschulen notwendig ist (alt: z.B. DiplompädagogIn, DiplomsozialarbeiterIn oder DiplomsozialpädagogIn; neu: z.B. Master of Arts Soziale Arbeit). Eine ErzieherInnenausbildung erscheint aufgrund der spezifischen Anforderungen und Zielgruppen in diesem Arbeitsfeld sowie der gleichrangigen Kooperation mit den LehrerInnen nicht ausreichend. Unabhängig davon ist auch für die Universitäts- und Fachhochschulabsolventen eine kontinuierliche Fort- und Weiterbildungsbereitschaft in der Schulsozialarbeit einzufordern.

- Zum Zweiten müssen SchulsozialarbeiterInnen – neben ihrer grundständigen Ausbildung – bestimmte Kompetenzen und Kenntnisse für den sozialpädagogischen Einsatz in der Schule mitbringen. Unerlässlich sind grundlegende Kenntnisse zum System Schule sowie zur Fachliteratur, zu den Positionen und zu Standards der Schulsozialarbeit. Notwendig sind ferner ein breites Methodenrepertoire und ein sozialpädagogisches Berufsverständnis. Im Idealfall verfügt bei einem Team von SchulsozialarbeiterInnen mindestens eine Person bereits über mehrjährige Praxiserfahrungen in sozialpädagogischen Arbeitsfeldern (z.B. Jugendarbeit, Jugendsozialarbeit, Hilfen zur Erziehung) und über Erfahrungen in Kooperationsprojekten mit Schulen.
- Zum Dritten sind mit Blick auf die persönliche Eignung eine Bereitschaft zur Kooperation mit unterschiedlichen Akteuren inner- und außerhalb der Schule (z.B. LehrerInnen, SchülerInnen, Eltern, Ämter, freie Träger), die Fähigkeit zur Perspektivübernahme und Ausbalancierung unterschiedlicher Interessenlagen sowie ein sensibles und zugleich selbstbewusstes Auftreten unerlässlich.
- Zum Vierten ist eine Kontinuität bei der personellen Besetzung der Schulsozialarbeitsprojekte erforderlich, um eine tragfähige Basis für die Kooperation mit den LehrerInnen zu schaffen, Beziehungsabbrüche in der Arbeit zu vermeiden, den sozialpädagogischen Fachkräften eine personelle Sicherheit für ihre Arbeit zu geben und das Image der sozialpädagogischen Profession nicht zu schmälern. Vor diesem Hintergrund sind befristete Projekte und Arbeitsverhältnisse (z.B. über die Arbeitsverwaltung, aber auch über die Landesprogramme) mit deutlichen Problemen behaftet und fachlich auf ihre Wirkungen und Nebenwirkungen kritisch zu hinterfragen. Empfehlenswert sind stattdessen unbefristete, zumindest mehrjährige Anstellungen.
- Hinsichtlich der personellen Rahmenbedingungen ist schließlich zum Fünften eine den vielfältigen Anforderungen, dem niedrig-

schwelligen Zugang und dem hohen Bedarf entsprechende Stellensituation notwendig. Empfohlen wird a) eine an den SchülerInnenzahlen orientierte Anzahl an SchulsozialarbeiterInnen pro Schule, b) die Schaffung von Vollzeitstellen für die SchulsozialarbeiterInnen, c) die Zuständigkeit einer Fachkraft für höchstens eine Schule, d) der Einsatz von Teams mit mindestens zwei SchulsozialarbeiterInnen pro Schule (für die komplexen Aufgaben, den notwendigen Austausch und eine Vertretung) sowie e) die Einführung von gemischten Teams (Mann und Frau) für geschlechtsspezifische Anfragen und Angebote.

In der Praxis deutet sich ein zwiespältiges Bild zu den personellen Rahmenbedingungen an: Auf der einen Seite wird der sozialpädagogischen Hochschulqualifikation der Fachkräfte beispielsweise bei der Formulierung von Förderkriterien, den Stellenbesetzungen und den Bewertungen der wissenschaftlichen Begleitungen offensichtlich eine immer höhere Bedeutung beigemessen. Dies gilt tendenziell auch für die ostdeutschen Länder, in denen dies lange Zeit nicht immer der Fall war. In vielen Fällen konnten die SchulsozialarbeiterInnen zudem vor ihrem Einstieg in die Schulsozialarbeit an der Schnittstelle zwischen Jugendhilfe und Schule Berufserfahrungen sammeln. Auf der anderen Seite – dies ist aus fachlichen Gründen nicht ganz unproblematisch – gibt es auch weiterhin in Projekten und Programmen zahlreiche MitarbeiterInnen ohne sozialpädagogische Hochschulqualifikation. Begründet wird dies unter anderem mit anderen pädagogischen Qualifikationen, der langjährigen Berufserfahrung im sozialpädagogischen Bereich (z. B. bei ErzieherInnen), der langjährigen Stellenausübung in der Schulsozialarbeit oder der Teilnahme an entsprechenden Fortbildungen.

Als äußerst kritisch zu bewerten sind weiterhin ungesicherte Arbeitsverhältnisse in der über den Jugendhilfebereich geförderten Schulsozialarbeit. Bei einer Vielzahl von freien Trägern existieren für die Fachkräfte aufgrund der Förderbedingungen befristete Verträge, nicht selten sogar nur Ein-Jahresverträge. Lediglich diejenigen sozialpädagogischen Fachkräfte, die über einen schulischen Träger (Schulbehörde) oder einen Träger der örtlichen Jugendhilfe angestellt sind, verfügen in der Regel über einen unbefristeten Arbeitsvertrag. Schließlich ist die personelle Ausstattung in der Schulsozialarbeit kritisch einzuschätzen. So ist vielfach nur eine SchulsozialarbeiterIn als „EinzelkämpferIn" für eine gesamte Schule und zum Teil sogar für zwei Schulen zuständig. Eine Supervision ist dennoch in diesem

Tab. 10: Stärken und Schwächen unterschiedlicher Trägermodelle von Schulsozialarbeit (Speck 2006a, 348)

<table>
<tr><th>Schulischer Träger</th><th>Örtliches Jugendamt</th><th>Freier Träger der Jugendhilfe</th></tr>
<tr><td colspan="3">Stärken</td></tr>
<tr><td rowspan="2">▪ wenig Konflikte bei Integration der Schulsozialarbeit
▪ klare Erwartungen und Rollenzuschreibungen
▪ große Kontinuität der Schulsozialarbeit durch Finanzierungssicherheit</td><td colspan="2">▪ sozialpädagogische Kompetenz vorhanden
▪ keine Vereinnahmung der Schulsozialarbeit für schulische Zwecke
▪ starke Einbindung der Schulsozialarbeit in die Jugendhilfestrukturen
▪ durch Außensicht und Unabhängigkeit größere Reformchancen von Schule
▪ größere Flexibilität als schulischer Träger</td></tr>
<tr><td>▪ Bündelung der
▪ Schulsozialarbeit
▪ trägerübergreifende Vermittlung von Hilfen
▪ große Kontinuität der Schulsozialarbeit durch Finanzierungssicherheit
▪ stärkere Macht als ein freier Träger
▪ kurze Wege des
▪ Jugendamtes zu
▪ „Problemfamilien"</td><td>▪ plurale Trägerstruktur
▪ Einbindung zusätzlicher Ressourcen möglich (Spenden, Fördermittel, Ehrenamt)
▪ Image der Träger u. U. positiv
▪ größere Flexibilität als Jugendamt</td></tr>
<tr><td colspan="3">Schwächen</td></tr>
<tr><td rowspan="2">▪ geringe sozialpädagogische Kompetenz
▪ Vereinnahmung der Schulsozialarbeit für schulische Zwecke
▪ geringere Einbindung der Schulsozialarbeit in die Jugendhilfestrukturen</td><td colspan="2">▪ Distanz von Lehrern und Schulleitern gegenüber Schulsozialarbeit
▪ klärungsbedürftige strukturelle und organisatorische Einbindung der Schulsozialarbeit
▪ mehrere Auftraggeber von Schulsozialarbeit
▪ (schulische und Jugendhilfeseite)
▪ Stigmatisierung von Schülern und Eltern</td></tr>
<tr><td>▪ kein bedingter Vorrang freier Träger</td><td>▪ keine Bündelung für Schulsozialarbeit</td></tr>
</table>

konfliktreichen Arbeitsfeld nicht selbstverständlich. Üblich sind ferner aus Kostengründen Teilzeitstellen, die – wie wissenschaftliche Begleitungen gezeigt haben – einschränkende Auswirkungen auf die sozialpädagogische Arbeit und die Wirksamkeit der Schulsozialarbeit haben.

7.2 Trägerbezogene Rahmenbedingungen

In der Fachdebatte der 2000er und 2010er Jahre wird zu den trägerbezogenen Rahmenbedingungen – wie in ähnlichen Diskussionen Ende der 1970er Jahre – in erster Linie kontrovers diskutiert, was das günstigste Trägermodell für die Schulsozialarbeit ist. Die Beantwortung dieser Strukturfrage hat letztlich einen entscheidenden Einfluss auf die Finanzierungsverantwortung, die konzeptionelle Ausrichtung und Ausgestaltung, die Ziele und die Dienst- und Fachaufsicht der Schulsozialarbeit sowie die Gestaltungsspielräume der SchulsozialarbeiterInnen und ihre Einbindung in die Schul- bzw. die Jugendhilfestrukturen. Im Kern geht es in der Folge um die Frage, ob a) schulische Träger (Schulbehörden), b) örtliche Jugendämter oder c) freie Träger der Jugendhilfe geeigneter für die Schulsozialarbeit sind. Für die Beantwortung dieser Trägerfrage liegt erstaunlicherweise bis Mitte der 2010er Jahre – trotz zahlreicher wissenschaftlicher Begleitungen – kein ausreichend fundiertes Datenmaterial vor. Es fehlen vor allem differenzierte Analysen zur schulischen Trägerschaft durch Schulbehörden und zur Trägerschaft seitens der Jugendämter sowie – dies erscheint noch schwerwiegender – vergleichende empirische Analysen zu den verschiedenen Trägermodellen. Auf der Basis fachlicher und theoretischer Überlegungen lassen sich letztlich für jedes Trägermodell spezifische Stärken und Schwächen herauskristallisieren (Olk/Speck 2004b). Fasst man die vorliegenden Befunde zusammen, dann zeigen sich folgende Stärken und Schwächen der einzelnen Trägermodelle (Tab. 10):

- Für das *schulische Trägermodell* (Schulbehörde) sprechen im Vergleich zu einer Jugendhilfeträgerschaft die weniger aushandlungsbedürftige und damit konfliktärmere Zusammenarbeit zwischen LehrerInnen und SozialpädagogInnen durch die Weisungsbefugnis der Schulleitungen, die gute Integration in schulische Gremien sowie die langfristige Absicherung der Schulsozialarbeit durch die Einbindung in den Haushalt der Schulbehörden. Als grundlegende Probleme einer schulischen Trägerschaft sind die fehlende sozialpädagogische Kompetenz der Schulbehörde und damit die geringe fachliche Unterstützung der Sozialpädagogen, die mögliche Vereinnahmung der Sozialpädagogen für schulische Zwecke, Prämissen und Abläufe sowie die geringe Einbindung der SchulsozialarbeiterInnen in den Arbeitszusammenhang der Jugendhilfe zu bewerten.

- Als Vorteile einer *Trägerschaft durch die Jugendämter* können die sozialpädagogische Kompetenz, die Einbindung in die Jugendhilfestrukturen sowie die für sozialpädagogische Arbeit hilfreiche Autonomie gegenüber der Schule gezählt werden. Im Vergleich zu freien Trägern verfügen Jugendämter in der Regel zudem über mehr Chancen, ein einheitliches und anerkanntes Fachkonzept zur Schulsozialarbeit auf der kommunalen Ebene zu etablieren, der Institution Schule als gleichberechtigter Verhandlungspartner gegenüberzutreten, im Einzelfall trägerübergreifende Leistungen und Angebote weiterzuvermitteln und eine längerfristige Finanzierung der Schulsozialarbeit sicherzustellen.

  Als Nachteile einer Jugendhilfeträgerschaft können die schwierigere Einbindung der SchulsozialarbeiterInnen in die Schule, die Ängste und Befürchtungen bei LehrerInnen und Eltern gegenüber der „Eingriffsbehörde" Jugendamt, der bedingte Vorrang freier Träger bei der Leistungsbringung in der Jugendhilfe sowie unter Umständen die geringe Flexibilität der Jugendämter gewertet werden.
- *Freie Träger* wiederum verfügen – ebenso wie die Jugendämter – durch ihre Nähe zur Jugendhilfe über eine förderliche Einbindung in den Arbeitszusammenhang der Jugendhilfe sowie eine mitunter hilfreiche Distanz und Unabhängigkeit gegenüber der Institution Schule. Im Gegensatz zu den Jugendämtern können freie Träger außerdem in der Regel auf ein weniger belastetes Image, eine größere Flexibilität sowie umfassendere Aktivierungsmöglichkeiten von Ehrenamtlichen und zusätzlichen Fördermitteln zurückgreifen.

  Nachteilig bei freien Trägern wirkt sich allerdings – ebenso wie bei den Jugendämtern – die klärungsbedürftige und zum Teil langwierige und störanfällige Einbindung der SchulsozialarbeiterInnen in die Schule aus. Besonders kleinere, leistungsschwächere Träger sind außerdem sehr stark von Fördermitteln für die Absicherung der Schulsozialarbeit abhängig, können Zeit- und Personalprobleme bei der fachlichen Begleitung und Unterstützung der SchulsozialarbeiterInnen haben und besitzen möglicherweise gegenüber der Institution Schule eine deutlich schwächere Position.

In der sozialpädagogischen Fachliteratur und von den wissenschaftlichen Begleitungen wird – ungeachtet aller empirischen Unsicherheiten – in der Regel sehr entschieden für einen Jugendhilfeträger plädiert, wobei sich keine klare Präferenz für die Jugendämter oder freie Träger der Jugendhilfe abzeichnet. Das schulische Trägermodell (Schulbehörde) hingegen wird – obwohl als Regeleinrichtung in zahlreichen Bundesländern weit verbreitet – zumeist äußerst kritisch betrachtet. Befürchtet wird eine Aufgabe sozialpädagogischer Ziele und Arbeitsprinzipien zugunsten schulischer Interessen. Für das schulische Trägermodell sprechen sich in erster Linie Akteure aus dem Schulbereich aus, die dadurch weniger Reibungspunkte zwischen LehrerInnen und SozialarbeiterInnen erwarten (Vollmers 1997, 22; Schnell 1997, 24).

Einschränkend ist allerdings sehr nachdrücklich darauf hinzuweisen, dass – unabhängig von den Trägermodellen – letztlich die konkreten Kompetenzen der einzelnen Träger entscheidend sind. Träger der Schulsozialarbeit müssen Ansprechpartner für die Kooperation benennen und fachlich so kompetent sein, um:

1. ein fundiertes und tragfähiges Konzept zur Schulsozialarbeit zu entwickeln (z. B. sozialpädagogische Ziele und Ausrichtung; Abstimmung mit unterschiedlichen Akteuren),
2. die Schulsozialarbeit erfolgreich in den Schulen zu implementieren (z. B. Absicherung der Qualitätsstandards, langfristige Finanzierung, Einstellung von Fachkräften),
3. eine sozialpädagogische Umsetzung und fachliche Begleitung ihrer Fachkräfte sicherzustellen (z. B. sozialpädagogische Prinzipien, Methoden und Angebote; aktive Unterstützung der SchulsozialarbeiterInnen bei Fragen und Konflikten; Förderung der Kooperation von Jugendhilfe und Schule) sowie
4. eine ertragreiche Auswertung vorzunehmen (z. B. gemeinsame Auswertungsgespräche, Evaluation, Qualitätsentwicklung).

Die *Praxis der Schulsozialarbeit* zeigt, dass gegenwärtig alle drei Trägermodelle (Schulbehörde, Jugendamt, freier Träger) ohne Konfrontation nebeneinander existieren. Bislang konnte sich weder das eine (schulische) Modell noch das andere (Jugendhilfe-)Modell durchsetzen. Hinsichtlich der Trägerkompetenzen machen die Befunde der wissenschaftlichen Begleitungen zum einen auf sehr unterschiedliche Kompetenzen bei den Trägern und zum anderen auf nachweisbare Auswirkungen der Trägerkompetenz auf die Arbeit der SchulsozialarbeiterInnen aufmerksam. Defizite gibt es bei Trägern insbesondere

1 im offensiven Zugehen auf die Schulen,
2 der aktiven fachlichen Einführung, Begleitung und Fortbildung der SchulsozialarbeiterInnen,
3 der Unterstützung der SchulsozialarbeiterInnen bei Konflikten in der Schule,
4 der Vernetzung der SchulsozialarbeiterInnen sowie
5 der Finanzierung von Fortbildung und Supervision für die SchulsozialarbeiterInnen.

Spezifische Anforderungen und Problemkonstellationen in der Schulsozialarbeit scheinen damit von Trägern nicht ausreichend beachtet zu werden. Die Befunde sprechen dafür, dass Träger der Schulsozialarbeit über sozialpädagogische Erfahrungen und Kompetenzen sowie personelle und zeitliche Ressourcen verfügen müssen. Dies sollte vor Projektbeginn geprüft werden. Besonders bei schulischen Trägern ist die sozialpädagogische Ausrichtung, Umsetzung und Begleitung der Schulsozialarbeit zu klären.

7.3 Finanzielle Rahmenbedingungen

Programme und Projekte der Schulsozialarbeit hängen entscheidend von den zur Verfügung stehenden finanziellen Rahmenbedingungen ab. Solche finanziellen Mittel werden in der Schulsozialarbeit im Einzelnen benötigt für:

- die kontinuierliche Finanzierung der SchulsozialarbeiterInnen selbst,
- die Unfallversicherung und Haftpflichtversicherung für die SchulsozialarbeiterInnen,
- die Grundausstattung der Räume der SchulsozialarbeiterInnen mit Möbeln, Technik, Medien, Verbrauchs-, Spiel- und Arbeitsmaterialien,
- die Supervision und Fortbildung der SchulsozialarbeiterInnen,
- die Reisekosten der SchulsozialarbeiterInnen (z. B. für Hausbesuche, Projektfahrten, Kollegiale Beratung),
- die Finanzierung von laufenden Arbeits-, Verbrauchs- und Spielmaterialien,

- die Durchführung kurzfristiger sozialpädagogischer Maßnahmen, Projekte und Angebote,
- die Leitung, fachliche Beratung und Verwaltung der Schulsozialarbeitsprojekte durch die Träger (Overheadkosten) sowie gegebenenfalls
- die Übernahme von Honoraren für BetreuerInnen und HelferInnen.

Sofern die Schulsozialarbeit unter Beachtung von Mindeststandards durchgeführt und finanziert werden soll, entstehen also umfangreiche Kosten für den laufenden Unterhalt. Geht man von den fachpolitischen Stellungnahmen und Positionspapieren, den wissenschaftlichen Begleitungen und den Fachpublikationen aus, dann ist in der Schulsozialarbeit für den Beziehungsaufbau, die Netzwerkarbeit und nicht zuletzt die Motivation der SchulsozialarbeiterInnen zum Ersten eine *langfristig abgesicherte Finanzierungsgrundlage* notwendig. Zum Zweiten muss durch klare *Absprachen und Vereinbarungen* vor Projektbeginn abgesichert werden, dass alle notwendigen Personal-, Verwaltungs- und Sachkosten finanziert werden. Zum Dritten ist ein *angemessener Sachmitteletat* für Arbeits-, Verbrauchs- und Spielmaterialien, Reisekosten, Honorare sowie für die Durchführung kurzfristiger sozialpädagogischer Maßnahmen, Projekte und Angebote bereitzustellen, über den die SchulsozialarbeiterInnen eigenständig verfügen können.

Es reicht insofern keineswegs, eine Anschubfinanzierung sicherzustellen oder lediglich die Personalstellen der SchulsozialarbeiterInnen zu fördern und auf dieser Basis eine wirkungsvolle Schulsozialarbeit zu erwarten. Erforderlich sind stattdessen frühzeitige und belastbare Absprachen zwischen Jugendhilfe und Schule über die Finanzierung der Schulsozialarbeit sowie eine Verankerung der Schulsozialarbeit in den Haushalten und Planungen der jeweiligen Ressorts. Angesichts des gemeinsamen Nutzens und Interesses sind dabei Mischfinanzierungen oder gemeinsame Budgets aus Jugendhilfe- und Schulmitteln für die Schulsozialarbeit empfehlenswert.

Legt man die Befunde der wissenschaftlichen Begleitungen zu den Landesprogrammen der Schulsozialarbeit und die Ergebnisse weiterer landesweiter Untersuchungen zugrunde, dann sieht die finanzielle Situation in vielen Projekten der Schulsozialarbeit problematisch aus.

Ein *erstes Kernproblem* besteht darin, dass – außerhalb einer schulischen Trägerschaft (Schulbehörde) – oftmals keine langfristig abgesicherte Finanzierung für die Projekte der Schulsozialarbeit vorhanden ist. Es überwiegen prekäre Finanzierungsstrukturen, bei denen die Anschlussfinanzierung der Schulsozialarbeit aufgrund einer Befristung unsicher ist. Nicht selten verfügen die SchulsozialarbeiterInnen lediglich über Arbeitsverträge mit einer einjährigen Laufzeit.

Ein *zweites Problem* ist in der Vergütung der SchulsozialarbeiterInnen zu sehen. In zahlreichen Projekten sind die SchulsozialarbeiterInnen in wenig attraktiven Gehaltsgruppen eingestuft (im alten Tarifsystem häufig BAT IVb und Vb) und mitunter nicht mit einer ganzen Stelle beschäftigt. Eine für die gleichrangige Kooperation zwischen LehrerInnen und SchulsozialarbeiterInnen wünschenswerte Angleichung der Vergütung hat bislang nicht stattgefunden.

Ein *drittes Problem* ist darin zu sehen, dass die Förderungen zur Schulsozialarbeit im Jugendhilfebereich oftmals nicht alle anfallenden bzw. notwendigen Kosten beinhalten. So sind zum Teil die Ausstattungskosten, die laufenden Sachkosten, die Verwaltungskosten, die Supervisions- und Fortbildungskosten sowie die Versicherungskosten von den Förderungen nicht gedeckt.

Ein *viertes Problem* besteht schließlich in der Bereitstellung eines angemessenen und eigenständigen Sachmitteletats für die SchulsozialarbeiterInnen. Nur etwa die Hälfte der SchulsozialarbeiterInnen verfügt den Untersuchungen zufolge über einen entsprechenden Etat. Dabei scheint bei den Trägern weder ein einheitliches Verfahren über die Einrichtung noch über die Höhe des Sachmitteletats für die SchulsozialarbeiterInnen zu bestehen.

Zusammenfassend betrachtet muss die finanzielle Situation in vielen Projekten der Schulsozialarbeit als unzureichend angesehen werden werden. Angesichts dieser Finanzsituation verwundert nicht, dass etwa ein Viertel bis ein Drittel der SchulsozialarbeiterInnen in den wissenschaftlichen Untersuchungen angibt, mit den finanziellen Rahmenbedingungen unzufrieden zu sein.

7.4 Räumliche Rahmenbedingungen

Die SchulsozialarbeiterInnen benötigen an den Schulen geeignete Räumlichkeiten für ihre sozialpädagogische Arbeit. Hierzu zählen – den fachpolitischen Empfehlungen und Positionspapieren sowie den Empfehlungen der wissenschaftlichen Begleitungen zufolge – zumindest ein eigenes und abschließbares Büro, ein ruhiger Raum für vertrauliche Beratungsgespräche sowie ein Gruppenraum, in dem offene Angebote und die sozialpädagogische Gruppen- und Projektarbeit durchgeführt werden können. Notfalls sind diese Räume auch mehrfunktional zu nutzen, so dass lediglich zwei Räume benötigt werden. In jedem Fall sollten weitere Räume der Schule nach Absprache mit der Schulleitung für die Schulsozialarbeit mitnutzbar sein (z. B. Klassenräume, Werkräume, Fachräume, Turnhalle).

Das Vorhandensein entsprechender Räumlichkeiten reicht für eine qualifizierte sozialpädagogische Arbeit in der Schule allerdings nicht aus, vielmehr müssen für eine Nutzung der Räume im Rahmen der Schulsozialarbeit weitere Kriterien erfüllt sein: Einzufordern ist zum Ersten, dass die Räumlichkeiten im Interesse eines niedrigschwelligen Zugangs zentral in der Schule gelegen sind. Die Räumlichkeiten sollten zum Zweiten ohne formale Anforderungen aufsuchbar sein. So ist darauf zu achten, dass die SchülerInnen nur im Ausnahmefall (z. B. bei Missbrauch der Schulsozialarbeit) eine Zustimmung der LehrerInnen für den Besuch der SchulsozialarbeiterInnen benötigen. Zum Dritten muss es räumlich möglich sein, auch in der unterrichtsfreien Zeit (z. B. vor und nach dem Unterricht) und in den Ferien prinzipiell ein Schulsozialarbeitsangebot vorzuhalten und interessierten SchülerInnen, Eltern und LehrerInnen den Zugang zu Beratungsgesprächen, Projekten und weiteren Angeboten der Schulsozialarbeit zu gewährleisten. Den SozialarbeiterInnen ist daher die Schlüsselgewalt zu den Räumlichkeiten der Schulsozialarbeit zu übertragen. Zum Vierten ist es erforderlich, dass die Räumlichkeiten von den SchulsozialarbeiterInnen eigenverantwortlich genutzt und gegebenenfalls umgestaltet werden können (z. B. gemeinsam mit den SchülerInnen).

In der Praxis verfügen – den wissenschaftlichen Begleitungen zufolge – die meisten SchulsozialarbeiterInnen über ein eigenes Büro. Dessen ungeachtet sind die vorhandenen Räumlichkeiten nach Ansicht von einem Drittel der SchulsozialarbeiterInnen für die sozialpädagogische Arbeit insgesamt wenig zufriedenstellend. Nun sind gute Räumlichkeiten zwar keine Erfolgsgarantie für eine gute Schulsozialarbeit, allerdings eine wichtige Arbeitsgrundlage. Insofern ist vor allem die zu geringe Anzahl an (Gruppen-)Räumen, die unzureichende Größe der Räume, die ungünstige Lage der Räume (z. B. im Keller), die fehlenden Möglichkeiten zur Nutzung weiterer Räumlichkeiten in den Schulen sowie die fehlende Schlüsselgewalt der SchulsozialarbeiterInnen für die Räumlichkeiten in zahlreichen Projekten kritisch zu betrachten. Nicht nachvollziehbar ist ferner, dass offensichtlich in einzelnen Landesprogrammen und Projekten ein eigenes Büro bzw. ein eigener Raum für die SchulsozialarbeiterInnen nicht vorgeschrieben und damit zum Teil auch nicht vorhanden ist.

7.5 Materiell-technische Rahmenbedingungen

Die materiell-technischen Rahmenbedingungen für die Schulsozialarbeit sind eng mit den finanziellen und räumlichen Rahmenbedingungen verknüpft. So wird in der Fachliteratur, den fachpolitischen Empfehlungen und Positionspapieren sowie den Ausführungen der wissenschaftlichen Begleitungen eine angemessene Ausstattung der Räumlichkeiten für die Tätigkeit der SchulsozialarbeiterInnen eingefordert:

- Der Büroraum muss für administrative Tätigkeiten, die Schreibtätigkeiten, die telefonische Erreichbarkeit der KlientInnen, die Öffentlichkeitsarbeit und die interne Dokumentation der Projekt- und Fallarbeit der SchulsozialarbeiterInnen nutzbar sein. Er sollte aus diesem Grund über einen Schreibtisch, eine Möbelausstattung mit verschließbaren Schränken für Dokumente und Akten, einen eigenen Telefonanschluss mit Anrufbeantworter, ein Faxgerät, einen Kopierer sowie einen Computer mit Internetanschluss und Drucker verfügen. Das Büro sollte außerdem mit Arbeits- und Verbrauchsmaterial und aktuellen Fachzeitschriften und -publikationen ausgestattet sein.
- Der Beratungsraum muss ein Setting ermöglichen, in dem in entspannter Atmosphäre vertrauliche Beratungsgespräche durchgeführt werden können. Erforderlich ist daher eine kind- bzw. jugendgerechte Ausstattung, zu der zumindest ein Beratungstisch und mehrere Beratungsstühle bzw. eine Sitzecke gehören.
- Der Gruppenraum muss als Projekt- und Aufenthaltsraum für 20–25 SchülerInnen ausreichend sein und von ihnen verändert und mitgestaltet werden können. Als Grundausstattung sind im Gruppenraum methodische Arbeitsmaterialen, altersgerechte Spiel- und Beschäftigungsmaterialien sowie eine angemessene medientechnische Ausstattung, insbesondere eine Stereoanlage, notwendig.

Geht man von den Befunden der wissenschaftlichen Begleitungen zu den Landesprogrammen aus, dann ist die tatsächliche materiell-technische Ausstattung *in der Praxis* der Schulsozialarbeit in den Ländern, Landkreisen und kreisfreien Städten äußerst unterschiedlich und in vielen Fällen nicht ausreichend. Etwa ein Drittel bis die Hälfte der SchulsozialarbeiterInnen muss beispielsweise auf einen eigenen Telefonanschluss, einen Computer mit Internetanschluss, einen Drucker sowie ausreichend methodische Arbeitsmaterialien und Fachliteratur verzichten.

7.6 Kooperationsbezogene Rahmenbedingungen

Die Kooperation zwischen Jugendhilfe und Schule bzw. SozialarbeiterInnen und LehrerInnen ist eine sehr konfliktanfällige Schnittstelle (Vogel 2006). Die Sicherstellung kooperationsbezogener Rahmenbedingungen ist daher unerlässlich und muss letztlich den gesamten Leistungsprozess von der Konzipierung und Vorbereitung, über die Durchführung, bis hin zur Auswertung von Schulsozialarbeitsprojekten umfassen. Die Kooperation ist dabei als eine Gemeinschaftsaufgabe verschiedener Akteure aus Jugendhilfe und Schule zu verstehen. Eine Verantwortung für die Kooperation haben mit unterschiedlichen Zuständigkeiten a) die LehrerInnen und SchulsozialarbeiterInnen auf der individuellen Kooperationsebene, b) die Schule (vertreten durch die Schulleitung) und der Projektträger (vertreten durch den jeweiligen Ansprechpartner) auf der organisationsbezogenen Kooperationsebene, c) die Jugendhilfeträger und Schulträger auf der örtlichen Kooperationsebene sowie d) die Jugend- und Bildungspolitik sowie die Jugend- und Kultusministerien (mit ihren zuständigen Abteilungen und Behörden) auf der überörtlichen Kooperationsebene.

- Auf der *individuellen Kooperationsebene* zwischen LehrerInnen und SchulsozialarbeiterInnen ist entscheidend, inwiefern es beiden Berufsgruppen gelingt, einen Nutzen in der Kooperation zu sehen, die unterschiedlichen Strukturen, Arbeitsaufträge und Sichtweisen der anderen Profession zu kennen und anzuerkennen, die Erwartungen zur Schulsozialarbeit frühzeitig zu klären, mit Kritik an der anderen Berufsgruppe sehr vorsichtig umzugehen sowie gemeinsame Aktivitäten zu planen und durchzuführen. Als ertragreich können eine Öffentlichkeitsarbeit zur Schulsozialarbeit in der Schule, die persönliche Vorstellung der SchulsozialarbeiterInnen bei einzelnen LehrerInnen, die Klärung möglicher Schnittmengen, eine bewusste Einbindung der jeweils anderen Berufsgruppe, die Vereinbarung konkreter Ziele und Aktivitäten, die Durchführung zunächst kleinerer Projekte sowie gemeinsame Fortbildungen und Fallbesprechungen eingeschätzt werden.

- Auf der *organisationsbezogenen Kooperationsebene* muss bei der Schule und dem Projektträger ein Bewusstsein vorhanden sein, dass Schulsozialarbeit nicht die Angelegenheit einer einzelnen Lehrkraft bzw. einer einzelnen SchulsozialarbeiterIn ist. Stattdessen sind Zuständigkeiten zu klären, Ansprechpartner zu benennen, Kooperationsansätze zwischen beiden Berufsgruppen aktiv zu unterstützen, strukturelle Kommunikations- und Kooperationsstrukturen zu schaffen sowie die Kooperation kontinuierlich zu analysieren und weiterzuentwickeln. Empfohlen wird die Durchführung einer Situations- und Sozialraumanalyse, der Abschluss von Kooperationsvereinbarungen, die Vorstellung des Trägers, des Schulsozialarbeitskonzeptes und der SchulsozialarbeiterInnen in den schulischen Gremien, regelmäßige Planungs- und Reflexionsgespräche in einer schulinternen Projektgruppe (mit Schulleitung, LehrerInnen, Träger, Eltern, SchülerInnen und SchulsozialarbeiterIn), die Vereinbarung von Verfahrensabläufen für Schlüsselprozesse und Konflikte, die Förderung von gemeinsamen Fallbesprechungen und Fortbildungen sowie die Einbindung und die Präsenz der Schulsozialarbeit in die Schulprogrammarbeit und die schulischen Gremien, Konferenzen, Beratungen und Entscheidungen.
- Auf der *örtlichen Ebene* ist auf eine sozialräumliche Konzeptentwicklung mit einem klaren lebensweltorientierten Arbeitsprofil von Schulsozialarbeit, eine jugendhilfeplanerisch gestützte Standortauswahl für Projekte, die Gründung von regionalen Arbeitsgemeinschaften zur Weiterentwicklung der Kooperation von Jugendhilfe und Schule bzw. Schulsozialarbeit, eine fachliche Begleitung und Beratung der Schulsozialarbeitsprojekte sowie eine finanzielle Absicherung und Förderung der Schulsozialarbeit unter Berücksichtigung der Mindeststandards zu achten. Darüber hinaus müssen eine Einbindung der Schulsozialarbeit in die Jugendhilfe- und Schulentwicklungsplanung erreicht und von den Schulträgern geeignete Räumlichkeiten für die Schulsozialarbeit bereitgestellt werden.

- Auf der *überörtlichen Ebene* sollten die Jugend- und Bildungspolitik bzw. die letztlich zuständigen Jugend- und Kultusministerien die Kooperation zwischen Jugendhilfe und Schule a) über die Schulgesetze und Ausführungsgesetze der Länder zum Kinder- und Jugendhilfegesetz rechtlich absichern, b) mit Fachempfehlungen inhaltlich fördern, c) über eine eigene ressortübergreifende Zusammenarbeit nachhaltig stärken sowie d) durch überregionale und gemeinsame Fortbildungen für beide Berufsgruppen intensivieren.

In der Praxis haben sich die kooperationsbezogenen Rahmenbedingungen deutlich verbessert. Die Kooperation zwischen Jugendhilfe und Schule wird spätestens seit den 2000er Jahren von fast allen Entscheidungsträgern als sinnvoll erachtet und unterstützt. Dessen ungeachtet existieren weiterhin gravierende Kooperationsprobleme und -defizite: Auf der *individuellen Kooperationsebene* bestehen nach wie vor gegenseitige Vorbehalte zwischen LehrerInnen und SozialarbeiterInnen. Zudem zeichnet sich die Kooperation in der Praxis nicht selten durch ein Nebeneinanderherlaufen bzw. ein Hierarchiegefälle zwischen LehrerInnen und SchulsozialarbeiterInnen aus. Auf der *organisationsbezogenen Kooperationsebene* kommen die Projektträger ihren Aufgaben in der Schulsozialarbeit offenbar sehr unterschiedlich intensiv nach. Dies gilt sowohl für die Schaffung entsprechender Rahmenbedingungen und die vorbereitete Implementierung von Schulsozialarbeit an den Schulen als auch für die Begleitung und Stärkung der Schulsozialarbeitsprojekte im weiteren Verlauf.

Auf der *örtlichen Ebene* wird die Verantwortung ebenfalls sehr unterschiedlich bewusst wahrgenommen. Defizite sind unter anderem in fehlenden inhaltlichen Konzepten zur Kooperation von Jugendhilfe und Schule bzw. Schulsozialarbeit, der ungenügenden fachlichen Begleitung und Beratung der Schulsozialarbeitsprojekte sowie der unzureichenden Finanzierung von Mindeststandards zur Schulsozialarbeit zu erkennen. Die *überörtliche Ebene* ist weiterhin durch die Handlungslogiken der unterschiedlichen Ressorts geprägt, bei denen sich oftmals Abstimmungen und gemeinsame Planungen als schwierig gestalten. Zudem fehlen nicht selten tragfähige Konzepte zur langfristigen Absicherung der Kooperation von Jugendhilfe und Schule. Diese Abstimmungsschwierigkeiten und Strategieprobleme wirken sich mittelbar auch auf die Kooperation von Jugendhilfe und Schule sowie die Schulsozialarbeit auf der örtlichen Ebene aus.

Zusammenfassend betrachtet haben sich die kooperationsbezogenen Rahmenbedingungen *in der Praxis* auf allen vier Ebenen, d. h. der individuellen, der organisationsbezogenen, der örtlichen und überörtlichen, in den letzten Jahrzehnten spürbar verbessert. Dessen ungeachtet existieren auch weiterhin erhebliche Kooperationsprobleme und -barrieren.

8 Kooperation zwischen LehrerInnen und SchulsozialarbeiterInnen

Die Kooperation zwischen LehrerInnen und SchulsozialarbeiterInnen gehört seit den 1970er Jahren zu einem der am häufigsten diskutierten Themen in der Theorie und Praxis der Schulsozialarbeit (Kentler 1972; BAG JAW 1975b; Tillmann 1976a; Arbeitskreis Hessische Sozialarbeit 1978 und Arbeitskreis Hessische Schulsozialarbeit 1980; die Beiträge in BMBW 1978a und 1978b; Malinowski/Herriger 1979). Deutlich wurde bereits zu dieser Zeit, dass eine gelingende Kooperation keineswegs selbstverständlich, sondern erarbeitet und gepflegt werden muss. Theoretische Studien verweisen zudem darauf, dass eine Kooperation nicht angeordnet werden kann, sondern immer von der Bereitschaft konkreter Einzelpersonen abhängig ist und von diesen getragen werden muss (Schweitzer 1998; Spieß 1998; van Santen/Seckinger 2003). Wesentliche Voraussetzung für eine Kooperationsbereitschaft ist dabei weniger ein einheitliches Ziel, sondern vielmehr, dass die Kooperation einen persönlichen Nutzen für die kooperierenden Personen verspricht und auf unterschiedlichen Ebenen unterstützt wird.

8.1 Empirische Befunde

Das Thema Kooperation zwischen LehrerInnen und SchulsozialarbeiterInnen hat bis Mitte der 2010er Jahre nicht an Aktualität und Brisanz verloren (Baier/Heeg 2011; Speck/Olk 2010b; Drilling 2009; Vogel 2006; Olk et al. 2000). Entsprechende Beiträge in Fachpublikationen tragen auch Anfang der 2000er Jahre noch solche bezeichnenden Titel wie:

- „Kooperation in der Schulsozialarbeit. Über Grenzbereiche zwischen Schul- und Sozialpädagogik“ (Hollenstein 2000a),
- „Kooperation Jugendhilfe – Schule. Grundbedingungen für soziale Arbeit in der Schule. Wie kann die Zusammenarbeit zwischen Jugendhilfe und Schule verbessert werden?“ (Friedrichs/Kubina 2000),

- „LehrerInnen und SchulsozialarbeiterInnen: Institutionelle und berufskulturelle Bedingungen einer ‚schwierigen' Zusammenarbeit" (Olk/Speck 2001b),
- „‚Es geht doch?' – Zur Kooperation zwischen Lehrern und Schulsozialarbeitern" (Jongebloed/Nieslony 2002),
- „Kooperation von Jugendhilfe und Schule – Das Verhältnis zweier Institutionen auf dem Prüfstand" (Olk/Speck 2004a).

Die vorliegenden empirischen Untersuchungen zum Verhältnis von LehrerInnen und SozialarbeiterInnen lassen vor allem Rückschlüsse a) zum Informationsstand der SozialarbeiterInnen und LehrerInnen über die jeweils andere Institution und Profession, b) zum Selbst- und Fremdverständnis von LehrerInnen und SozialarbeiterInnen und c) zu den Kooperationsmodellen zwischen LehrerInnen und SozialarbeiterInnen zu (für einen Überblick: Olk/Speck 2004a; differenziert z. B. THMSG 1998a, 147 ff.; Olk/Speck 2001b; Krause 2002, 242 ff.):

- Bezüglich des *Informationsstandes* zeigen die Untersuchungen sowohl aufseiten der LehrerInnen als auch der SchulsozialarbeiterInnen sehr deutliche Informationsdefizite über die Strukturen, rechtlichen Grundlagen und Aufgaben der jeweils anderen Profession. Nachweisbar ist darüber hinaus, dass der Informationsstand einen Einfluss auf das Kooperationsverhalten hat.
- Die Befunde zum *Selbst- und Fremdverständnis* machen zunächst auf große Unterschiede innerhalb der LehrerInnen- und der SchulsozialarbeiterInnengruppe aufmerksam. So sehen sich zwar fast alle LehrerInnen für unterrichts- und schulbezogene Aufgaben zuständig, bei darüber hinausgehenden Aufgaben ergeben sich jedoch deutliche Meinungsverschiedenheiten (z. B. bei außerunterrichtlichen Angeboten und Angeboten am Nachmittag).

Ein Teil der LehrerInnen lehnt eine Verantwortung für Betreuungs- und offene Freizeitangebote ab bzw. ist nur unter Berücksichtigung von Abminderungsstunden für außerschulische Angebote bereit. Für einen anderen Teil der LehrerInnen gehören diese Aufgaben zum eigenen beruflichen Selbstverständnis dazu. Ein ähnlich heterogenes Bild ergibt sich bei den SchulsozialarbeiterInnen. Sie verstehen sich übereinstimmend als BeraterInnen der SchülerInnen bei Problemen, als Vertrauenspersonen und als AnwältInnen der SchülerInnen. Unterschiedlich wird hingegen bewertet, ob man in der Funktion als SchulsozialarbeiterIn auch als Freizeitpädagoge fungieren möchte. Eine differenzierte Betrachtung des beruflichen Selbstverständnisses zeigt, dass eine Kooperation zwischen LehrerInnen und SchulsozialarbeiterInnen bei rein schulischen Fragestellungen und Problemen im unterrichtlichen Bereich eher unwahrscheinlich ist, weil die LehrerInnen dies als ihren ureigenen Zuständigkeitsbereich ansehen. Für weniger kompetent halten sich die LehrerInnen hingegen bei Bearbeitung von Verhaltensauffälligkeiten sowie der Bearbeitung persönlicher und familiärer Probleme der SchülerInnen.

Die Untersuchungen zeigen ferner, dass die SchulsozialarbeiterInnen in den Schulen vor allem dann auf eine hohe Kooperationsbereitschaft der LehrerInnen treffen, wenn diese über ein breites Aufgabenverständnis und eine hohe berufliche Selbstsicherheit verfügen. Gleichzeitig ist zumindest ein Teil der SchulsozialarbeiterInnen angehalten, die in den Untersuchungen nachgewiesenen Vorurteile gegenüber der Institution Schule und den LehrerInnen abzubauen, um die Zusammenarbeit mit den LehrerInnen zu erleichtern und eine Vermittlungsfunktion zwischen SchülerInnen und LehrerInnen glaubhaft wahrnehmen zu können.

- Hinsichtlich der *Kooperationsmodelle zwischen LehrerInnen und SozialarbeiterInnen* weisen die quantitativen Befragungen bei LehrerInnen und SozialarbeiterInnen auf den ersten Blick auf eine gegenseitige Akzeptanz und damit eine gelungene Kooperation hin. Bei genauerer Betrachtung zeigen sich jedoch Einschränkungen. Ein Indiz dafür ist, dass die LehrerInnen in der Regel mit der Kooperation zufriedener sind, als die auf die Kooperation angewiesenen SchulsozialarbeiterInnen. Die SchulsozialarbeiterInnen nehmen nicht selten eine sehr hohe Akzeptanz ihrer Arbeit bei den LehrerInnen wahr, beklagen aber zum Teil, dass sich dies nicht unbedingt in einer entsprechenden Kooperationsbereitschaft der LehrerInnen oder gar einem besonderen Engagement für die Schulsozialarbeit niederschlägt. Konstatiert wird nicht selten eine Zusammenarbeit bei problematischen Fällen, jedoch keine gemeinsame Suche nach Problemlösungen. Kooperationsempfehlungen, Kooperationsvereinbarungen zwischen den Beteiligten und Steuerungsgremien in der Schule zur Schulsozialarbeit können die Zusammenarbeit zwischen LehrerInnen und SozialarbeiterInnen fördern, allerdings nicht garantieren.

Letztlich kristallisiert sich aus den Untersuchungen heraus, dass die Kooperation zwischen LehrerInnen und SozialarbeiterInnen keinesfalls immer auf einer gleichberechtigten und partnerschaftlichen Ebene stattfindet. Unterscheidbar sind vielmehr unterschiedliche Kooperationsmodelle und zwar: a) ein additives Kooperations-Modell („Nebeneinanderherlaufen" von LehrerInnen und SozialarbeiterInnen), b) ein Distanz-Modell (keine Kontakte oder gegenseitig sehr kritische Haltung), ein Subordinations-Modell (Unterordnung der SchulsozialarbeiterInnen unter Forderungen und Erwartungen der LehrerInnen) und ein ideales Kooperations-Modell (mit einem gemeinsam abgestimmten und lösungsorientierten Handeln). Während bei freizeitpädagogischen Projekten eine Tendenz zu additiven Kooperations-Modellen besteht, neigen interventionsbezogene Projekte, die sich vorrangig auf auffällige und/oder benachteiligte SchülerInnen konzentrieren, zu hierarchisch geprägten Subordinations-Modellen.

8.2 Erklärungsansätze für Kooperationsprobleme

Sofern man die Kooperationsprobleme zwischen LehrerInnen und SozialarbeiterInnen nicht als individuelles Problem der handelnden Akteure versteht und damit personalisiert, stellt sich die Frage nach möglichen Erklärungen. Inzwischen liegt eine Vielzahl an Erklärungsansätzen vor (z.B. Bettmer et al. 2007; Vogel 2006; Busche-Baumann 1993; Olk/Speck 2001b; Hollenstein 2000a; Dithmar et al. 1999; Aden-Grossmann 1995):

- *Getrennte Entwicklung:* Die zu Beginn der 1920er Jahre vorgenommene Trennung von Bildungswesen und Jugendhilfe hat zu differierenden gesellschaftlichen Funktionen, institutionellen Strukturen, rechtlichen Grundlagen und Methoden geführt. Die Trennung war einerseits förderlich für die Spezialisierung beider Institutionen, hat andererseits aber im weiteren historischen Verlauf gegenseitige Abschottungstendenzen erleichtert, die sich bis in die 2010er Jahre auswirken.
- *Zielgruppen- und Aufgabenüberschneidungen:* Trotz getrennter Aufträge von Jugendhilfe und Schule gibt es auch Überschneidungen bei den Tätigkeiten von LehrerInnen und SchulsozialarbeiterInnen, die eine Kooperation erschweren: Gemeinsam ist beiden Institutionen zum einen die Zielgruppe der Kinder und Jugendlichen. Zum

anderen gibt es übereinstimmend einen pädagogischen Auftrag und das eigene Selbstverständnis zur Förderung und Unterstützung von Kindern und Jugendlichen. Sofern auf beiden Seiten keine berufliche Handlungssicherheit und Kooperationsbereitschaft existiert, ist eine Konkurrenzsituation erwartbar.

- *Berufskulturelle Unterschiede:* Im Laufe der Zeit haben sich zwischen LehrerInnen und SozialarbeiterInnen unterschiedliche berufliche Wahrnehmungs- und Deutungsmuster, Kommunikationsformen und Persönlichkeitsprägungen entwickelt, die eine Zusammenarbeit erschweren (Olk/Speck 2001b). So zeichnet sich die Berufskultur der LehrerInnen durch kommunikations- und kooperationsvermeidende Strategien aus, während bei den SozialarbeiterInnen Kooperationsleistungen zum professionellen Handeln dazugehören und selbstverständlich sind (Terhart 1996a bzw. Busche-Baumann 1993). Dies hat weniger mit unzureichenden Kooperationskompetenzen bei LehrerInnen zu tun. Wesentliche Gründe sind vielmehr, dass die Lehrertätigkeit in der Regel vereinzelt hinter geschlossenen Klassentüren stattfindet und mit hohen (Eigen-)Erwartungen und großen Scheiterns-Ängsten verbunden ist, die eine Kooperation oder gar Einmischung von anderen LehrerInnen als bedrohlich erscheinen lassen. Dies gilt erst recht bei (kritischen) Anfragen von außenstehenden Professionen, wie den SozialarbeiterInnen. Hinzu kommt, dass Kooperation bei der Berufsgruppe der LehrerInnen nicht zu den Kernaufgaben der Lehrertätigkeit gehört, wenig anerkannt ist und von daher als zusätzliche Aufgabe verstanden wird.

Die Berufskultur der SozialarbeiterInnen ist aufgrund der Spezialisierung in der Sozialen Arbeit und des ganzheitlichen Anspruches bei der Problemlösung auf die Zusammenarbeit mit anderen Personen und Professionen angewiesen. Kooperation gehört hier zum Arbeitsalltag dazu. Erkennbar ist das ausgeprägte Kooperationsverhalten der SozialarbeiterInnen an den zahlreichen Vernetzungsgruppen, Arbeitskreisen, Gesprächskreisen, Arbeitsgemeinschaften u.Ä. Verschärfend kommt hinzu, dass die SozialarbeiterInnen in der Schule auf die Zustimmung und die Zusammenarbeit der LehrerInnen angewiesen sind, um eine ertragreiche Arbeit leisten zu können.

- *Hierarchisches und machtbesetztes Kooperationsverhältnis:* Das Arbeitsverhältnis zwischen LehrerInnen und SchulsozialarbeiterInnen am Ort Schule ist strukturell durch ein Hierarchie- und Machtgefälle gekennzeichnet, das eine Kooperation auf Augenhöhe erschwert (Henschel et al. 2009; Vogel 2006; Bettmer et al. 2002). Erkennbar ist dieses Gefälle an der unterschiedlichen gesellschaftlichen Anerkennung beider Professionen, der Einzelkämpfersituation der SchulsozialarbeiterInnen gegenüber den LehrerkollegInnen, den unterschiedlichen Arbeitsverhältnissen (unbefristet/befristet) sowie den Gehaltsunterschieden zwischen LehrerInnen und SchulsozialarbeiterInnen. Verschärfend kommt hinzu, dass die Institution Schule der zentrale Ort der Berufsausübung der LehrerInnen ist, während die SchulsozialarbeiterInnen in der Schule auf einem „fremden" und für sie zunächst nicht eingerichteten Terrain agieren. Nicht selten treffen zudem jüngere, sozialpädagogische BerufseinsteigerInnen auf ältere und erfahrene LehrerkollegInnen. Diese Hierarchie- und Machtunterschiede beeinflussen – bewusst oder unbewusst – die konkrete Kooperation zwischen den Berufsgruppen.

- *Differierende Organisationsstrukturen und Settings:* SozialarbeiterInnen und LehrerInnen verfügen durch ihre institutionelle Anbindung an die Jugendhilfe bzw. Schule über gravierende Organisationsunterschiede und Settings. So zeichnet sich das Bildungssystem unter anderem durch landesrechtliche Regelungen, klare formale Strukturen und Handlungsabläufe, ein hohes Maß an Stabilität, eine Leistungsorientierung, ein Primat der Qualifikations- und Selektionsfunktion, jahrgangsbezogene Klassen, feststehende Curricula und eine Schulpflicht für die SchülerInnen aus. Die Jugendhilfe ist demgegenüber geprägt durch rechtliche Regelungen auf unterschiedlichen Ebenen (Bund, Land, Kommune), eine kommunale Zuständigkeit, ein hohes Maß an Flexibilität, und – wenn man die hoheitlichen Aufgaben vernachlässigt – eine Vielzahl und kaum überschaubare Vielfalt an freien Trägern, eine Lebensweltorientierung, ein Primat der Integrationsfunktion, eine Vielzahl offener und von den Adressaten mitgestaltbarer Angebote sowie eine Freiwilligkeit der Teilnahme.

Aus diesen differierenden Organisationsstrukturen ergeben sich unterschiedliche berufliche Settings. Die Institution Schule bietet sowohl den LehrerInnen als auch den SchülerInnen aufgrund der klaren und von außen vorgegebenen Ziel- und Leistungsvorgaben und der standardisierten Abläufe relativ wenig Gestaltungsspielräume. Die Jugendhilfe findet demgegenüber oftmals in einem eher offenen, wenig vorstrukturierten und einzelfallbezogenen Setting statt, das den beteiligten Akteuren ein hohes Maß an Flexibilität und Mitgestaltung ermöglicht und abverlangt (Olk/Speck 2001b). Dies gilt erst recht für das Arbeitsfeld der Schulsozialarbeit, welches sich zum einen durch ein hohes Maß an Intransparenz auszeichnet und in dem zum anderen die SchulsozialarbeiterInnen widersprüchliche Erwartungen ausbalancieren, ihr Arbeitsfeld selbst ausgestalten und (klientenbezogene) Ziele erst operationalisieren und aushandeln müssen. Aus dieser Intransparenz und Offenheit erwachsen letztlich Schwierigkeiten für eine Kooperation, beispielsweise Unklarheiten über die Ziele und Möglichkeiten, falsche oder überhöhte Erwartungen bei LehrerInnen und eine Verärgerung über anwaltschaftliche Funktionen.

- *Verzerrte Wahrnehmungen und Interpretationen:* Die Zusammenarbeit zwischen LehrerInnen und SozialpädagogInnen wird vielfach durch verzerrte Wahrnehmungen und Interpretationen gestört (Dithmar et al. 1999; Hollenstein 2000a). Beide Seiten pflegen – gefördert durch fehlende Kenntnisse und Kontakte – Vorurteile und Mythen über die jeweils andere Profession. Offensichtlich kommt es bei einer Vielzahl von sozialpädagogischen Fachkräften in der Schule zu einer Aktualisierung negativer Erfahrungen und Ängste aus der eigenen Schulzeit, die in die Interaktion mit den LehrerInnen eingebracht werden und dort als „Störfrequenzen" wirken (Dithmar et al. 1999).

Kennzeichnend für SozialarbeiterInnen sind vielfach undifferenzierte und nicht offen gelegte Vorwürfe an die LehrerInnen in Richtung eines Frontalunterrichts, einer einseitigen Leistungsorientierung, eines mangelnden Schülerverständnisses, eines mangelnden Engagements über den Unterricht hinaus und einer geringen Reformbereitschaft. LehrerInnen wiederum nehmen SchulsozialarbeiterInnen mitunter als Konkurrenten wahr, die ihnen Aufgaben wegnehmen, ihnen gegenüber als „die besseren LehrerInnen" auftreten, nicht mit den „harten" schulischen Anforderungen und ProblemschülerInnen konfrontiert sind und mit ihrer Arbeit einseitig die Meinungen und Interessen der SchülerInnen vertreten.

- *Ausbildungsdefizite:* Die Ausbildung von angehenden LehrerInnen einerseits und zukünftigen Diplom-PädagogInnen, Diplom-SozialarbeiterInnen/Diplom-SozialpädagogInnen andererseits erfolgt in Deutschland bislang in der Regel strikt getrennt, sodass Möglichkeiten zum Kennenlernen und zur Verständigung mit der jeweils anderen Profession kaum möglich sind (Hollenstein 2000a). Hinzu kommt, dass Informationen über die andere Institution und Profession häufig nicht zum Ausbildungsgegenstand gehören. Vor diesem Hintergrund verfügen LehrerInnen oftmals nur über unzureichende Informationen über die Jugendhilfe und greifen SozialpädagogInnen bei ihren Urteilen über die Schule auf – mehr oder weniger – verzerrte Schulerfahrungen zurück. Es kann angenommen werden, dass die fehlenden Kontakte und Informationen sich später als hinderlich für Kooperationsprozesse erweisen und zur frühzeitigen Entwicklung von gegenseitigen Vorurteilen beitragen.

Zusammenfassend lässt sich festhalten, dass die Kooperationsprobleme zwischen LehrerInnen und SchulsozialarbeiterInnen nicht allein mit individuellen Barrieren zwischen (einzelnen) Akteuren erklärt werden können. Bei genauerer Betrachtung kommen als Erklärungsansätze stattdessen auch die historische Trennung von Jugendhilfe und Schule, die unterschiedlichen Berufskulturen, das hierarchische und machtbesetzte Kooperationsverhältnis, die differierenden Organisationsstrukturen und institutionellen Settings, die verzerrten Wahrnehmungen und Interpretationen sowie die Ausbildungsdefizite in Betracht.

8.3 Lösungsansätze für eine gelingende Kooperation

Die Praxis weist in einer Vielzahl von Projekten der Schulsozialarbeit darauf hin, dass trotz aller Unterschiede und Barrieren zwischen LehrerInnen und SchulsozialarbeiterInnen eine partnerschaftliche Beziehung gelingen kann und angestrebte sozialpädagogische Ziele erreicht werden können. Für eine erfolgreiche Kooperation sind einerseits die LehrerInnen und SchulsozialarbeiterInnen in hohem Maße mitverantwortlich. Andererseits wird die Kooperation aber auch sehr stark durch die Rahmenbedingungen auf der organisationsbezogenen, der örtlichen und der überörtlichen Kooperationsebene beeinflusst (hierzu ausführlicher das Kapitel zu den kooperationsbezogenen Rahmenbedingungen).

Konzentriert man sich auf die vorgestellten empirischen Befunde zur Kooperation von LehrerInnen und SozialarbeiterInnen sowie die Erklärungsansätze zu den Kooperationsproblemen, dann sind folgende Schlussfolgerungen für eine gelingende Kooperation ableitbar:

- *Ausbildung und Informationsstand:* LehrerInnen und SozialarbeiterInnen müssen in ihrer Ausbildung und vor dem Beginn von Projekten der Schulsozialarbeit über die Strukturen, rechtlichen Grundlagen, Funktionen, Handlungsprinzipien und weitere Besonderheiten der anderen Profession informiert werden. Im günstigsten Falle finden gemeinsame Veranstaltungen statt, die das Kooperationsverhältnis thematisieren. Träger und SchulsozialarbeiterInnen haben die LehrerInnen rechtzeitig über die fachlichen Positionen der Schulsozialarbeit und die konkreten Kooperationserwartungen zu informieren.
- *Selbst- und Fremdverständnis:* LehrerInnen in Projekten der Schulsozialarbeit sollten über ein breites Aufgabenverständnis und eine hohe berufliche Selbstsicherheit verfügen. SchulsozialarbeiterInnen wiederum sollten ihre schulischen Erfahrungen reflektieren, den Auftrag von Schule anerkennen, eine Perspektivübernahme vornehmen und eigene Vorurteile gegenüber der Institution Schule und den LehrerInnen abbauen.
- *Kooperationsmodelle:* Anzustreben ist eine partnerschaftliche Kooperation zwischen LehrerInnen und SchulsozialarbeiterInnen auf Augenhöhe. Additive, distanzierte oder hierarchische Kooperationsmodelle sind fachlich wenig erfolgversprechend und daher zu vermeiden.
- *Getrennte Entwicklung:* SchulsozialarbeiterInnen müssen den LehrerInnen für eine gelingende Zusammenarbeit konkrete Kooperationsmöglichkeiten unterbreiten und sie zur Kooperation motivieren. LehrerInnen sind aufgefordert, eigenständig den Kontakt zu den SchulsozialarbeiterInnen zu suchen und beispielsweise bei Einzelfällen und Projekten mit den SchulsozialarbeiterInnen zusammenzuarbeiten.
- *Zielgruppen- und Aufgabenüberschneidungen:* In Kenntnis gemeinsamer Zielgruppen und Aufgaben gilt es, Schnittmengen und Kooperationsansätze zwischen LehrerInnen und SchulsozialarbeiterInnen zu suchen. Die gemeinsamen Anstrengungen müssen darauf ausgerichtet sein, die Identitäts- und Persönlichkeitsentwicklung, die schulische und außerschulische Lebensbewältigung sowie die Kompetenzentwicklung von Kindern und Jugendlichen zu fördern.
- *Berufskulturelle Unterschiede, Wahrnehmungen und Interpretationen:* Die berufskulturellen Unterschiede zwischen den beteiligten LehrerInnen und SozialarbeiterInnen sind nicht als Defizite, sondern als Differenzen und Besonderheiten der Berufsgruppen zu verstehen. Beide Berufsgruppen müssen ein Interesse daran haben, die Diffe-

renzen zur jeweils anderen Berufsgruppe anzuerkennen und auf dieser Basis zu kooperieren. Besonders SozialarbeiterInnen sollten bei kritischen Äußerungen gegenüber LehrerInnen eine hohe Sensibilität wahren.

- *Hierarchisches und machtbesetztes Kooperationsverhältnis:* In der Kooperation zwischen LehrerInnen und SozialarbeiterInnen ist darauf zu achten, Hierarchien und Machtpositionen nicht in den Vordergrund zu stellen. Wünschenswert wäre darüber hinaus, wenn die Einzelkämpfersituation der SchulsozialarbeiterInnen an den Schulen durch einen Stellenausbau verringert und die Arbeitsverhältnisse und Gehälter zwischen LehrerInnen und SchulsozialarbeiterInnen angeglichen werden würden.
- *Differierende Organisationsstrukturen und Settings:* Auf der örtlichen Ebene sollten zur Förderung der Kooperation schriftliche Kooperationsvereinbarungen zwischen den Beteiligten und in den Schulen Projektgruppen zur Schulsozialarbeit etabliert werden, deren Aufgaben darin bestehen, die spezifischen Zuständigkeiten, Kooperationsmöglichkeiten und Verfahrensabläufe zu klären.

9 Ergebnisse und Wirkungen von Schulsozialarbeit

Für die Einrichtung und Finanzierung sowie nicht zuletzt die fachpolitische Legitimierung und Institutionalisierung von Schulsozialarbeit stellen die Wirkungspotenziale und die tatsächlich erreichten Wirkungen des Leistungsangebots ein zentrales Kriterium dar. Lange Zeit musste in der Fachliteratur bezüglich der Wirkungen von Schulsozialarbeit ein Forschungsdesiderat konstatiert werden (Olk et al. 2000; Kraimer 2003; Speck/Olk 2004). Bei genauerer Betrachtung war dieses Desiderat allerdings „nur" hinsichtlich eines systematisierenden Überblicks über die bis dato vorliegenden Untersuchungsbefunde zu beklagen. So gingen bereits aus den Erfahrungsberichten und wissenschaftlichen Begleitungen der 1970er und 1980er wichtige Erkenntnisse zu den Wirkungspotenzialen, aber auch den Wirkungsgrenzen und -zusammenhängen der Schulsozialarbeit hervor (Kath 1973; Tillmann 1976a; BMBW 1978a und 1978b; Arbeitskreis Hessische Sozialarbeit 1978 und Arbeitskreis Hessische Schulsozialarbeit 1980; Frommann et al. 1987).

Deutlich wurde sehr frühzeitig, dass zum einen die Wirkungen von Schulsozialarbeit eng mit den anvisierten Zielen und Aufträgen sowie den bereitgestellten Gestaltungsspielräumen der SchulsozialarbeiterInnen verknüpft waren. Zum anderen zeigte sich, dass die Ausschöpfung der Möglichkeiten von Schulsozialarbeit eng mit den vorhandenen Rahmenbedingungen zusammen und vor allem von der gelingenden Kooperation von LehrerInnen und SozialarbeiterInnen abhing. Eine zielgerichtete, projektübergreifende Analyse und Systematisierung der zahlreichen Forschungsbefunde zu den Wirkungen von Schulsozialarbeit erfolgte dessen ungeachtet auch in den 1990er Jahren nicht. Allerdings geriet Mitte der 1990er Jahre, parallel zur Etablierung der Qualitäts- und Selbstevaluationsdebatte in der Jugendhilfe, auch im Arbeitsfeld Schulsozialarbeit die Frage nach den Ergebnissen und Wirkungen des Leistungsangebots stärker in den Mittelpunkt des Interesses. Kennzeichnend hierfür waren zahlreiche Anfragen an die Träger und SchulsozialarbeiterInnen und eine bundesweite Tagung zu den

Wirkungen von Schulsozialarbeit im Jahre 1996 (Hentze et al. 1997). Seit den 2000er Jahre liegen nunmehr erste, systematisierende Analysen zu den Wirkungen und Wirkungsweisen von Schulsozialarbeit (Baier/Heeg 2011; Speck/Olk 2010a und b; Drilling 2009; Speck 2006a; Baier 2008) bzw. der Kooperation von Jugendhilfe und Schule vor (Bolay 2004a und 2004b).

9.1 Ergebnisse und Wirkungspotenziale

Worin bestehen nun die spezifischen Ergebnisse und Wirkungen von Schulsozialarbeit? Berücksichtigt man für die Beantwortung der Frage die empirischen Befunde seit den 1990er Jahren, dann sind aufgrund der anspruchsvollen methodischen und inhaltlichen Umsetzung insbesondere die wissenschaftlichen Begleitungen der Landesprogramme zur Schulsozialarbeit, zur Sozialarbeit an Schulen und zur Jugendsozialarbeit an Schulen, aber auch zur Schuljugendarbeit und zur Jugendarbeit an Schulen von Bedeutung (zum Folgenden Nevermann 1997; Elsner/Rademacker 1997; THMSG 1998a und b; Korus o.J.; Prüß et al. 2000, 2001a und b; Olk et al. 2000 und 2003; Balluseck 2003 und 2004; Bolay et al. 2004; Bauer et al. 2005; ISPO 2005; Speck 2006a; Baier 2008; Fabian et al. 2008a und b; Drilling 2009). Sie lassen gegenwärtig insbesondere fundierte Rückschlüsse über a) die Informiertheit der Adressaten, b) die Inanspruchnahme von Schulsozialarbeit, c) die Zufriedenheit mit der Schulsozialarbeit sowie d) die allgemeine Bewertung der Schulsozialarbeit zu. Weniger Erkenntnisse liegen bislang e) zur Zielerreichung und zur persönlichen Aneignung von Schulsozialarbeit vor.

Zu a) Die Befunde der wissenschaftlichen Begleitungen verweisen hinsichtlich des *Informationsstandes* zunächst darauf, dass die Adressaten von Schulsozialarbeit sehr unterschiedlich und zum Teil nur unzureichend über das Angebot der Schulsozialarbeit selbst sowie die Funktion von SchulsozialarbeiterInnen im Allgemeinen informiert sind (für einen Überblick: Speck 2006a, 278 ff.; differenziert: THMSG 1998a, 81 ff.; THMSG 1998b, 40 ff. und 90; Olk/Speck 2001b, Olk et al. 2003; Bolay et al. 2004, 69 und 126): Während sich die SchülerInnen, die LehrerInnen und die Schulämter in der Regel relativ gut über das Angebot der Schulsozialarbeit informiert zeigen, bestehen bei Eltern und Jugendämtern deutliche Informationsdefizite. Die Eltern sind nicht selten gar nicht über die Inanspruchnahme der Schulsozialarbeit durch ihr Kind informiert. Erkennt man – wie die empirischen Studien nahelegen – die Informiertheit sowohl als ein Ergebnis der Arbeit der SozialarbeiterInnen in den Schulen als auch als eine Voraussetzung von Schulsozialarbeit an, ergibt sich hier ein Wirkungsdefizit und -problem. Erschwerend für eine gelingende Kooperation der SozialarbeiterInnen kommt hinzu, dass bei LehrerInnen und Eltern erhebliche Informationsdefizite über die Jugendhilfe existieren. Berücksichtigt werden muss außerdem, dass die SchulsozialarbeiterInnen nachgewiesenermaßen auch bei den relativ gut informierten Adressaten, d. h. den LehrerInnen und SchülerInnen, deren Informationsstand zur Schulsozialarbeit überschätzen.

Zu b) Die empirischen Befunde der wissenschaftlichen Begleitungen zur tatsächlichen *Inanspruchnahme von Schulsozialarbeit* sind aufgrund unterschiedlicher Landeskonzepte, Untersuchungsdesigns und Fragestellungen nur bedingt miteinander vergleichbar (für einen Überblick: Speck 2006a, 281 ff.; differenziert: Elsner 2001, 36; Prüß et al. 2000; Elsner 2001; Korus o. J.; Olk et al. 2003; Bolay et al. 2004; Bauer et al. 2005). Die ermittelte Nutzungsquote bei SchülerInnen schwankt zwischen etwa einem Fünftel und drei Viertel und ist besonders von der konzeptionellen Ausrichtung der Projekte abhängig. Hierfür gibt es mehrere Gründe: Die vorliegenden Studien lassen den Schluss zu, dass nur ein bestimmter Teil der SchülerInnen, LehrerInnen und Eltern über einen engeren Kontakt zu den SchulsozialarbeiterInnen verfügt. Die unmittelbar am Ort Schule befindlichen Zielgruppen, d. h. die SchülerInnen und die LehrerInnen, haben einen vergleichsweise häufigen und engen Kontakt zu den SchulsozialarbeiterInnen. Für die SchülerInnen fungiert die Schulsozialarbeit dabei als Betreuungsangebot, als unterrichtliches oder außerunterrichtliches Angebot sowie als Ansprechort bei Problemen.

Bemerkenswert sind die äußerst unterschiedlichen Nutzungsquoten bei den SchülerInnen in Abhängigkeit vom jeweiligen Angebot, dem Schultyp, dem Alter und dem Geschlecht. Grundsätzlich gilt: Je spezifischer ein Angebot bzw. Projekt zur Schulsozialarbeit auf die Lösung eines bestimmten Problems bzw. eine bestimmte Zielgruppe in Schulen ausgerichtet ist, desto weniger SchülerInnen werden von der Schulsozialarbeit insgesamt erreicht. Erkennbar ist, dass eine Mehrheit von SchülerInnen in erster Linie durch unterrichtliche Angebote und außerunterrichtliche Betreuungs- und Freizeitaktivitäten erreicht werden kann. Dieser Befund zeigt sich sowohl bei freizeitpädagogischen Projekten als auch bei komplexer angelegten Projekten von Schulsozialarbeit. Hinsichtlich des Schultyps weisen Grund- und SonderschülerInnen eine höhere Inanspruchnahme von Schulsozialarbeit auf als die SchülerInnen der übrigen Schultypen, besonders der Gymnasien. Generell nutzen jüngere SchülerInnen und Mädchen häufiger als die älteren SchülerInnen und die Jungen bei Problemen die SchulsozialarbeiterInnen als AnsprechpartnerInnen.

Diese Befunde sprechen gegen eine Fokussierung auf bestimmte „ProblemschülerInnen“ oder „Problemklassen“ und für die Unterbreitung niedrigschwelliger und gruppenbezogener Angebote sowie eine frühzeitige Institutionalisierung der Schulsozialarbeit an den Schulen. Auffällig ist, dass die Inanspruchnahme von Schulsozialarbeit durch die SchülerInnen mit einer guten Beurteilung des Schulklimas einhergeht. Oder anders formuliert: Die SchülerInnen nutzen die Schulsozialarbeit häufiger, wenn die Schule und die LehrerInnen positiv bewertet werden. Schulsozialarbeit hat vor diesem Hintergrund eher einen potenzierenden Einfluss auf die Schulqualität als eine initiierende Wirkung. Gleichzeitig lässt sich nachweisen, dass Schulsozialarbeit öfter von SchülerInnen mit einer höheren subjektiven Belastung, einem geringeren Selbstbewusstsein, größeren sozialen Auffälligkeiten und ungünstigeren familiären Unterstützungsressourcen (z. B. niedrigerer Berufsabschluss, schlechteres Familienklima, geringere Ansprechbarkeit bei Problemen) genutzt wird. Angenommen werden kann, dass die kompensatorische Funktion bzw. die Nutzung der Schulsozialarbeit bei familiären und anderen Problemen auf eine schulische Integration der SchülerInnen angewiesen ist.

Damit existieren enge Zusammenhänge zwischen einer gelingenden Schulsozialarbeit und einer hohen Schulqualität. Von den LehrerInnen verfügen – zumindest den eigenen Einschätzungen in den vorliegenden Studien zufolge – fast alle über einen Kontakt zur SchulsozialarbeiterIn. Sie nehmen die Schulsozialarbeit dabei allerdings meist weniger als Beratungsangebot bei eigenen Verunsicherungen und Problemen in Anspruch, sondern als unterstützendes Kooperationsangebot für auffällige oder problembelastete SchülerInnen sowie für die Umsetzung von unterrichtsbezogenen und schulischen Angeboten. Die insgesamt positiven Einschätzungen der LehrerInnen zur Kooperation werden von den SchulsozialarbeiterInnen nur bedingt geteilt. Die SchulsozialarbeiterInnen registrieren zwar eine grundsätzlich hohe Akzeptanz ihrer Arbeit in der Schule, nehmen allerdings nur bei einem Teil der LehrerInnen eine ausdrückliche Kooperationsbereitschaft und vor allem ein eigenes Engagement für die Schulsozialarbeit wahr. In der Praxis existieren offensichtlich sehr unterschiedliche Kooperationsintensitäten und -modelle zwischen LehrerInnen und SchulsozialarbeiterInnen, die von gegenseitiger Achtung und regelmäßigen, gemeinsamen Aktivitäten, über ein Nebeneinanderherlaufen ohne Berührungspunkte bis hin zu einer gegenseitigen Distanz oder hierarchischen Arbeitsbeziehungen mit Unterordnungszwängen der SchulsozialarbeiterInnen reichen. In der Tendenz besteht bei freizeitpädagogischen Projekten (i. S. v. § 11 SGB VIII) die Gefahr von additiven Kooperationsmodellen, während stark problembezogene Projekte (i. S. v. § 13SGB VIII) hierarchische Kooperationsmodelle zwischen LehrerInnen und SchulsozialarbeiterInnen befördern. Bei den Eltern ergibt sich hinsichtlich der Inanspruchnahme von Schulsozialarbeit folgender kritischer Befund: Die Mehrheit der Eltern verfügt in der Regel über keinen Kontakt zur Schulsozialarbeit. Die SchulsozialarbeiterInnen erreichen mit ihren Angeboten (bislang) meist lediglich eine kleine Minderheit der Eltern.

Zu c) Die *Zufriedenheit der Adressaten* mit der Schulsozialarbeit fällt insgesamt relativ positiv aus (für einen Überblick: Speck 2006a; differenziert: Nevermann 1997, 46f. und 95; THMSG 1998a, 122; Bauer et al. 2005; Olk et al. 2003; ISPO 2005, 13). In eine Rangfolge gebracht, liegen die LehrerInnen mit ihrer Zufriedenheit vor den SchülerInnen und den Eltern. SchulsozialarbeiterInnen bewerten die Kooperation in der Regel schlechter als die LehrerInnen. Hervorhebenswert ist, dass die Zufriedenheit mit der Schulsozialarbeit einen klaren Zusammenhang zu entsprechenden konkreten Kontakten zu den SchulsozialarbeiterInnen aufweist: Engere Kontakte zur Schulsozialarbeit führen zumeist zu einer höheren Zufriedenheit bzw. andersherum. Dies spricht dafür, als SchulsozialarbeiterIn niedrigschwellige Angebote vorzuhalten und vor allem an der Schule mit einer hohen Stundenzahl für die verschiedenen NutzerInnen präsent zu sein.

Zu d) In Bezug auf die konkrete Erreichung von Programmzielen und die persönliche Aneignung von Schulsozialarbeit durch die NutzerInnen ist der Forschungsstand zu SchulsozialarbeiterInnen als eher defizitär einzuschätzen. Allerdings liegen neben Einzelauswertungen (z. B.

Schumann et al. 2006) besonders aus wissenschaftlichen Begleitungen der Länderprogramme allgemeine Einschätzungen zur Erfolgsbewertung vor (für einen Überblick Speck 2006a):

Die wissenschaftliche Begleitung des Landesprogramms *Schulsozialarbeit in Sachsen-Anhalt* erhob beispielsweise über mehrere Jahre sehr detaillierte quantitative und qualitative Daten bei SchülerInnen, LehrerInnen, SchulleiterInnen, SozialarbeiterInnen, Eltern, Jugendämtern und Schulämtern (Olk et al. 2003). Durch dieses methodische Vorgehen war es möglich, Einschätzungen von sehr verschiedenen Projektbeteiligten zu den Wirkungen von Schulsozialarbeit zu erfassen sowie z.T. Entwicklungsverläufe im Landesprogramm empirisch nachzuweisen (zum Folgenden Speck 2006a, 292 ff.).

Die Schulämter äußerten sich in der qualitativen Abschlussbefragung äußerst positiv zu den Ergebnissen der Schulsozialarbeit. Sie betonten vor allem, dass die SchülerInnen durch die Schulsozialarbeit eine schnellere und individuellere Unterstützung erhielten, Konflikte in den Schulen reduziert wurden, die Zusammenarbeit mit den Eltern intensiviert werden konnte, ein breites Freizeitangebot geschaffen wurde, die beteiligten Schulen sich zu ihrem Umfeld öffneten und neue Ressourcen erschlossen wurden. Die Jugendämter, die sich deutlich zurückhaltender zu den Erfolgen der Schulsozialarbeit äußerten, lobten wiederum, dass die SchülerInnen in den SchulsozialarbeiterInnen AnsprechpartnerInnen in den Schulen fanden, „Problemkinder bzw. -jugendliche“ erreicht wurden, die Schulen sich für die Jugendhilfe und andere Institutionen öffneten und ein Beitrag für das Schulleben und Freizeitangebot geleistet wurde.

Die quantitative Lehrerbefragung zeigte ferner, dass die Schulsozialarbeit von der Mehrheit der LehrerInnen als notwendig, hilfreich und erfolgreich eingeschätzt wurde und dass diese positiven Beurteilungen zwischen den beiden Befragungszeitpunkten im Jahr 1999 und 2002 noch leicht anstiegen. So äußerten im Jahr 1999 59 % und im Jahr 2002 bereits 66 % der LehrerInnen uneingeschränkt einen Bedarf für Schulsozialarbeit. Eine wirksame Unterstützung für die Sicherung ihrer schulischen Aufgaben sahen im Jahr 1999 27 % und im Jahr 2002 immerhin 39 % der LehrerInnen. Positive Wirkungen der Schulsozialarbeit für die eigene Schule bestätigten ohne Einschränkung zunächst ein Drittel der befragten LehrerInnen, allerdings drei Jahre später bereits die Hälfte der LehrerInnen. Die Daten lassen den Schluss zu, dass es im Rahmen des mehrjährigen Projektes gelungen ist, die Kooperation zwischen LehrerInnen und SchulsozialarbeiterInnen zu intensivieren und ertragreich zu gestalten. Sie verweisen auch auf die Notwendigkeit von längerfristigen Projekten der Schulsozialarbeit (Olk et al. 2003).

Aus einem *Modellversuch der Bund-Länder-Kommission zu „Handlungsmöglichkeiten von Lehrern und Sozialpädagogen* zur Überwindung von Schwierigkeiten benachteiligter Kinder und Jugendlicher in sozialen Brennpunkten" berichtet die wissenschaftliche Begleitung von konkreten Erfolgen der beteiligten (sächsischen) Projektschulen bei den Schulerfolgschancen der SchülerInnen sowie bei der Schulqualität (Elsner/Rademacker 1997, 198 ff.). Der empirische Nachweis stützte sich unter anderem auf „harte" Erfolgsstatistiken zu SchülerInnen ohne Schulabschluss, zu Hauptschul- und Realschulabschlüssen sowie zu KlassenwiederholerInnen (z. B. zur Abnahme von KlassenwiederholerInnen) (Elsner/Rademacker 1997).

Seithe führte in ihrer Untersuchung zum *Landesprogramm „Jugendarbeit an Thüringer Schulen"* (THMSG 1998a und 1998b) unter anderem eine Befragung bei SchülerInnen, Jugend- und SchulamtsleiterInnen sowie ExpertInnen zum Erfolg der Projekte durch. 92 % der SchülerInnen plädierten demzufolge für einen Erhalt der Projekte. Den abgefragten Veränderungen an den Schulen durch die Schulsozialarbeit stimmten immerhin ein Drittel bis knapp die Hälfte aller SchülerInnen zu (THMSG 1998b, 97). In Übereinstimmung zur freizeitpädagogischen Ausrichtung des Thüringer Programms bestätigten auf der anderen Seite die Jugend- und SchulamtsleiterInnen sowie die ExpertInnen, dass es den Projekten gelungen sei, eine Verbesserung des Freizeitangebots im Stadtteil bzw. der Schule zu erreichen. Besonders häufig wurden außerdem eine Öffnung der Schule zum Stadtteil und schnellere und unkomplizierte Hilfen für verhaltensgestörte/problembelastete Kinder und Jugendliche als Veränderungen angegeben. Erstaunlich war, dass die ExpertInnen eine mögliche Abnahme der Schulverweigerungsquote und Veränderungen des pädagogischen Stils der Schule nicht beurteilen konnten, da dies kein Gesprächsthema in Beratungen oder Fortbildungen mit den ProjektmitarbeiterInnen war (THMSGa 1998, 166). Auffällig bei den Einschätzungen der Jugend- und SchulamtsleiterInnen ist, dass die SchulamtsleiterInnen bei fast allen abgefragten Erfolgskriterien eine deutlich positivere Projektbeurteilung abgaben als die JugendamtsleiterInnen. Lediglich bei der Zusammenarbeit zwischen Jugendamt und Schule urteilten die JugendamtsleiterInnen positiver (THMSG 1998a, 126 ff.; THMSG

1998b, 103 ff.). In einer Untersuchung zur *Sozialarbeit an Schulen im Land Brandenburg* wurden SchulsozialarbeiterInnen, Schulen und Jugendämter unter anderem anhand von fünf Kriterien zur Wirksamkeit des Angebots befragt. Erstaunlich ist, dass die drei Befragtengruppen hinsichtlich ihrer Einschätzungen weitgehend übereinstimmten. Eine hohe Wirksamkeit wurde der Sozialarbeit vor allem in Bezug auf Hilfen für einzelne SchülerInnen, Freizeitangebote in der Schule und eine Verbesserung des Schulklimas attestiert. Die Aussagen der Schulen hoben sich von den anderen beiden Befragtengruppen allerdings insofern hervor, als sie häufiger eine Verbesserung des Schulklimas und seltener eine Verbesserung der Kooperation zwischen Schule und Jugendhilfe bestätigten (Korus o. J., 47). Im *Landesprogramm „Schoolworker"* im Saarland sollten sich die SchoolworkerInnen selbst zu den Erfolgen ihrer Arbeit äußern. Den Aussagen der befragten SchoolworkerInnen zufolge waren besonders häufig Erfolge bei Hilfen für SchülerInnen, der Akzeptanz an der Schule und Interventionen in Klassen zu verzeichnen (ISPO 2005).

Zu e) Angesichts dieser zahlreichen Befunde stellt sich die Frage, warum der Forschungsstand zur Zielerreichung und Aneignung von Schulsozialarbeit hier so skeptisch beurteilt wird. Auf den ersten Blick gehört das Arbeitsfeld Schulsozialarbeit tatsächlich zu einem sehr intensiv beforschten Feld der Jugendhilfe. So gibt es auf der Länderebene fast kein Programm zur Schulsozialarbeit, das nicht in irgendeiner Form wissenschaftlich begleitet und untersucht wurde (wenngleich die Evaluationsergebnisse erstaunlicherweise oft keinen Einfluss auf die Weiterförderung von Programmen und Projekten haben). Unstrittig ist auch, dass aus den wissenschaftlichen Begleitungen, auf der Basis komplexer Designs, umfangreiche Befragungsergebnisse von unterschiedlichen Projektbeteiligten zur Bewertung des Erfolgs der Schulsozialarbeit vorliegen.

Auf der anderen Seite zeigen sich bei genauerer Betrachtung jedoch auch einige erhebliche Forschungsprobleme und -lücken zur Schulsozialarbeit (Bolay 2004a und 2004 b; Speck 2006a). Zunächst ist ein grundlegendes Problem darin zu sehen, dass die meisten Programme zur Schulsozialarbeit zu globale und anspruchsvolle Ziele formulieren, die eine gezielte und kriteriengeleitete Evaluation der erreichten Ziele und entsprechende Wirkungsaussagen erschweren. Hinzu kommen die per se vielfältigen Wirkungspotenziale von Schulsozialarbeit, die nur mit komplexen und längsschnittlichen Forschungsdesigns erfasst werden können. Als problematisch muss diesbezüglich eingeschätzt werden, dass die vorliegenden Untersuchungen fast ausnahmslos als Auftragsforschungen und unter prekären finanziellen, zeitlichen und personellen Rahmenbedingungen erfolgten, sodass programmübergreifende, vergleichende, längsschnittliche und grundlagenbezogene Fragestellungen, beispielsweise zu den längerfristigen Wirkungen von Schulsozialarbeit und zu den Wirkungspotenzialen von Schulsozialarbeit unter unterschiedlichen Rahmenbedingungen und Trägermodellen, nur bedingt bearbeitet wurden. Sowohl durch die fachliche Involvierung der ForscherInnen in das Arbeitsfeld Schulsozialarbeit und die jeweiligen Programme als auch die hohen Erfolgserwartungen der beauftragenden Ministerien und der SchulsozialarbeiterInnen besteht zudem tendenziell die Gefahr, dass sozial erwünschte Befunde produziert werden. Darauf deutet auch die „Positiv-Evaluierung" der Schulsozialarbeit hin.

Aus methodischer Sicht ist auffällig, dass sich der Forschungsstand zu den Wirkungen von Schulsozialarbeit im Wesentlichen auf Selbsteinschätzungen der Projektbeteiligten, aber nicht auf Längsschnittuntersuchungen oder Kontrollgruppenansätze stützt. Bemerkenswert ist aus methodischer Sicht ferner, dass sich die Erkenntnisse zu den Wirkungen von Schulsozialarbeit auf empirische Befunde zur Leistungserbringung, zum Informationsstand, zur Inanspruchnahme bzw. zur Kooperation, zur Zufriedenheit mit den Angeboten der Schulsozialarbeit sowie zur Bewertung der Erfolge der Schulsozialarbeit begrenzen. Evaluationen im engeren Sinne mit einer gezielten und systematischen Überprüfung zuvor operationalisierter Programmziele, Untersuchungen zur Aneignung von Schulsozialarbeit sowie Analysen zu den (nicht intendierten) Nebenwirkungen von Schulsozialarbeit fehlen weitgehend.

Über die landesweiten Begleitforschungen hinaus existiert inzwischen allerdings eine Vielzahl an schul- und regionalbezogenen Untersuchungen, die trotz weiterbestehender methodischer Einschränkungen und Nachteile (hier z.B. Reichweite der Ergebnisse) zusätzliche interessante Einzelbefunde zu den Wirkungen und Wirkungszusammenhängen von Schulsozialarbeit liefern.

Bolay konnte beispielsweise anhand einer nutzerorientierten Wirkungsstudie in einer Schule zeigen, dass die Schulsozialarbeit aus Sicht der SchülerInnen zu zusätzlichen materiellen und räumlichen Ressourcen führt, einen relevanten Ansprechpartner zur Verfügung stellt und einen diskreten Umgang mit vertraulichen Informationen sichert (1999, 37 ff.). Von den LehrerInnen wurde die Schulsozialarbeit als eine unterstützende Instanz in der Schule und als Vermittlungsinstanz zwischen den LehrerInnen und SchülerInnen wahrgenommen (Bolay 1999, 44 ff.). Nachweisbar waren außerdem Wirkungen der Schulsozialarbeit auf das schulinterne und schulübergreifende Unterstützungsnetzwerk sowie das Schulklima und die Öffnung der Schule (Bolay 1999, 62 ff.). Streblow kommt ebenfalls anhand einer qualitativen, schulbezogenen Studie von Schulstationen zum Schluss, dass von der Schulsozialarbeit besonders diejenigen SchülerInnen profitieren, die von massiven Ausgrenzungserfahrungen betroffen sind, da sie in den Schulstationen einen weitgehend neutralen und entlastenden Zwischenraum mit signifikanten Anderen vorfinden (2005, 292 ff.).

Bolay, Flad und Gutbrod wiesen anhand von Statistiken und qualitativen Analysen nach, dass SchulsozialarbeiterInnen mit Teilzeitstellen zwar durchaus eine vergleichbare Angebotspalette wie SozialarbeiterInnen mit Vollzeitstellen aufweisen, jedoch nur eine begrenzte Wirksamkeit erreichen (2003, 28 und 44). Konstatiert werden müssen beispielsweise deutlich seltenere Kontakte zu SchülerInnen, eine weniger intensive Begleitung von Einzelfallhilfen, eine nicht immer zeitnahe Vermittlung von SchülerInnen an die SchulsozialarbeiterInnen, eine schlechtere Vorbereitung und Auswertung von Projekten sowie eine ungünstigere Informationslage der SchulsozialarbeiterInnen (Bolay et al. 2003, 44).

Die quantitativen Befunde von Schumann, Sack und Schumann im Rahmen einer schulbezogenen Fallstudie belegen, dass sich die NutzerInnengruppen und -zahlen bei den Angeboten der Schulsozialarbeit stark unterscheiden (z. B. Anlaufstellen, Gruppenarbeit, freizeitpädagogische Arbeit, Individualberatung und biografische Begleitung, arbeitsweltbezogene Jugendarbeit; 2006, 94 ff.). Insbesondere in offenen Treffs wird eine hohe NutzerInnenzahl erreicht. Belegt werden konnte außerdem, dass die SchülerInnen und LehrerInnen die Lernerfolge durch Schulsozialarbeit als sehr hoch bewerteten (z. B. Gruppenverhalten, Verantwortungsgefühl, Engagement; Schumann et al. 2006, 239).

In zwei anderen Untersuchungen wurde die Zielerreichung der Schulsozialarbeit schulübergreifend mittels harter Indikatoren und komplexerer Designs empirisch überprüft: Fischer et al. (2008, 19 ff.) wiesen anhand einer Längsschnittstudie mit fünf Erhebungszeitpunkten u. a. nach, dass im Projektverlauf a) das Schulklima verbessert werden konnte, b) Fehlzeiten und längere Unterrichtsausschlüsse der Schüler abgenommen haben und c) sich die Anzahl und Kosten von Maßnahmen im Bereich der Hilfen zur Erziehung verringerten. Gleichzeitig wurden auch Grenzen der Schulsozialarbeit konstatiert (z. B. Verringerung der Problembelastung der LehrerInnen und Schulleitungen). Die Studie von Ganser et al. (2004, 33 ff. und 37 ff.), bei dem ein Panel-Design mit einem Kontrollgruppenansatz zum Einsatz kam, bestätigte neben positiven SchülerInnen- und SchulleiterInneneinschätzungen und einigen Effekten der Schulsozialarbeit (z. B. höhere Leistungsorientierung) deutliche Wirksamkeitsgrenzen der Schulsozialarbeit (z. B. bei der systematischen Bearbeitung von Schülerproblemen: Schulversagen, Ausbildungsabbruch, familiäre Probleme, Gewaltausübung).

In einer der wenigen empirischen Studien zur Effizienz von Schulsozialarbeit konnte Niederbühl (2001, 217 ff.) durch eine längsschnittliche Untersuchung schließlich zeigen, dass durch die Installierung von Schulsozialarbeit a) die Beratungshilfen des Sozialen Dienstes deutlich zugenommen haben, b) kostenintensive Hilfen zur Erziehung zurückgegangen sind (z. B. Soziale Gruppenarbeit, Erziehungshelfer, Tagesgruppen) und c) bei steigenden Beratungsfällen die Gesamtkosten für Beratungshilfen, Hilfen zur Erziehung und Schulsozialarbeit um ein Fünftel gesunken sind.

Zusammenfassend betrachtet zeigt sich anhand der landesweiten Begleitforschungsprojekte sowie der schul- und regionalbezogenen Untersuchungen inzwischen ein breites Spektrum an verschieden gut belegten und zum Teil widersprüchlichen Einzelbefunden zu Wirkungen und Wirkungszusammenhängen in der Schulsozialarbeit.

9.2 Wirkungsmodell

Angesichts dieser Datenlage stellt sich die Frage, wie die Wirkungen von Schulsozialarbeit sowohl in der Forschung als auch in der Praxis sinnvoll analysiert, dargestellt und bewertet werden können. Von Speck wurde hierfür auf der Basis von theoretischen Überlegungen, Programmzielen der Länder und Befunden der wissenschaftlichen Begleitungen zur Schulsozialarbeit ein Wirkungsmodell entwickelt, mit dem im Wissenschafts- und Praxisbereich die intendierten Ziele und erreichten Wirkungen von Schulsozialarbeit hinsichtlich der Breite (Wirkungsadressaten und -ebenen) und der Güte (Wirkungskriterien und -niveaus) systematisiert, analysiert und bewertet werden können (Speck 2006a, 275 ff.). Dieses Wirkungsmodell basiert auf vier Grundannahmen:

- Es wird erstens davon ausgegangen, dass Schulsozialarbeit nicht nur bei einzelnen SchülerInnen, sondern auch bei LehrerInnen und Eltern Wirkungen erzielen kann und sollte. Bei Wirkungsanalysen von Schulsozialarbeit sind daher nicht nur die SchülerInnen als *Wirkungsadressaten* zu betrachten.
- Zweitens wird angenommen, dass Schulsozialarbeit über Einzelpersonen hinaus (z. B. SchülerInnen, LehrerInnen und Eltern) auch einen Wirkungseinfluss auf Gruppen sowie die Organisation Schule und das Schulumfeld hat und haben sollte. Schulsozialarbeit wirkt in diesem Sinne auf einer Einzelfall-Ebene, einer Gruppen-Ebene, einer organisationsinternen Ebene (Schule) und einer organisationsübergreifenden Ebene (z. B. Jugendhilfe, Arbeitsverwaltung, Krankenkassen, Polizei, Ämter usw.). Wirkungsanalysen müssen deshalb unterschiedliche *Wirkungsebenen* im Blick haben.
- Drittens wird aufgrund der Befunde der wissenschaftlichen Begleitungen unterstellt, dass für Schulsozialarbeit unterschiedliche Wirkungskriterien existieren. Hierzu gehören – neben der bloßen Erbringung von Leistungen – insbesondere 1) die Informiertheit der Adressaten über das Angebot, 2) die Inanspruchnahme von Schulsozialarbeit bzw. die Kooperation mit den SchulsozialarbeiterInnen, 3) die Zufriedenheit mit der Schulsozialarbeit, 4) die Erfolgsbewertung der Schulsozialarbeit, 5) die Zielerreichung sowie 6) die subjektbezogene Aneignung durch die unterschiedlichen Beteiligten. Bei Wirkungsanalysen sollte sich folglich nicht nur auf ein einzelnes Erfolgskriterium gestützt, sondern verschiedene Kriterien berücksichtigt werden.

- Viertens ist schließlich von unterschiedlichen Niveaus der Wirkungskriterien auszugehen. Die reine Erbringung bestimmter Leistungen befindet sich dabei auf dem niedrigsten Wirkungsniveau, da sie zwar Aussagen über die Angebotspalette ermöglicht und eine notwendige Voraussetzung für weitergehende Wirkungen ist, jedoch bei genauerer Betrachtung keine Erkenntnisse über die tatsächlichen Wirkungen bei den Adressaten von Schulsozialarbeit bietet. Die beiden Wirkungskriterien Zielerreichung und subjektbezogene Aneignung hingegen lassen in der Regel differenzierte Aussagen über die Wirkungen von Schulsozialarbeit zu. So werden beim Kriterium Zielerreichung die konkret angestrebten Wirkungsziele mit den tatsächlich erreichten Ergebnissen (Wirkungen) verglichen und bei der Aneignung die subjektive und aktive Auseinandersetzung der Adressaten mit dem ihnen zur Verfügung gestellten Angebot der Schulsozialarbeit (Deinet 1998b und 2004). Sie befinden sich daher auf den höchsten Wirkungsniveaus (Tab. 11).

Zusammenfassend betrachtet macht der Überblick zum Forschungsstand in der Schulsozialarbeit einerseits auf äußerst vielfältige Wirkungspotenziale und -zusammenhänge von Schulsozialarbeit und andererseits auf erhebliche Forschungsprobleme und -lücken aufmerksam. Die bisherigen Befunde der wissenschaftlichen Begleitungen deuten auf beträchtliche Wirkungen bei SchülerInnen, LehrerInnen und Eltern, aber auch der Institution Schule und dem schulischen Umfeld hin. Die Wirkungen von Schulsozialarbeit kommen offensichtlich vor allem dann zum Tragen, wenn die SchulsozialarbeiterInnen am Ort Schule einen eigenständigen sozialpädadogischen Auftrag erfüllen können, nicht auf die „Bearbeitung" von ProblemschülerInnen reduziert werden und in ihrem Handeln eine Unterstützung durch LehrerInnen, Schulleitung und fachlich kompetente Träger erhalten. Sowohl für wissenschaftliche Begleitungen als auch Praxisprojekte empfiehlt es sich, unterschiedliche Wirkungskriterien in den Blick zu nehmen und dabei – neben der Nutzung, der Zufriedenheit und Erfolgsbewertung – besonders die Zielerreichung und die Aneignung von Schulsozialarbeit in den Blick zu nehmen.

Tab. 11: Wirkungsmodell von Schulsozialarbeit (Speck 2006a, 376)

Wirkungsebenen (und -adressaten) Wirkungskriterien und -niveaus	**Einzelfall-Ebene (z. B. Schüler, Lehrer, Eltern)**	**Gruppen-Ebene (z. B. Klasse, Kollegium)**	**Organisationsinterne Ebene (Schule)**	**Organisationsübergreifende Ebene (z. B. Amt)**
Niedriges Wirkungsniveau				
1. Leistungserbringung vs. Leistungsnichterbringung				
2. Informiertheit vs. Nichtinformiertheit				
3. Inanspruchnahme vs. Nichtinanspruchnahme bzw. Kooperation vs. Nichtkooperation				
4. Zufriedenheit vs. Unzufriedenheit				
5. Erfolgsbewertung vs. Misserfolgsbewertung				
6. Zielerreichung vs. Zielverfehlung				
7. Aneignung vs. Nichtaneignung				
Hohes Wirkungsniveau				

10 Qualitätsentwicklung und Selbstevaluation in der Schulsozialarbeit

In der Schulsozialarbeit haben – wie in anderen Leistungsbereichen der Jugendhilfe auch – die Themen Qualitätsentwicklung und Selbstevaluation seit etwa Mitte der 1990er Jahre enorm an Bedeutung gewonnen. Was ist damit gemeint? Welche Vorteile ergeben sich daraus für die Schulsozialarbeit? Wie sehen eine Qualitätsentwicklung und Selbstevaluation in der Schulsozialarbeit konkret aus? Diesen Fragen soll im Folgenden nachgegangen werden.

10.1 Begriffsklärung

Sowohl in der Fachdiskussion als auch von Fördermittelgeber werden von Trägern und SchulsozialarbeiterInnen die Formulierung und Einhaltung von Qualitätsstandards sowie den Einsatz von Verfahren und Instrumenten zur Qualitätsentwicklung und Selbstevaluation erwartet (Maykus 2013; Alicke 2011; Speck 2006a; die Richtlinien in Bayern, Sachsen-Anhalt und Rheinland-Pfalz sowie die Empfehlungen in Brandenburg, Mecklenburg-Vorpommern, Nordrhein-Westfalen, Sachsen und Thüringen). Kennzeichnend für die Diskussion zu Qualitätsstandards und zur Qualitätsentwicklung und Selbstevaluation in der Schulsozialarbeit ist eine begriffliche Vielfalt und Unschärfe (Speck 2006a), sodass eine Orientierung an der langjährigen Diskussion in der Jugendhilfe lohnt (Merchel 1999a und b, 2004, 2005; Beckmann et al. 2004; BMFSFJ 2002b; Gerull 2000; von Spiegel 2000; Meinhold 1998).

Qualität macht sich demzufolge – stark vereinfacht formuliert – am Grad der Erfüllung von Erwartungen und Anforderungen fest (ausführlicher Gerull 2000). Zur Analyse und Beschreibung der Qualität personenbezogener Dienstleistungen hat sich in der Jugendhilfe eine *Dreiteilung* des Qualitätsbegriffs in die Dimensionen der Struktur-, Prozess- und Ergebnisqualität bewährt. Heiner (2001) hat diese Dreiteilung zusätzlich um die Dimension der Konzeptqualität erweitert. Mit *Konzeptqualität* sind schließlich die Angemessenheit und Stimmigkeit der Programmziele gemeint. Die *Strukturqualität* umfasst die Rahmenbedingungen (in der Schulsozialarbeit beispielsweise personelle, konzeptionelle, trägerspezifische, räumliche, materielle, sächliche und finanzielle Kriterien). Bei der *Prozessqualität* steht die Art und Weise der Leistungserbringung im Mittelpunkt (in der Schulsozialarbeit also insbesondere die Gestaltung von Unterstützungsangeboten und Projekten sowie die Arbeitsabläufe und Kooperationsbezüge mit den LehrerInnen und außerschulischen Partnern). Bei der *Ergebnisqualität* geht es um die Zielerreichung und die Kosten-Nutzen-Relation (bezogen auf Schulsozialarbeit also um das Leistungsangebot, die Wirkungen sowie die Effizienz).

Für fachlich fundierte Verständigungsprozesse über die Qualität sowie den Einsatz von Verfahren zur Qualitätsentwicklung und Selbstevaluation in der Schulsozialarbeit ist es erforderlich, dass konkrete (Ergebnis-)Ziele formuliert und operationalisiert und daraus Qualitätskriterien, -standards bzw. -indikatoren auf der Ebene der Struktur- und Prozessdimension abgeleitet werden. Die Operationalisierung von Zielen kann als eine „Schlüsselqualifikation für die Qualitätsarbeit" angesehen werden (von Spiegel 2000, 184).

Als Qualität in der Jugendhilfe – und dies ist auf die Schulsozialarbeit übertragbar – wird jedoch kein objektiver Zustand, sondern ein Begriffskonstrukt verstanden, das von unterschiedlichen subjektiven und gesellschaftlichen Erwartungen und Wertvorstellungen sowie institutionellen Rahmenbedingungen abhängt und im Praxisvollzug ausgehandelt wird (Merchel 1999b, 10f.). Qualität in diesem Sinne ist auch kein für alle Zeiten feststehender Zustand, sondern unterliegt zeitlichen und fachlichen Veränderungen. Anerkannt werden muss schließlich auch, dass Verfahren zur Qualitätsentwicklung und Selbstevaluation aufgrund der Spezifik der Sozialen Arbeit eine bestimmte Wirkung oder ein bestimmtes Ergebnis nicht garantieren und sicherstellen können.

Für *die Praxis* der Schulsozialarbeit bedeutet dieses Verständnis von Qualität, die Erwartungen der verschiedenen Beteiligten aus Jugendhilfe und Schule zu erfassen, die Ziele der Schulsozialarbeit in den Programmen, Projekten und Einzelinterventionen auszuhandeln und diese so zu operationalisieren, dass sie überprüfbar sind, ohne die Prozesshaftigkeit von sozialpädagogischen Dienstleistungen im Handeln zu vernachlässigen. Anerkannt werden muss dabei, dass zumindest die globalen Ziele der Schulsozialarbeit nicht nur von einer Beteiligtengruppe definiert werden, sondern in einem Aushandlungsprozess gewonnen werden sollten (LehrerInnen, Schulleitung, SchulsozialarbeiterInnen, Kinder und Jugendliche). Unabhängig davon müssen die Merkmale, die die Qualität konkretisieren sollen (Qualitätskriterien) und die angestrebten Maßstäbe (Qualitätsstandards) regelmäßig weiterentwickelt werden (Speck 2006a; Speck/Olk 2004).

Betrachtet man weiterführend den Begriff der *Qualitätsentwicklung*, dann können hierunter – gestützt auf vorliegende Definitionen aus der Jugendhilfe (von Spiegel 2000, 186; Gerull 2000, 4; Merchel 2002, 751) – vereinfacht formuliert alle zielgerichteten Instrumente und Maßnahmen zur Analyse und Konkretisierung der Erwartungen und Ziele sowie zur Analyse und Verbesserung der Strukturen, der Rahmenbedingungen, der Abläufe, des fachlichen Handelns der Fachkräfte und der Ergebnisse verstanden werden. Zu unterscheiden ist auf der einen Seite ein Verständnis von Qualitätsentwicklung, das auf schriftlich fixierte Leitfäden, komplexe Abläufe und mehrteilige Arbeitsschritte zur Analyse und Verbesserung der Qualität setzt *(Qualitätsentwicklung als systematisches Verfahren)*. Davon abzugrenzen ist ein Verständnis von Qualitätsentwicklung, bei dem es ausschließlich um den Einsatz von einzelnen Instrumenten, Werkzeugen und Tools zur Analyse und Verbesserung von Qualität geht *(Qualitätsentwicklung als Instrumenteneinsatz*; Speck 2006a).

Der fachliche Trend in der Schulsozialarbeit geht – durchaus zu Recht – dahin, von den Trägern der Schulsozialarbeit und den SchulsozialarbeiterInnen eine systematische und komplexe Qualitätsentwicklung, also nicht nur die Nutzung einzelner Instrumente, einzufordern. Unabhängig von dieser Unterscheidung grenzt sich der hier präferierte Begriff der Qualitätsentwicklung von anderen in der Schulsozialarbeit vereinzelt noch verwendeten Bezeichnungen wie Qualitätssicherung oder -kontrolle ab, die im Jugendhilfebereich aufgrund der darin enthaltenen technokratischen Konnotation und der impliziten Vernachlässigung des prozessualen, relativen und aushandelbaren Charakters der Qualität von personenbezogenen Leistungen weitgehend vermieden werden (von Spiegel 2004b). Vereinzelt ist in der Schulsozialarbeit auch die Bezeichnung Qualitätsmanagement anzutreffen (z. B. AWO Frankfurt 2014; Alicke 2011; von Bothmer et al. o. J.; Olk et al. 2000), die allerdings in der Jugendhilfe eher bei der Betrachtung komplexer und hierarchisch gegliederter Organisationen eingesetzt wird und auf die optimale Steuerung des gesamten Leistungsprozesses durch Führungskräfte abzielt sowie vorgegebene, aufwendige Dokumentations- und Überprüfungsverfahren impliziert. Inwiefern ein solches Qualitätsmanagement für die Schulsozialarbeit tragfähig ist, ist gegenwärtig noch offen. Praktisch bedeutsam wird ein solch komplexes Verfahren jedoch, wenn die Schulsozialarbeit in ein solches verbandsinternes Qualitätsmanagementsystem integriert werden soll (z. B. AWO Frankfurt 2014).

Der Begriff der *Selbstevaluation* wird in der Schulsozialarbeit seit Anfang der 2000er Jahre genutzt, allerdings auch hier verknüpft mit unterschiedlichen Vorstellungen und Inhalten (Speck 2006a; Speck/Olk 2004; von Spiegel 2004b; Olk/Speck 2001a; Prüß/Maykus 2000). Unter einer *Selbstevaluation* wird in der Jugendhilfe eine freiwillige, durch die jeweiligen Fachkräfte selbstgesteuerte, zielgerichtete und datengestützte Dokumentation, Analyse und Bewertung des eigenen Handelns und der Ergebnisse anhand selbst festgelegter Kriterien verstanden (König 2007; Hummel/agke Augsburg 2004; Heiner et al. 1998; Beywl/Bestvater 1998; von Spiegel 1997 und 1993; Heiner 1994 und 1988). Differenzieren kann man zum einen ein Verständnis von Selbstevaluation im engeren Sinne, bei der eine zeitlich begrenzte, forschungsorientierte Selbstuntersuchung angestrebt wird (Selbstevaluation als Forschungsprojekt, z. B. von Spiegel 2001). Bei einer Selbstevaluation im weiteren Sinne geht es hingegen um eine kontinuierliche Analyse des fachlichen Handelns im alltäglichen Berufsvollzug mittels handhabbarer, praxistauglicher Instrumente (Selbstevaluation als integraler Bestandteil der Arbeit, z. B. Müller 2000). Bei beiden Verständnissen von Selbstevaluation wird letztlich auf Instrumente, Methoden und Verfahren aus den Sozialwissenschaften zurückgegriffen, wobei es bei deren Nutzung unterschiedliche Vorstellungen zum Forschungsbezug gibt. Von der Systematik her kann eine *Selbstevaluation* als eine Möglichkeit zur Qualitätsentwicklung verstanden werden und ist ihr daher untergeordnet.

10.2 Entwicklung der Qualitäts- und Selbstevaluationsdebatte

Die eigentliche Qualitäts- und Selbstevaluationsdebatte begann in der Schulsozialarbeit etwa Mitte der 1990er Jahre. Dies bedeutet jedoch nicht, dass erst seit diesem Zeitpunkt in der Schulsozialarbeit über die Weiterentwicklung und Überprüfung der sozialpädagogischen Arbeit nachgedacht wird. Bei genauerer Betrachtung lässt sich bereits seit der Institutionalisierung der Schulsozialarbeit in den 1970er Jahren eine

Fachdebatte zu den Themen Qualität und Selbstevaluation, allerdings unter anderen Begrifflichkeiten, nachweisen. Es lassen sich vier Phasen unterscheiden (Speck/Olk 2004; Speck 2006a):

- Die *erste Phase* in den 1970er Jahren wurde maßgeblich durch die Institutionalisierung von Schulsozialarbeitsprojekten im Rahmen der Schulreform bestimmt. Im standen zunächst theoretische Konzeptdiskussionen zur Schulsozialarbeit (Abels 1971 und 1972; Helbrecht-Jordan 1978) sowie erste Erfahrungsberichte aus Modellversuchen an Gesamtschulen (Kentler 1972; Kath 1973; Tillmann 1976a und 1976b; Arbeitskreis Hessische Sozialarbeit 1978; BMBW 1978a und 1978b). Prägend für die „Qualitäts-"debatte waren zum einen mehrere Schriften der Bundesarbeitsgemeinschaft Jugendaufbauwerk, die zu einer theoretischen Konzeptentwicklung und einer Formulierung von notwendigen Voraussetzungen für die Etablierung von Schulsozialarbeit beitrugen (BAG JAW 1973; 1975a, 1975b und 1976). Gefordert wurde dort beispielsweise die Bereitstellung von Räumlichkeiten für die Schulsozialarbeit, die Schaffung eines institutionellen Rahmens für die Zusammenarbeit und Konfliktaustragung, die Diskussion der unterschiedlichen Selbstverständnisse von Schule und Sozialpädagogik, die Einstellung von DiplompädagogInnen, die Einbindung der SchulsozialarbeiterInnen in die Gesamtkonferenz der Schulen sowie die Freistellung der LehrerInnen für die Schulsozialarbeit. Zum anderen wurde ein konzeptioneller „Richtungsstreit" geführt, ob eher eine „sozialpädagogische Schule" oder eine „Sozialarbeit in der Schule" notwendig wären. Damit stand in der ersten Phase insbesondere die Konzept- und zum Teil die Strukturqualität der Schulsozialarbeit im Vordergrund.
- In der anschließenden *zweiten Phase* wurde in den 1980er Jahren zum Ersten eine projektbezogene Konzeptentwicklung und parallel dazu wissenschaftliche Begleitung/Evaluation von Einzelprojekten vorgenommen (Barz 1981; Arbeiterwohlfahrt Hannover/Stade 1982; Staufer/Stickelmann 1984; DJI 1984a und 1984b; Kersting 1985; Frommann et al. 1987). Im Rahmen von evaluativen Untersuchungen wurden beispielsweise SchülerInnen, LehrerInnen und Eltern zur Zufriedenheit mit der Schulsozialarbeit und ihrer Nutzung befragt. Darüber hinaus fand zum Zweiten eine konzeptionelle Profilierung der Schulsozialarbeit statt. Zum Dritten wurden umfassende Bestandsaufnahmen zur Schulsozialarbeit in Deutschland durchgeführt (GGG 1980; Raab et al. 1987). Hervorhebenswert für diese Zeit

sind die vielfältigen Fachtagungen, Fortbildungen und Veröffentlichungen des Deutschen Jugendinstitutes (Raab/Rademacker 1981 und 1982; Schneider et al. 1982; DJI 1984a, 1984b und 1985; Raab et al. 1987). Auf dieser Basis wurden zahlreiche Anforderungen und Forderungen für die Schulsozialarbeit formuliert, die seit den 2000er Jahren unter der Bezeichnung Qualitätsstandards auf der Strukturdimension subsummiert werden (z. B. Schaffung einer Konfliktregelungsinstanz, Bereitstellung eines Beratungs- und eines Gruppenraumes, Freistellung der SchulsozialarbeiterInnen für Supervision und Fortbildung).

- Die *dritte Phase*, etwa ab Mitte der 1990er Jahre, wurde durch einen starken Ausbau der Schulsozialarbeit in den neuen Bundesländern und eine zunehmende Anerkennung der Schulsozialarbeit begleitet. Ausschlaggebend für die Initiierung der Qualitäts- und Selbstevaluationsdebatte waren vor allem externe sozial- und finanzpolitische Anforderungen von außen, die sich auf die Schulsozialarbeit ausgewirkt haben (Hentze et al. 1997 und 1998; Schermer 2004; Olk et al. 2000; Speck/Olk 2004; Speck 2006a). Hierzu sind insbesondere die Professionalisierungs- und Qualitätsdebatte in der Sozialen Arbeit, die Ansätze des New Public Managements mit Forderungen nach einer outputorientierten Steuerung in der Jugendhilfe, die knappen öffentlichen Kassen sowie die Ökonomisierung der Sozialen Arbeit zu zählen.
- Die *vierte Phase* zur Qualität und Selbstevaluation in der Schulsozialarbeit begann etwa ab Mitte der 2000er Jahre. Sie zeichnet sich durch eine deutliche Ausdifferenzierung und Weiterentwicklung der Debatte aus. Erstens wird in der Fachdiskussion und Fachpolitik nicht (mehr) nur die Formulierung von Qualitätsstandards (Hentze et al. 1997 und 1998), sondern der Einsatz systematischer und komplexer Verfahren zur Qualitätsentwicklung und Selbstevaluation eingefordert (Alicke 2011; Speck 2006a; von Spiegel 2004b). Prägend für diese Phase ist zweitens, dass auf der Landes-/Kantonsebene und der kommunalen Ebene solche systematischen Verfahren der Qualitätsentwicklung und Selbstevaluation zunehmend erprobt und umgesetzt werden. Die Phase zeichnet sich drittens durch eine vorsichtige Ausweitung der Qualitätsdebatte auf die freien und öffentlichen Träger und die Kommunen als relevante Steuerungsakteure in der Schulsozialarbeit aus (Alicke 2011; Maykus 2013). In der Forschung werden viertens gezielt Wirkungszusammenhänge analysiert und wesentliche Einflussfaktoren auf die Wirkungen von Schulsozialarbeit her-

ausgearbeitet (die Beiträge in: Speck/Olk 2010a). Einen fachlichen Gewinn könnte ohne Zweifel eine noch stärkere Wahrnehmung der internationalen Debatte zur Schulsozialarbeit bieten (Nieslony 2004; Flynn 2002; Dibble 1999; Garrett/Barretta-Herman 1995).

10.3 Stand der Qualitäts- und Selbstevaluationsdebatte

Der Aufschwung der Qualitäts- und Selbstevaluationsdebatte in der Schulsozialarbeit ab Mitte der 1990er Jahre und besonders in den 2000er Jahre lässt sich sehr gut an a) den zahlreichen Fachbeiträgen und -publikationen zu den Themen Qualität und Selbstevaluation, b) den evaluierenden Fragestellungen sowie qualitätsbezogenen Befunden der wissenschaftlichen Begleitungen, c) den Stellungnahmen und Empfehlungen der Fachpolitik und der landesweiten Zusammenschlüsse der SchulsozialarbeiterInnen sowie d) den gestiegenen förderpolitischen Anforderungen in der Schulsozialarbeit erkennen.

Zu a) Die *Fachbeiträge und -publikationen* zur Schulsozialarbeit beschäftigen sich seit langem mit Qualitätsfragen. Seit Anfang der 2000er Jahre lässt sich eine Diskussion nachweisen, die sich explizit auf konkrete Verfahren und Instrumente der Qualitätsentwicklung und Selbstevaluation konzentriert (Hollenstein 2002). Zu einem deutlichen Entwicklungsschub trugen Ende der 1990er Jahre mehrere bundesweite „Qualitäts-Tagungen" bei. Diese beschäftigten sich unter anderem mit a) den Wirkungen von Schulsozialarbeit (Hentze et al. 1997), b) Qualitätsstandards und der Qualitätssicherung in der Schulsozialarbeit (Hentze et al. 1998), c) Instrumenten und Verfahren der Qualitätssicherung (von Bothmer et al. o.J.) sowie d) dem Thema Schulverweigerung und der Qualität von Schule und Schulsozialarbeit (von Bothmer et al. 2001). Aus den Tagungsdokumentationen gingen konkrete Instrumente zur Qualitätsentwicklung, Beispiele für eine Qualitätssicherung bzw. ein Qualitätsmanagement sowie praktische Erfahrungen und Empfehlungen mit der Qualitätsarbeit hervor (z.B. Kersten 1998 und o.J.; Segel 1998; Paar/Rauschopf o.J.; Fischer o.J.). Deutlich wurden die Notwendigkeit einer „Qualitätssicherung" und systematischen Selbstevaluation, die Nachteile von Qualitätssicherungsverfahren und -instrumenten aus dem Industriebereich (z.B. DIN ISO 9000) sowie die bereits vorhandenen Ansätze zur Qualitätsentwicklung und Selbstevaluation in der Sozialen Arbeit und Schulsozialarbeit (kasuistische Falldarstellungen, Leistungs- bzw. Produktbeschreibungen, Dokumentationsverfahren, Evaluationsbögen, Fragebögen zur Zufriedenheit).

Seit Anfang der 2000er Jahre liegen zusammenfassende Publikationen zu konkreten Verfahren und Instrumenten der Qualitätsentwicklung und Selbstevaluation in der Schulsozialarbeit (Speck 2006a; Speck/Olk 2004), zur Selbstevaluation (von Spiegel 2004b; Evers 2002) und zur Qualitätsentwicklung in der Kooperation von Jugendhilfe und Schule (Alicke 2011; Maykus 2013; Floerecke/Holtappels 2004; Prüß/Maykus 2000) vor. Auffällig ist, dass die Qualitäts- und Selbstevaluationsdebatte offenbar weitgehend getrennt von der übrigen Fachdebatte zur Schulsozialarbeit geführt wird, obwohl Verknüpfungen naheliegen. Ertragreich für die Fachdebatte sind darüber hinaus zahlreiche Praxisbeispiele zur Qualitätsentwicklung und Selbstevaluation (z. B. AWO Frankfurt 2014; die Beiträge in Kantak 2002; Landeshauptstadt München o. J.; Niederbühl 2000 und 2001).

Zu b) Die *wissenschaftlichen Begleitungen der Landesprogramme* zur Schulsozialarbeit beschäftigten sich lange Zeit vorwiegend mit der Formulierung und Prüfung von Qualitätskriterien bzw. -standards auf der Ebene der Strukturdimension (d. h. mit den Rahmenbedingungen). Seit Beginn der 2000er Jahre gehen die Berichte über die Formulierung und Überprüfung von Standards sowie die bloße Nennung von Instrumenten zur Qualitätsentwicklung und Selbstevaluation hinaus. In den Ausführungen werden verstärkt die kooperative Verantwortung unterschiedlicher Akteursgruppen und Institutionen für die Qualität in der Schulsozialarbeit hervorgehoben sowie spezifische Arbeitsformen zur Qualitätsentwicklung und Selbstevaluation im Rahmen von wissenschaftlichen Begleitungen angeboten (Prüß et al. o.J; Speck/Olk 2004; Bolay et al. 2003; Olk/Speck 2001a). Inzwischen sind Qualitätszirkel, regionale Arbeitsgemeinschaften, Koordinierungsstellen, Evaluationsverfahren, Selbstevaluationsberichte und Tandemfortbildungen ein Bestandteil zahlreicher Programme.

Zu c) In den *fachpolitischen Stellungnahmen zur Schulsozialarbeit* werden die Themen Qualitätsentwicklung und Selbstevaluation nur am Rande behandelt. Sofern die Themen erwähnt werden, wird ein regelmäßiger Einsatz von Verfahren und Instrumenten der Qualitätsentwicklung und Selbstevaluation gefordert (Deutscher Verein 2014a;

Kooperationsverbund Schulsozialarbeit 2006; GEW 2003; BAG KJS 2002). Die *Zusammenschlüsse der SchulsozialarbeiterInnen* haben sich bislang sehr stark zu Mindeststandards auf der Strukturdimension positioniert. Einige Bundes- und Landesarbeitsgemeinschaften beschäftigen sich zumindest am Rande auch mit Fragen der Qualitätsentwicklung und Selbstevaluation (Landesverband Schulsozialarbeit Baden-Württemberg e.V. 1995; LAG SiS Hessen 2007; LAG Schulsozialarbeit Niedersachsen 2005; DBSH NRW 2006a und b; LAG Schulsozialarbeit Sachsen 2002; Qualitätszirkel Schulsozialarbeit des Landes Sachsen-Anhalt 2000; LAK Schulsozialarbeit Schleswig-Holstein 2013). Eine sehr differenzierte und ausführliche Positionierung zu den Themen Qualität und Evaluation hat der Schweizerischer Berufsverband Soziale Arbeit AvenirSocial zusammen mit dem SchulsozialarbeiterInnen-Verbandes SSAV vorgenommen (AvenirSocial 2010a und b).

Zu d) *Auf der förderpolitischen Ebene* wurden Ende der 2000er Jahre/Anfang der 2010er Jahre in einigen Bundesländern Förderrichtlinien zur Schulsozialarbeit entwickelt, die oftmals Qualitätsstandards vorschreiben, jedoch nur sehr selten differenzierte Aussagen zur Qualitätsentwicklung und Selbstevaluation treffen (z. B. MASFFS Baden-Württemberg 2012; BSTMAS Bayern 2012a und b; MSW Nordrhein-Westfalen 2008; Saarland 2009 und 2010a und b, MS und MK Sachsen-Anhalt 2008; MSFG Thüringen 2013). Darüber hinaus bestehen in zahlreichen Ländern fachliche Empfehlungen mit Ausführungen zur qualitativen Ausgestaltung, Weiterentwicklung und Selbstevaluation der Schulsozialarbeit, die allerdings in den meisten Fällen keinen verpflichtenden Charakter haben (z. B. LJHA Brandenburg 2012; MBJS Brandenburg 1998 und 1994; MSG und MWBK Mecklenburg-Vorpommern 2009; LWL und LVR in Nordrhein-Westfalen 2010; MBFJ Rheinland-Pfalz 2006; SLFS Sachsen 2003 und LASF Thüringen 2003).

Zusammenfassend betrachtet wird in der Fachdiskussion und -politik eine Auseinandersetzung mit der Qualität und Selbstevaluation in der Schulsozialarbeit für unerlässlich erachtet. Angenommen wird, dass dadurch a) eine größere Klarheit und Transparenz über das Arbeitsfeld Schulsozialarbeit gewonnen, b) die Etablierung und Institutionalisierung der Schulsozialarbeit beschleunigt, c) eine bessere Qualität, Effektivität und Effizienz der Schulsozialarbeit erreicht sowie d) ein Legitimationsnachweis der Notwendigkeit und des Erfolgs von

Schulsozialarbeit gegenüber der Politik und den Zuwendungsgebern ermöglicht wird. Die Risiken könnten vor allem in einer Übernahme ungeeigneter Qualitätsmodelle aus der Wirtschaft, einer Trennung zwischen Fachdebatte und Qualitätsdebatte sowie einer Einforderung von Mindeststandards ohne ausreichende Finanzierung gesehen werden.

10.4 Verfahren und Instrumente zur Qualitätsentwicklung

Speck und Olk (2004, 931 f.) haben eine Übersicht über unterschiedliche Instrumente und Verfahren zur Qualitätsentwicklung und Selbstevaluation im weiteren Sinne in der Schulsozialarbeit erstellt (siehe Kasten; darauf aufbauend: Alicke 2011). Sie betonen, dass diese Verfahren und Instrumente in der Sozialen Arbeit durchaus bekannt sind und für eine erfolgreiche Umsetzung ein systematischer, dokumentierter und Veränderungen nach sich ziehender Einsatz notwendig sei.

Verfahren und Instrumente zur Qualitätsentwicklung und Selbstevaluation in der Schulsozialarbeit (Speck/Olk 2004, 931 f.)

1 Teilnahme an entsprechenden Arbeitsgremien

- Teilnahme an einer schulinternen Projektgruppe zur Kooperation von Jugendhilfe und Schule,
- Teilnahme an einem Qualitätszirkel mit anderen SchulsozialarbeiterInnen,
- Teilnahme an einer trägerinternen Arbeitsgruppe,
- Teilnahme an regionalen Arbeitsgemeinschaften…

2 Bestandsaufnahme und Zielklärung

- Durchführung einer Analyse der Ausgangslage,
- Erstellung einer Situations- und Bedarfsanalyse,
- regelmäßige Erhebung von Zielen und Erwartungen der Beteiligten zur Schulsozialarbeit,
- Erhebung von Zielen und Erwartungen der Beteiligten bei Einzelfallhilfen, Gruppenprozessen und Projekten,

- Formulierung von Zielen, Qualitätsstandards und Indikatoren auf der Struktur-, Prozess- und Ergebnisebene,
- Erstellung und Fortschreibung einer Konzeption…

3 Treffen von Vereinbarungen

- Vereinbarung von Kooperationsverträgen zwischen Schule, freiem Träger der Jugendhilfe usw.,
- Vereinbarung von Verfahrensabläufen im Konfliktfall und für (wichtige) Schlüsselprozesse zwischen Schule, freiem Träger der Jugendhilfe und der SchulsozialarbeiterIn,
- Gestaltung von einzelfallbezogenen Vereinbarungen mit den SchülerInnen, Eltern und LehrerInnen…

4 Erstellung von Arbeitsvorlagen

- Erarbeitung und Einsatz von Dokumentationsvorlagen,
- Erarbeitung und Einsatz von Checklisten,
- Erarbeitung und Einsatz von Formblättern…

5 Erstellung einer Dokumentation

- Führung eines Tagebuches,
- Dokumentation und Auswertung von Einzelfallhilfen,
- Dokumentation und Auswertung von Gruppenprozessen und Projekten,
- Dokumentation und Auswertung von Gesprächsprotokollen,
- Führung eines differenzierten Arbeitszeitnachweises,
- Erstellung einer Statistik zu den Angeboten, NutzerInnen und Kontakten,
- Erstellung von Jahresberichten …

6 Reflexion der Arbeit

- Überprüfung der Erreichung der Ziele, Qualitätsstandards und Indikatoren der Konzeption und der Kooperationsvereinbarung mit der Schule, dem freiem Träger der Jugendhilfe, der SchulsozialarbeiterIn usw. (z.B. in einem halbjährlichen Auswertungsgespräch),
- Überprüfung der Erreichung der Ziele, Qualitätsstandards und Indikatoren bezogen auf den Einzelfall, Gruppenprozesse und Projekte, das Gemeinwesen (z.B. jeweils in der Mitte und am Ende),
- Erfolgsmessung anhand harter Fakten (z.B. Schulabbrecherquote, Gewaltvorfälle etc.),

- Einsatz von Wiederholungstests mit standardisierten Fragebögen zur „Wirkungsmessung",
- Einsatz von Feedback-Fragebögen für LehrerInnen, SchülerInnen, Eltern und KooperationspartnerInnen,
- Durchführung von Stärken-Schwächen-Analysen, Zeitbudget-Analysen und Netzwerkanalysen,
- Teilnahme an einer Kollegialen Beratung, an Supervision und an Fallkonferenzen,
- Teilnahme an Fort- und Weiterbildungen,
- Auswertung der Dokumentationen …

Von Speck (2006a) wurde gestützt auf vorliegende Instrumente und Erfahrungen von SchulsozialarbeiterInnen ein systematisches Verfahren zur Qualitätsentwicklung für das Arbeitsfeld Schulsozialarbeit entwickelt, das die verschiedenen Qualitätsdimensionen und die besonderen Anforderungen und Problembereiche im Arbeitsfeld Schulsozialarbeit berücksichtigt, einen jährlichen „Qualitätskreislauf" anvisiert sowie verschiedene Planungs- und Reflexionsbestandteile umfasst (siehe Kasten).

Verfahren zur systematischen Qualitätsentwicklung in der Schulsozialarbeit (Speck 2006a, 356)

1 Vorgespräche zwischen Schule und Träger sowie Situations- und Sozialraumanalyse
2 Konzeptionsentwicklung bzw. -fortschreibung
3 Abschluss einer Kooperationsvereinbarung
4 Entwicklung und Abschluss einer jährlichen Ziel- und Qualitätsentwicklungsvereinbarung
5 Beschreibung und Vereinbarung von Leistungen und Schlüsselprozessen
6 Planung, Durchführung, Dokumentation, Auswertung und Verbesserung von Angeboten
7 Teilnahme an Kollegialer Beratung, Weiterbildung, Supervision und Qualitätszirkeln
8 Durchführung einer Stärken-Schwächen-Analyse und Planung von Verbesserungsmöglichkeiten
9 Erstellung und Diskussion eines Berichtes zur Schulsozialarbeit
10 zurück zum Anfang des Verfahrens 1

Parallel:

- a Schulinterne Projektgruppe zur Schulsozialarbeit,
- b Regionale Arbeitsgemeinschaft Schulsozialarbeit (§ 78 SGB VIII),
- c Planungs- und Auswertungsgespräche zwischen Beteiligten

Seit Mitte der 2000er Jahre gibt es darüber hinaus vereinzelt Ansätze, umfangreichere Qualitätsmanagement-Systeme und Handbücher zum Qualitätsmanagement für einzelne Projekte der Schulsozialarbeit zu entwickeln (AWO Frankfurt 2014). Inwiefern der notwendige Aufwand für die Erstellung und vor allem die Aktualisierung der Qualitätsmanagementsysteme und Handbücher tragfähig erscheint (z.T. knapp 200 Seiten), bleibt abzuwarten.

11 Ausbildung, Curriculum und Fortbildung in der Schulsozialarbeit

11.1 Ausbildungssituation

Für die Professionalisierung der Schulsozialarbeit und die Professionalität der SchulsozialarbeiterInnen kommt der erziehungswissenschaftlichen bzw. sozialpädagogischen/sozialarbeiterischen Ausbildung an den Universitäten und Fachhochschulen unstrittig eine hohe Bedeutung zu (Pötter/Segel 2009; Eibeck 2009; Kooperationsverbund Schulsozialarbeit 2009 und 2006; Braun 1999 und 1997; Wulfers 1996 und 1994). Zum einen geht es hierbei um spezifische Lehrangebote zum Thema Schulsozialarbeit und zum anderen – fast noch wichtiger – auch um die Berücksichtigung der anderen Institution und Professionen in den Lehrinhalten und die gegenseitige Öffnung der Lehrveranstaltungen für Studierende der anderen Studienrichtung (Lehramt bzw. Erziehungswissenschaften/Sozialpädagogik). Insgesamt betrachtet hat sich die Ausbildungssituation seit der Institutionalisierung der Schulsozialarbeit in den 1970er Jahren offensichtlich deutlich verbessert. So fristete das Thema Schulsozialarbeit in der Ausbildungspraxis – auch noch nach den ersten Modellprojekten in den 1970er Jahren – zunächst ein Schattendasein an deutschen Universitäten und Fachhochschulen (Schneider et al. 1982, 296 f.). Seit den 1990er/2000er Jahren hat sich die Ausbildungssituation zur Schulsozialarbeit – wie gezeigt werden kann – vor allem in Deutschland und der Schweiz insgesamt deutlich verbessert (z. B. Pötter/Segel 2009; Köhler/Eibeck 2008; Holze/Eibeck 2004; Wulfers 1996 und 1991).

Die Entwicklung der Ausbildung in Deutschland stellt sich folgendermaßen dar: Wulfers (1996, 204) ermittelte in Deutschland Mitte der 1990er Jahre, dass an 15 % der Universitäten mit der Studienmöglichkeit Pädagogik oder Erziehungswissenschaft mit Abschluss Magister oder Diplom kontinuierliche Angebote zur Schulsozialarbeit durchgeführt wurden. An 11 % der Fachhochschulen bestanden solche Angebote der Schulsozialarbeit. 41 % der Universitäten und 61 % der Fachhochschulen äußerten hingegen, dass es gar keine Veranstaltungen zur Schulsozialarbeit gäbe. An den Universitäten deutet sich somit ein häufigeres Angebot zur Schulsozialarbeit als an den Fachhochschulen an. In den 2000er Jahren wurden von der Gewerkschaft „Erziehung und Wissenschaft“ zwei weitere Erhebungen zur Ausbildungssituation für Schulsozialarbeit an deutschen Hochschulen durchgeführt (Holze/Eibeck 2004; Köhler/Eibeck 2008). Die Erhebungen erbrachten u. a. folgende Befunde:

- In Deutschland existiert demzufolge inzwischen an den Hochschulen ein sehr breites Angebot an Lehrveranstaltungen zur Schulsozialarbeit. So wurden an den 45 antwortenden Hochschulen im Jahr 2007 – 2008 (Sommersemester 2007 und Wintersemester 2007/2008) insgesamt 128 Lehrveranstaltungen zur Schulsozialarbeit, zur Kooperation von Jugendhilfe und Schule bzw. zu anderen Bereichen des Arbeitsfeldes Schule durchgeführt. An den antwortenden Hochschulen hat dabei die durchschnittliche Anzahl der Veranstaltungen zwischen 2003 und 2007/2008 zugenommen.
- Die Schulsozialarbeit ist bei einem Teil der befragten Hochschulen auch institutionell in der Ausbildung verankert. So war es 2003 und 2008 an 11 Hochschulen möglich, Schulsozialarbeit als Studienschwerpunkt zu wählen. Das Arbeitsfeld Schulsozialarbeit gehört außerdem zu einem bedeutsamen Forschungs-, Prüfungs- und Praktikumsschwerpunkt an den Hochschulen. Immerhin 32 Dozenten beschäftigten sich den eigenen Angaben zufolge mit dem Arbeitsschwerpunkt Schulsozialarbeit. Im Wintersemester 2007/2008 widmeten sich zudem insgesamt 155 Studierende in ihrer Bachelorthesis dem Thema Schulsozialarbeit, ebenso wie 142 PrüfungskandidatInnen und 200 PraktikantInnen (BPS/Berufspraktikum).
- Der berufliche Einstieg in das Arbeitsfeld Schulsozialarbeit scheint gleichwohl nicht einfach zu sein. Knapp die Hälfte der Hochschulen berichtet von entsprechenden Schwierigkeiten. Benannt werden vor allem 1) ein problematisches Kooperationsverhältnis zwischen SchulsozialarbeiterInnen und LehrerInnen (Informationsdefizite bei LehrerInnen, Missbrauch der Schulsozialarbeit als „Feuerwehr“), 2) konzeptionelle Mängel (Einsatz von SchulsozialarbeiterInnen ohne Berufserfahrung, unzureichende Konzepte) und 3) personelle Mängel (keine Vollzeitstellen, Befristungen).

In Deutschland ist für eine Tätigkeit in der Schulsozialarbeit ein Studium der Erziehungswissenschaften an einer Universität bzw. der Sozialpädagogik/Sozialarbeit an einer Fachhochschule mit Bachelor-, Master- oder Diplom-Abschluss notwendig. Im Rahmen der Ausbildung finden an Universitäten und Fachhochschulen – in unterschiedlichem Umfang – sowohl grundständige Lehrangebote zur Schulsozialarbeit in den Studiengängen des Lehramts und der Erziehungswissenschaften/Sozialpädagogik als auch spezielle Wahlmodule, Studienschwerpunkte und Weiterbildungen zum Thema Schulsozialarbeit oder zur „Sozialen Arbeit und Schule" statt. Hinzu kommen seit Ende der 2000er Jahren zunehmend Weiterbildungsangebote zum Thema Schulsozialarbeit von gemeinnützigen und privaten Trägern in Zertifikatsform; bei sehr unterschiedlicher Nachfrage.

In der Schweiz ist ähnlich wie in Deutschland eine Ausbildung als SozialarbeiterIn oder SozialpädagogIn Voraussetzung für eine Einstellung als SchulsozialarbeiterIn. Die Hochschulen bieten zusätzlich eine breite Palette an Weiterbildungsangeboten und berufsbegleitenden Lehrgängen zum Thema Schulsozialarbeit an (z.B. Fachhochschule Nordwestschweiz, Hochschule Luzern, Berner Fachhochschule, Hochschule für Angewandte Wissenschaften St. Gallen). In Österreich sind – ähnlich wie in Liechtenstein – vor allem (Diplom-)SozialarbeiterInnen, ErziehungswissenschaftlerInnen und SozialpädagogInnen in der Schulsozialarbeit tätig (Adamowitsch et al. 2011, 21). Das Thema Schulsozialarbeit wird in Österreich vor allem im Bachelor thematisiert; ein eigenständiges Masterprogramm besteht nicht (Schörner/Würfl 2013).

Zusammenfassend betrachtet haben die Themen Schule und Schulsozialarbeit in der Ausbildung von ErziehungswissenschaftlerInnen, SozialpädagogInnen und SozialarbeiterInnen (inzwischen) an vielen Hochschulen an Bedeutung gewonnen und werden über grundständige Lehrangebote, Wahlangebote und (berufsbegleitende) Weiterbildungen abgesichert. Trotz der Fortschritte erscheint es verfrüht, von einer bundesweiten Etablierung der Schulsozialarbeit an den deutschen Universitäten und Hochschulen zu sprechen. Erstens findet die Ausbildung zum Thema Schulsozialarbeit mit einer eher geringen Verbindlichkeit, Kontinuität und Priorität sowie sehr unterschiedlichen Ausrichtungen und Ausbildungsinhalten statt. Sie hängt zweitens entscheidend von Programmen oder Projekten zur Schulsozialarbeit im Umfeld der Ausbildungseinrichtungen, zugehörigen wissenschaftlichen Begleitungen sowie nicht zuletzt einem persönlichen Engagement der HochschullehrerInnen ab (Köhler/Eibeck

2008; Kooperationsverbund Schulsozialarbeit 2006; Holze/Eibeck 2004; Wulfers 1991). Drittens existieren sowohl in der Lehrerausbildung als auch der erziehungswissenschaftlichen bzw. sozialpädagogischen/sozialarbeiterischen Ausbildung keinesfalls überall und systematisch Einblicke in das andere Arbeitsfeld oder gar Berührungspunkte zwischen angehenden LehrerInnen und sozialpädagogischen Fachkräften. Dies kann als ein wesentlicher Grund für spätere Informationsdefizite, Vorbehalte und Kooperationsprobleme gewertet werden.

Inwiefern die Universitäten oder die Fachhochschulen die geeigneteren Ausbildungseinrichtungen zum Thema Schulsozialarbeit sind, kann hier nicht abschließend beantwortet werden. Für eine Ausbildung an Universitäten sprechen ohne Zweifel die vorhandenen Zugänge zu den Schulen durch die Lehramtsausbildung, die Verknüpfungsmöglichkeiten zwischen Lehrerausbildung und erziehungswissenschaftlicher/sozialpädagogischer Ausbildung sowie die zahlreichen wissenschaftlichen Begleitungen von Landesprogrammen. Für die Fachhochschulen wiederum spricht ihre in der Regel praxis- und projektbezogenere Ausbildung und ihr besserer Kontakt zu Praxisstellen. Letztlich dürfte weniger die Einrichtungsform, sondern vielmehr die Expertise der Lehrenden und die Qualität der Ausbildung entscheidend sein.

11.2 Curriculum für die Ausbildung

Es stellt sich die Frage, wie eine Ausbildung zur Schulsozialarbeit stattfinden soll und welche Ausbildungsinhalte grundlegend dazu gehören sollten. Hierfür gibt es unterschiedliche Vorschläge (die Beiträge in Pötter/Segel 2009; Kooperationsverbund Schulsozialarbeit 2009 und 2006; Speck 2006a; Braun 1999 und 1997) und es liegen bereits erste Erfahrungen an verschiedenen Universitäten und Fachhochschulen vor.

Mit den beiden akademischen Graden Bachelor (BA) und Master (MA) besteht die Möglichkeit, die Ausbildung der SchulsozialarbeiterInnen zu institutionalisieren, europaweit anzunähern und damit die Professionalisierung zu befördern. Denkbar wäre insofern auf den ersten Blick ein Bachelor oder Master in Schulsozialarbeit, da hier eine intensive und fokussierte Ausbildung zur Schulsozialarbeit stattfinden könnte (so z. B. Kooperationsverbund Schulsozialarbeit 2006;

zu den Pro- und Contra-Argumenten: Eibeck 2009). Gegen einen Bachelor of Arts in Schulsozialarbeit sprechen drei Gründe: Erstens dürfte ein solcher Bachelor für Studierende eine zu frühe berufsbiographische Festlegung auf ein konkretes Arbeitsfeld in der Sozialen Arbeit bedeuten. Zweitens sind für die Schulsozialarbeit berufliche Wissensbestände und Kompetenzen aus verschiedenen Systemen und Bereichen erforderlich, die sich Studierende in der relativ geringen Ausbildungszeit kaum in dem erforderlichen Umfang aneignen könnten. Drittens dürfte eine gleichberechtigte Kooperation mit Lehrkräften durch die erheblichen Ausbildungs- und Gehaltsunterschiede erschwert werden. Fraglich ist allerdings, ob ein Master of Arts in Schulsozialarbeit tragfähig wäre, wenngleich hier in den meisten Fällen eine breite Ausbildung im Bereich Erziehungswissenschaften bzw. Sozialpädagogik/Sozialarbeit vorliegen dürfte. Ein Master of Arts in Schulsozialarbeit dürfte – dies gilt in ähnlicher Weise auch für einen BA –aufgrund der sehr starken Spezialisierung zwar zur Qualifizierung für das Arbeitsfeld beitragen, aber die professionelle Verortung der SchulsozialarbeiterInnen in der Fachdisziplin der Sozialen Arbeit hemmen, zur Inflation an Abschlüssen beitragen und ein berufliches Risiko für die AbsolventInnen aufgrund des engen Stellenkorridors bedeuten.

Als fachlich sinnvoller kann ein Studienschwerpunkt Schulsozialarbeit innerhalb der Masterausbildung oder ein Weiterbildungsstudiengang Schulsozialarbeit eingeschätzt werden. Diese müssten auf grundständige erziehungswissenschaftliche und sozialarbeiterische/sozialpädagogische Wissensbestände im Bachelor aufbauen und curriculare Kernbestandteile enthalten. So müssten zum Kerncurriculum ohne Zweifel Inhalte der Schulsozialarbeit (z.B. Entwicklung, Stand, rechtliche Grundlagen, Herausforderungen, Kooperation mit LehrerInnen), aber auch der Kooperation von Jugendhilfe und Schule im Allgemeinen gehören. Der folgende Kasten fasst wesentliche Bestandteile eines solchen Kerncurriculums zur Schulsozialarbeit zusammen und verdeutlicht die komplexen Handlungsanforderungen in diesem Arbeitsfeld.

Bestandteile eines Kerncurriculums zur Schulsozialarbeit

1 Entwicklung der Kooperation von Jugendhilfe und Schule

- historische Entwicklung der Kooperation von Jugendhilfe und Schule
- aktuelle Entwicklungen und Reformen von Jugendhilfe und Schule

2 Begründung der Kooperation von Jugendhilfe und Schule

- Funktion, Gemeinsamkeiten und Unterschiede von Jugendhilfe und Schule
- Sozialisationsbedingungen von Kindern und Jugendlichen unter besonderer Berücksichtigung der schulischen Sozialisation
- Leistungs- und Verhaltensprobleme sowie persönliche Belastungen von SchülerInnen
- Auswirkungen veränderter Lebensbedingungen von Kindern und Jugendlichen auf die Institution Schule
- Möglichkeiten und Grenzen der Lehrerrolle

3 Entwicklung, Definition und Begründung von Schulsozialarbeit

- historische Etappen, Begriffsentwicklung, Begriffsdefinition
- fachliche Begründungen und schultypspezifische Besonderheiten

4 Stand der Schulsozialarbeit

- quantitative Verbreitung und fachpolitische Bedeutung
- Konzeptions-, Träger-, Kooperations- und Finanzierungsmodelle

5 Rechtliche Grundlagen und Rahmenbedingungen der Schulsozialarbeit

- Rechtliche Grundlagen der Schulsozialarbeit an der Schnittstelle zwischen Jugendhilfe und Schule
- notwendige und reale Rahmenbedingungen für die Kooperation

6 Methoden und Angebote in der Schulsozialarbeit

- Einzelfallhilfe, Gruppenarbeit und Gemeinwesenorientierung
- unterrichtliche, außerunterrichtliche, außerschulische Angebote der Schulsozialarbeit für SchülerInnen, LehrerInnen und Eltern

- Öffnung von Schule und Vernetzung
- Profil von Schulsozialarbeit

7 Herausforderungen in der Schulsozialarbeit

- zielgruppenspezifische Herausforderungen: Elternarbeit, Arbeit mit benachteiligten und beeinträchtigen Kindern und Jugendlichen, Arbeit mit Mädchen/Jungen, MigrantInnen etc.
- inhaltliche Herausforderungen: Angebote am Übergang von Schule und Beruf, interkulturelle Angebote, Umgang mit Schulverweigerung, geschlechtssensible Arbeit, Förderung der Schulentwicklung
- methodische Herausforderungen: Diagnostik, Fallverstehen sowie Beratung von SchülerInnen, LehrerInnen, Eltern sowie von Schule

8 Multiprofessionelle Kooperation von SchulsozialarbeiterInnen

- Reflexion der eigenen Schulbiografie und Vorurteile
- Kooperation von SchulsozialarbeiterInnen mit LehrerInnen, SonderpädagogInnen, PsychologInnen und anderen Berufsgruppen am Ort und im Umfeld von Schule
- Möglichkeiten und Grenzen der Kooperation

9 Professionelles Handeln in der Schulsozialarbeit

- Situations- und Sozialraumanalyse
- Ermittlung und Ausbalancierung der Zielvorstellungen
- Konzeptentwicklung und -fortschreibung
- Kooperationsvereinbarungen
- Angebots- und Projektentwicklung und -umsetzung

10 Evaluation und Qualitätsentwicklung in der Schulsozialarbeit

- empirische Befunde zu den Konzepten, Rahmenbedingungen, Verläufen und Ergebnissen der Landesprogramme zur Schulsozialarbeit
- Qualitätsstandards, Qualitätsentwicklung und Selbstevaluation

11.3 Fortbildung für SchulsozialarbeiterInnen und LehrerInnen

Zur Verbesserung der Kooperation in der Schulsozialarbeit sind im Verlauf der sozialpädagogischen Arbeit sowohl professionsinterne Fortbildungen für die SchulsozialarbeiterInnen als auch gemeinsame, professionsübergreifende Fortbildungen zwischen SchulsozialarbeiterInnen und LehrerInnen sinnvoll:

Professionsinterne Fortbildungen für die SchulsozialarbeiterInnen haben in der Regel das vordergründige Ziel, die bestehenden Kenntnisse und Kompetenzen der SchulsozialarbeiterInnen zu erweitern und zu reflektieren (u. a. zur Elternarbeit, Erlebnispädagogik, Gewaltprävention, geschlechtssensiblen Arbeit, Selbstevaluation). Es geht dabei sowohl um die Vertiefung und Aktualisierung des beruflichen Wissens als auch um das kritische Überdenken der bisherigen Handlungskompetenzen der SchulsozialarbeiterInnen. Darüber hinaus erfüllen solche Fortbildungen allerdings noch weitere Ziele, die mit dem spezifischen Arbeitsfeld zusammenhängen: Angesichts der „Einzelkämpfer"-Situation der SchulsozialarbeiterInnen an den Schulen bieten professionsinterne Fortbildungen Möglichkeiten zum kollegialen Austausch, zur fachlichen Unterstützung bei Konflikten sowie zur persönlichen Bestätigung. Ferner dienen die Fortbildungen dazu, die Rahmenbedingungen und das Setting der sozialpädagogischen Tätigkeit in den Schulen in den Blick zu nehmen und Veränderungsmöglichkeiten im Interesse der SchülerInnen, Eltern und LehrerInnen zu erkennen. Darüber hinaus ermöglichen professionsinterne Fortbildungen schließlich eine berufliche Identität und eine inhaltliche Profilierung der Schulsozialarbeit.

Die *gemeinsamen, professionsübergreifenden Fortbildungen* (Tandem-Fortbildungen) zwischen SchulsozialarbeiterInnen und LehrerInnen gehen von unterschiedlichen Funktionen und Selbstverständnissen zwischen Jugendhilfe und Schule aus. Sie unterstellen, dass ein Verständnis für die andere Profession sowie die Zusammenarbeit erst erlernt werden muss (interprofessionelle Kompetenz). In dieser Hinsicht erfüllen die Fortbildungen verschiedene Funktionen: Sie bieten zum Ersten in einem handlungsentlastenden Setting den Raum für gezielte Reflexionen der bestehenden Ziele, Rahmenbedingungen, Verläufe und Ergebnisse der alltäglichen Kooperation (Reflexionsmöglichkeit). Sie schaffen zum Zweiten eine Transparenz über die Strukturen, Möglichkeiten und Probleme im jeweils anderen Arbeitsfeld (Verbesserung der Informationsbasis). Sie ermöglichen zum Dritten einen Einblick in die Deutungsmuster und Handlungsstrategien der jeweils anderen Profession und tragen damit im günstigsten Fall zu einem Verständnis für die „Fremden“ und das „Fremde“ bei (Förderung der Perspektivübernahme). Sie fördern zum Vierten die eigene Rollensicherheit und erleichtern den Umgang mit der jeweils anderen Profession (Handlungssicherheit). Sie können schließlich zum Fünften dazu genutzt werden, die Kooperation zwischen LehrerInnen und SchulsozialarbeiterInnen an konkreten Projekten zu intensivieren (Kooperationserweiterung). Die Vorteile solcher gemeinsamen Fortbildungen kommen vor allem dann zum Tragen, wenn LehrerInnen und SchulsozialarbeiterInnen einer Schule gemeinsam daran teilnehmen (Zschiesche 2004; Braun 1997). Für solche „Tandem“-Fortbildungen sind allerdings spezifische inhaltliche und didaktische Angebote sowie Freistellungen durch die jeweiligen Träger erforderlich. Aufgrund der vielen Vorteile werden solche professionsübergreifenden Fortbildungen zwischen SchulsozialarbeiterInnen und LehrerInnen inzwischen in zahlreichen Bundesländern offensiv genutzt (z. B. Bayern, Berlin, Rheinland-Pfalz, Sachsen-Anhalt).

12 Aktuelle Herausforderungen

12.1 Herausforderungen im Arbeitsfeld

Das Arbeitsprofil Schulsozialarbeit und das professionelle Handeln der sozialpädagogischen Fachkräfte werden maßgeblich durch gesellschafts-, bildungs-, sozial- und finanzpolitische Rahmenbedingungen und Reformen beeinflusst. Gegenwärtig steht die Schulsozialarbeit vor allem vor folgenden spannungsreichen Herausforderungen:

1 Von einer Feuerwehr-, Disziplinierungs- und Lückenbüßerfunktion zum lebensweltorientierten Konzept
2 Von der Vermeidung von Schulabstinenz und Schulversagen zu einem ganzheitlichen, sozialpädagogischen Bildungsverständnis
3 Von der bilateralen Kooperation mit Lehrkräften zur Arbeit in multiprofessionellen Teams
4 Von Qualitätsstandards und Zielen zur systematischen Qualitätsentwicklung und Selbstevaluation des Handelns und der Wirkungen
5 Von prekären Programmen und Projekten zu einer fachlich, rechtlich und finanziell tragfähigen Ausbaustrategie

Zu 1 *Von einer Feuerwehr-, Disziplinierungs- und Lückenbüßerfunktion zum lebensweltorientierten Konzept*:

Schulsozialarbeit kann in Schulen im Detail sehr unterschiedliche Funktionen und Aufgaben wahrnehmen. Im Interesse eines funktionierenden und für Lehrkräfte entlastenden Schulbetriebs liegt es nahe, die Schulsozialarbeit auf a) eine Feuerwehrfunktion in Krisensituationen und Notlagen (z. B. „Interventions- und Pannendienst" bei aktuellen Vorfällen), b) eine gezielte Disziplinierungsfunktion für auffällige und sozial abweichende Kinder und Jugendliche (z. B. „Reparaturbetrieb" für störende SchülerInnen im Trainingsraum) und/oder c) eine Lückenbüßerfunktion für Betreuungsaufgaben im Schulalltag (z. B.

„Ausfallbürge“ für Unterrichtsausfall, Aufsichten, Hausaufgabenhilfe, Mittagsbetreuung, Ganztagsbetrieb) auszurichten. Dies erweist sich jedoch fachlich als hochproblematisch. Die Schulsozialarbeit wird bei einem solchen konzeptionellen Ansatz einseitig für schulische bzw. lehrerbezogene Interessen instrumentalisiert, auf ein Unterordnungsverhältnis gegenüber den Lehrkräften reduziert, stigmatisierend auf eine (vermeintliche) „Problemgruppe“ von Kindern und Jugendlichen ausgerichtet, in ihrer sozialpädagogischen Ausrichtung, Kompetenz und Autonomie beschränkt und letztlich wichtige Aufgabenbereiche und Wirkungspotenziale für SchülerInnen, Eltern und die Organisation Schule nicht erfüllen können. Eine umfassende Wahrnehmung der Lebens- und Problemlage der Kinder und Jugendlichen, eine Öffnung der Schule nach außen sowie eine kritisch-konstruktive Einmischung in Schule sind in diesem Konzept nicht vorgesehen.

Ein fachlich tragfähiges Konzept von Schulsozialarbeit sollte stattdessen von den veränderten Sozialisationsbedingungen von Kindern und Jugendlichen in sich modernisierenden Gesellschaften und der spezifischen Lebenslage „Schülersein“ (Oelerich 1998) ausgehen. Für eine diesbezügliche Präzisierung des Konzeptes von Schulsozialarbeit bietet sich das quasi zum Leitbild der Jugendhilfe erhobene Konzept der Lebensweltorientierung an (Bolay 2004c; BMJFFG 1990, 122 ff.; Thiersch 1997). Eine Schulsozialarbeit, die nach diesem lebensweltorientierten Konzept umgesetzt wird und sich nicht allein tagesaktuellen oder schulischen Erwartungshaltungen unterordnet, a) ist dauerhaft und ständig in der Schule mit einem eigenständigen, sozialpädagogischen Mandat präsent, b) basiert auf einer abgestimmten Kooperation zwischen LehrerInnen und SozialarbeiterInnen, c) richtet sich grundsätzlich an alle SchülerInnen, besonders aber an Benachteiligte und Beeinträchtigte sowie an LehrerInnen und Eltern, d) erkennt die Bedeutung schulischer Abschlüsse sowie nonformaler und informeller Bildungsprozesse für den weiteren Lebensweg von Kindern und Jugendlichen an, e) fördert die Identitäts- und Persönlichkeitsentwicklung, die schulische und außerschulische Lebensbewältigung sowie die sozialen Kompetenzen von Kindern und Jugendlichen und f) beinhaltet eine flexible und beteiligungsorientierte Palette von niedrigschwelligen und präventiven Angeboten bis hin zu intervenierenden Angeboten. Zu den Kernangeboten von Schulsozialarbeit gehören die Beratung und Begleitung von einzelnen SchülerInnen, die sozialpädagogische Gruppenarbeit, offene Gesprächs-, Kontakt- und Freizeitangebote, die Mitwirkung in Unterrichtsprojekten und in schulischen

Gremien, die Zusammenarbeit mit und Beratung der LehrerInnen und Erziehungsberechtigten sowie die Kooperation und Vernetzung mit dem Gemeinwesen.

Zu 2 *Von der Vermeidung von Schulabstinenz und Schulversagen zu einem ganzheitlichen, sozialpädagogischen Bildungsverständnis*:

Einige Projekte der Schulsozialarbeit haben sich in den 2000er und 2010er Jahren – nicht zuletzt aufgrund von bildungspolitischen Problematisierungen und Förderprogrammen (z. B. PISA; Lissabon-Beschlüsse) – auf die Reduzierung von Schulabstinenz und Schulversagen bei SchülerInnen im Rahmen von „Bundes- und Landesprogrammen" konzentriert. Ohne Zweifel haben Schulabschlüsse eine hohe Bedeutung für den beruflichen und persönlichen Lebensweg von jungen Menschen und sie stehen in einem engen Zusammenhang zum regelmäßigen Schulbesuch. Dies spricht für eine Auseinandersetzung der SchulsozialarbeiterInnen mit dem Schulerfolg der Kinder und Jugendlichen (Rademacker 2002). Allerdings erscheint eine ausschließliche Fokussierung auf die Themen Schulabstinenz und Schulversagen fachlich problematisch und wenig zielführend (Böhnisch/Schroer 2011): Erstens wird der Handlungsauftrag der Schulsozialarbeit so aus einem engen, unterrichtlich geprägten Bildungsbegriff hergeleitet. Sozialpädagogische Bildungsaspekte und -verständnisse werden vernachlässigt. Zweitens führt die Fokussierung auf die Themen Schulabstinenz und Schulversagen in der Praxis zu einer Eingrenzung der Ziele, Zielgruppen, Methoden, Angebote und Handlungsprinzipien, die nicht dem Verständnis einer modernen Jugendhilfe und Schulsozialarbeit entsprechen. Drittens wird bei einer solchen Fokussierung die Reflexion und Bearbeitung der persönlichen, familiären, peerbezogenen und lehrerbezogenen Lebens- und Problemlage weitgehend ausgeblendet. Im Vordergrund steht – vereinfacht dargestellt – die Verhaltensmodifikation der Kinder und Jugendlichen. Sinnvoller erscheint eine Orientierung der Schulsozialarbeit an der neuen Bildungsdebatte der Jugendhilfe (Walther 2011; Speck 2006a; BMFSFJ 2005; die Beiträge in Deinet/Reutlinger 2004; Coelen 2004; BJK 2002a und 2002b; BJK/Sachverständigenkommission/AGJ 2002). Diese verweist einerseits auf die subjektive Aneignung von Welt durch Kinder und Jugendliche, die vielfältigen Lernprozesse jenseits formalisierter Bildungssettings (nonformale und informelle Bildung) und nicht zuletzt die Bildungsmöglichkeiten von Kindern und Jugendlichen in Jugendhilfeangeboten und außerschulischen Orten. Die Debatte macht andererseits auf die erhebliche, soziale Ungleichheit im Bildungssystem sowie die negativen biographischen Folgen von Scheiterns- und Desintegrationsprozessen aufmerksam. Geht man von dieser Debatte aus, dann besteht in der Schulsozialarbeit ein Handlungsbedarf, ein eigenes Bildungsverständnis zu entwickeln, Bildungsziele zu formulieren, entsprechende Bildungsarrangements zu schaffen, mit anderen Bildungsinstitutionen zusammenzuarbeiten und den eigenen Bildungsbeitrag nachzuweisen. Entscheidend dürfte dabei sein, dass in der Jugendhilfe und Schulsozialarbeit andere Bildungsziele, -inhalte, -methoden und -orte als in der Schule ermöglicht werden können und sollten. Kinder und Jugendlichen müssen – nimmt man den sozialpädagogischen Auftrag ernst – in der Schulsozialarbeit die Möglichkeit erhalten, bedürfnisorientiert und selbstbestimmt ihre sozialen Kompetenzen, ihre Persönlichkeit und ihre Strategien zur schulischen und außerschulischen Lebensbewältigung weiterzuentwickeln. Hierzu sind zum einen eine Vielzahl an anregenden, unstandardisierten und erfahrungsorientierten Angeboten, Treffpunkten, Rückzugsmöglichkeiten und Beteiligungsstrukturen – auch außerhalb der Schulen – zur Verfügung zu stellen und eine subjektive Aneignung der Räume durch die Kinder und Jugendlichen zu ermöglichen (Bauer 2008; Streblow 2005; Deinet 2004; Bolay/Arbeitsgruppe Jugendhilfe – Schule 1999). Zum anderen ist bei Beratungen der SchülerInnen, der Eltern und LehrerInnen die biografische Bedeutung schulischer Bildungsabschlüsse bzw. die negativen Folgen der Selektionsfunktion von Schule zu thematisieren und entsprechend zu berücksichtigen (Rademacker 2002). Für Kinder und Jugendliche, die bei Bildungsprozessen benachteiligt oder beeinträchtigt sind, sollten in Absprache mit anderen bildungsrelevanten Akteuren (z. B. LehrerInnen und Eltern), entsprechende Unterstützungsangebote vorgehalten werden.

Zu 3 *Von der bilateralen Kooperation mit Lehrkräften zur Arbeit in multiprofessionellen Teams*:

Seit den 2000er Jahren haben Bildungsreformen im deutschsprachigen Raum die Personal- und Kooperationsstruktur in den Schulen sowie die Öffnung der Schulen nach innen und außen deutlich verändert. Entsprechende Impulse kamen vor allem durch a) den Ausbau von Ganztagsschulen, b) die Diskussion über sozialräumliche, lokale und kommunale Bildungskonzepte und -landschaften sowie c) das Übereinkommen der Vereinten Nationen über die Rechte von Menschen mit Behinderungen (VN-BRK). Ganztagsschulen bieten für die Schulsozialarbeit – im Vergleich zu klassischen Halbtagsschulen – konzeptionell größere Möglichkeiten, Kinder und Jugendlichen zu fördern, variable und differenzierte Lernarrangements zur Verfügung zu stellen, die bestehenden Gemeinschafts-, Lern- und Erfahrungsarrangements im Schulleben zu erweitern sowie die Angebote zur Mitbestimmung und Teilhabe für SchülerInnen und Eltern zu erhöhen (Fischer et al. 2011; Holtappels et al. 2007; Holtappels 2006). Durch das umfassendere Bildungskonzept, die erweiterten Zeitkontingente und die angestrebte Rhythmisierung bestehen für SchulsozialarbeiterInnen zudem größere Chancen und Notwendigkeiten für eine Kooperation mit LehrerInnen, aber auch mit anderen pädagogischen Professionen am Ort Schule (Speck et al. 2011c; Steiner 2010; Speck 2010 und 2009; Speck/Olk 2009; Stuckstätte 2008; Flad/Bolay 2007; die Beiträge in Bettmer et al. 2007; Kamski/Schnetzer 2007; Bolay et al. 2005; Mack 2005; Spies/Stecklina 2005; Olk 2004; Rademacker 2004; Bolay et al. 2003). Parallel zum Ganztagsausbau wurden im Fachdiskurs verschiedenste, sozialräumliche, lokale und kommunale Bildungskonzepte erarbeitet (z. B. „Ganztagsbildung", „Gesamtsystem von Bildung, Erziehung und Betreuung", „Lokale Bildungslandschaften", „Sozialraumorientierte Jugendbildung"; Zipperle/Bolay 2009; die Beiträge in Bleckmann/Durdel 2009; Mack 2009; die Beiträge in Coelen/Otto 2008 und Otto/Coelen 2004; BMFSFJ 2005; Deinet/Icking 2005; Coelen 2004). Die Konzepte zielen trotz aller Unterschiede relativ übereinstimmend auf ein erweitertes Bildungsverständnis, eine stärkere lebensweltliche und sozialräumliche Öffnung von Schule, eine Verknüpfung formaler, nonformaler und informeller Bildungssettings, eine Betonung der Schnittstelle Jugendhilfe und Schule sowie eine Vernetzung, Abstimmung und Steuerung der Bildungs- und Förderaktivitäten in einem bestimmten Raum (z. B. Sozialraum, lokaler oder kommunaler Raum) ab. Der Schulsozialarbeit kommt durch die Positionierung der sozialpädagogischen Profession am Ort Schule und der Vermittlerrolle zwischen Jugendhilfe und Schule eine entscheidende Bedeutung in solchen Konzepten zu (die Beiträge in Spies 2013). Das Übereinkommen der Vereinten Nationen über die Rechte von Menschen mit Behinderungen (VN-BRK) sieht schließlich vor, dass Menschen mit Behinderungen nicht aufgrund ihrer Behinderung vom allgemeinen Bildungssystem ausgeschlossen werden dürfen. Die Vertragsstaaten, zu denen u. a. Deutschland, Liechtenstein, Österreich und die Schweiz gehören, verpflichteten sich in dem Übereinkommen dazu, ein integratives Bildungssystem auf allen Ebenen sicherzustellen. Das allgemeine Bildungssystem soll also (künftig) auf inklusiven Schulen für alle Kinder und Jugendlichen basieren. Es bedarf dafür – neben den SchulsozialarbeiterInnen – einer zusätzlichen, sonderpädagogischen Expertise in den Regelschulen (Moser 2012; KMK 2011 und 2010; Opp/Theunissen 2009).

Der Ausbau der Ganztagsschulen, die Diskussionen über sozialräumliche, lokale und kommunale Bildungskonzepte und -landschaften sowie das Übereinkommen der Vereinten Nationen über die Rechte von Menschen mit Behinderungen wirken sich voraussichtlich auch auf das Handlungsfeld der Schulsozialarbeit aus. Einerseits wird die Kooperation von Schulen mit der Jugendhilfe und anderen Partnern am Ort Schule verstärkt. Daraus könnte ein Bedeutungszuwachs der SchulsozialarbeiterInnen für die Koordinierung der Angebote der verschiedenen Berufskulturen entstehen. Andererseits sind die SchulsozialarbeiterInnen am Ort Schule „nur" noch ein Kooperationspartner unter vielen. Sie könnten also auch an Bedeutung verlieren bzw. nur noch für ausgewählte Aufgaben zuständig sein. Unstrittig dürfte sein, dass künftig in Schulen – neben Lehrkräften – multiprofessionelle Teams mit SchulsozialarbeiterInnen, SonderpädagogInnen, Pädagogischen MitarbeiterInnen, PsychologInnen etc. arbeiten (die Beiträge in Speck et al. 2011a). SchulsozialarbeiterInnen müssen in diesen multiprofessionellen Teams ihre eigene Rolle finden und ein kooperatives Arbeitsbündnis mit den Partnern erreichen. Im Idealfall übernehmen sie eine wichtige Koordinierungs- und Steuerungsfunktion, da sie a) die gesamte Bildungs- und Lebensbiografie von Kindern und Jugendlichen im Blick haben, b) für unterschiedliche Akteure und Institutionen ansprechbar sind (z. B. SchülerInnen, LehrerInnen, SonderpädagogInnen, PsychologInnen, Eltern, soziale Dienste), c) mit einer hohen Präsenz im Raum Schule tätig sind, aber auch im Umfeld von Schulen verankert sind und d) über ein breites institutionenübergreifendes Vermittlungswissen verfügen. Für den Erfolg der multiprofessionellen Teams wären eine arbeitsteilige Spezialisierung, regelmäßig gemeinsame Handlungsvollzüge, eine gegenseitige Anerkennung sowie eine Abstimmung der Handlungsvollzüge der verschiedenen Berufsgruppen erforderlich. Die Ganztagsforschung zeigt, dass dies keinesfalls selbstverständliche Voraussetzungen sind (Speck/Olk 2009; Stuckstätte 2008; Kolbe et al. 2007; Holtappels 2007 und b; Dieckmann et al. 2007; Fritzsche/Rabenstein 2007; Flad/Bolay 2007; Beher/Rauschenbach 2006; Kolbe et al. 2005; Beher et al. 2005).

Zu 4 *Von Qualitätsstandards zur systematischen Qualitätsentwicklung und Selbstevaluation des Handelns und der Wirkungen:*

An Träger und sozialpädagogische Fachkräfte in der Schulsozialarbeit wird von Fördermittelgebern in der Praxis vielfach die Forderung nach einer Formulierung von Qualitätsstandards und entsprechenden -indikatoren herangetragen. Im Fokus des Interesses stehen dabei oftmals Qualitätsstandards auf der Struktur- und/oder Ergebnisdimension (Rahmenbedingungen bzw. Wirkungen). Aus fachlicher Sicht wäre es sinnvoll – über die Formulierung von Qualitätsstandards hinaus, die in erster Linie einen statischen Charakter und eine starke Legitimationsfunktion haben – ein systematisches Verfahren der Qualitätsentwicklung und Selbstevaluation zu fordern bzw. einzusetzen. Ein solches, systematisches Verfahren würde den SchulsozialarbeiterInnen nicht nur die Chance bieten, die Erfolge (und Grenzen) der Schulsozialarbeit gegenüber Trägern, Fördermittelgebern und Politik nachzuweisen, sondern auch das eigene Handeln kontinuierlich zu reflektieren und zu verbessern. Der Erfolg der Qualitätsentwicklung und Selbstevaluation hängt entscheidend davon ab, ob daraus lediglich eine reine „Verteidigungsstrategie" der SchulsozialarbeiterInnen erwächst oder ein „professionsinterner Qualifizierungsimpuls" ermöglicht wird (Merchel 1999b, 26). Hier stehen Fördermittelgeber, Träger, schulische Kooperationspartner und die SchulsozialarbeiterInnen gleichermaßen in der Pflicht.

Zu 5 *Von prekären Programmen und Projekten zu einer fachlich, rechtlich und finanziell tragfähigen Ausbaustrategie:*

Schulsozialarbeit hat auf der bildungs- und sozialpolitischen Agenda inzwischen vielfach einen hohen Stellenwert. So wurde die Schulsozialarbeit in vielen Bundesländern/Kantonen und Kommunen in den 2000er/2010er Jahren ausgebaut. Im Gegensatz dazu steht allerdings die insgesamt geringe rechtliche und finanzielle Absicherung, die als unzureichend und prekär eingeschätzt werden muss. Aus rechtlicher Sicht gibt es keine – zumindest keine hinreichende – fachlich-konzeptionell tragfähige Rechtsgrundlage für die Schulsozialarbeit im Bereich der Jugendhilfe. Aus finanzieller Sicht sind oftmals zeitliche befristete, nicht ausreichend ausgestattete und defizitorientierte Förderungen zur Schulsozialarbeit zu konstatieren. Aus fachlicher Sicht ist außerdem die zum Teil mangelnde Beachtung qualitativer Mindeststandards bei der Initiierung von Schulsozialarbeit zu kritisieren. So existiert in der Fachdiskussion seit langem ein weitgehender Konsens über notwendige konzeptionelle, personelle, trägerbezogene, finanzielle, räumliche, materiell-technische und kooperationsbezogene Mindeststandards in der Schulsozialarbeit, ohne dass diese konsequent eingehalten werden. Kritisch zu bewerten sind in der Praxis mitunter nach wie vor wechselnde, politische Zielvorstellungen, die fehlenden lebensweltorientierten Konzepte zur Schulsozialarbeit, die Zuständigkeit der SchulsozialarbeiterInnen für mehrere Schulen (z. B. in sogenannten sozialraumorientierten Projekten), befristete Arbeitsverhältnisse der SchulsozialarbeiterInnen, fehlende (Gruppen-)Räume und Telefonanschlüsse, die fehlende Schlüsselgewalt der SchulsozialarbeiterInnen für die eigenen Räume, die fehlenden Kooperationsstrukturen zwischen Lehrkräften und SchulsozialarbeiterInnen in den Schulen, eine geringe fachliche Autonomie der SchulsozialarbeiterInnen in den Schulen, die unzureichenden Angebote zur Supervision und Fortbildung für die SchulsozialarbeiterInnen, eine geringe Präsenz der Träger in der Schule, die mangelnde Unterstützung der SchulsozialarbeiterInnen durch die Träger sowie die unzureichende Berücksichtigung der Schulsozialarbeit in der Jugendhilfeplanung.

Angesichts der fachlichen Ansprüche, der störanfälligen Kooperation zwischen Jugendhilfe und Schule sowie der komplexen Herausforderungen in der Schulsozialarbeit lautet eine Kernforderung an Fördermittelgeber und Träger von Schulsozialarbeit, die inzwischen relativ unstrittigen Mindeststandards von Schulsozialarbeit einzufordern und umzusetzen bzw. andernfalls auf die Etablierung von Schulsozialarbeit zu verzichten. Für die dauerhafte Absicherung der Schulsozialarbeit sind ferner a) eine sehr frühzeitige Einbindung der kommunalen Ebene, b) rechtzeitige förderpolitische Absprachen zwischen der Landes- und Kommunalebene und der Jugendhilfe- und Schulseite sowie c) die Aufnahme der Schulsozialarbeit in die örtliche und überörtliche Schulentwicklungs- und Jugendhilfeplanung notwendig. Wünschenswert wären schließlich eine klare bundesgesetzliche Regelung im Rahmen eines Leistungsparagraphen zur Schulsozialarbeit sowie verbindliche Mischfinanzierungen und gemeinsame Budgets zwischen Jugendhilfe und Schule. Bei Bundes- und Landesprogrammen zur Schulsozialarbeit sollten von Beginn an Förderinstrumente eingesetzt werden, die auf eine langfristige Institutionalisierung der Schulsozialarbeit abzielen. Die vor vielen Jahren ggf. noch sinnvolle Erprobung von Schulsozialarbeit in Modellprogrammen und -projekten dürfte inzwischen obsolet geworden sein.

12.2 Herausforderung in der Forschung

Die Schulsozialarbeit gehört seit ihrer Etablierung zu einem der am intensivsten beforschten Arbeitsfelder innerhalb der Jugendhilfe. Die vorliegenden wissenschaftlichen Begleitforschungsprojekte liefern fundierte Befunde zu den Rahmenbedingungen, den Kooperationsverläufen und den Ergebnissen der Schulsozialarbeit. Ungeachtet der zahlreichen Forschungsaktivitäten und -erkenntnisse sind noch erhebliche Erkenntnisdefizite zu konstatieren. Gründe hierfür sind 1. die zeitliche Befristung vieler Projekte und Programme der Schulsozialarbeit, 2. die mangelnde Transparenz über aktuelle Forschungsprojekte in der Schulsozialarbeit und die unzureichende Forschungsvernetzung und -abstimmung (z.B. hinsichtlich geeigneter Konstrukte und Skalen), 3. die Fokussierung der wissenschaftlichen Begleitungen und Forschungsprojekte auf konkrete Evaluationsfragestellungen zu spezifischen Projekten, Programmen oder Regionen, 4. das weitgehende Fehlen einer Grundlagenforschung und komplexer Untersuchungsdesigns sowie 5. die vielfach unzureichende Berücksichtigung theoretischer Bezüge und internationaler Forschungsbefunde zur Schulsozialarbeit. Für die Erweiterung der Forschungserkenntnisse dürfte sich auch die fachliche und persönliche Nähe der wissenschaftlichen Begleitungen zum Arbeitsfeld und zu den Auftraggebern auswirken, die eine kritische Betrachtung der Konzepte, Rahmenbedingungen, Verläufe und Zielerreichung zumindest erschweren.

Zusammenfassend betrachtet fehlen – neben einem Blick über den deutschsprachigen Raum hinaus (z.B. Kelly et al. 2009 und 2010; Allen-Meares 2004; Dupper 2002; Huxtable/Blyth 2002; Constable et al. 2002 bzw. Speck/Jensen 2014; Nieslony 2004; von Reischach 2006) – vor allem differenzierte Erkenntnisse über a) die Verbreitung und Entwicklung von Schulsozialarbeit, b) Befunde aus vergleichenden Studien und Metaanalysen zur Schulsozialarbeit, c) begründete Indikationen für Schulsozialarbeit, d) das methodische Handeln und die notwendigen professionellen Standards der Schulsozialarbeit, e) die individuelle Aneignung von Schulsozialarbeit sowie f) die tatsächlich erreichten Wirkungen und Nebenwirkungen von Schulsozialarbeit unter Berücksichtigung unterschiedlicher Konzepte (Speck/Olk 2010b; Speck 2006a; Bolay 2004a und 2004b):

Zu a) Daten zur Verbreitung und Entwicklung von Schulsozialarbeit: Aufgrund der föderalen Struktur, der geteilten Zuständigkeiten zwischen Jugendhilfe und Schule, der zeitlichen Befristung von Projekten und Modellprogrammen zur Schulsozialarbeit sowie der unterschiedlichen Erfassungslogiken und -methoden in Schule und Jugendhilfe haben vorliegende Erhebungen und Statistiken zur Verbreitung von Schulsozialarbeit im deutschsprachigen Raum bislang nur eine eingeschränkte Aussagekraft. Letztlich existiert keine umfassende und belastbare Datenbasis (Iser et al. 2013; Speck/Olk 2010a). So liegen zum Beispiel über die Schulsozialarbeit in schulischer und kommunaler Trägerschaft kaum Informationen vor. Notwendig sind zum einen jährliche Statistiken über die Verbreitung und quantitative Entwicklung der Schulsozialarbeit, die möglichst alle Schultypen, Fördermittelgeber und Bundesländer/Kantone und Kommunen/Gemeinden umfassen (z.B. im Rahmen der Schulstatistiken der Kultusministerkonferenz und/oder Kinder- und Jugendhilfestatistik). Zum anderen wäre ein eigenständiger, regelmäßig durchgeführter Survey zur Schulsozialarbeit wünschenswert, der Aussagen über die qualitative Entwicklung des Arbeitsfeldes und der Professionalisierung der Fachkräfte ermöglicht (z.B. Kelly et al. 2009 und 2010).

Zu b) Vergleichende Studien und Metaanalysen zur Schulsozialarbeit: Seit den 2000er Jahren gibt für einzelne Länder im deutschsprachigen Raum zusammenfassende Darstellungen und Herausgeberbände zum Forschungsstand (für Deutschland: die Beiträge in Speck/Olk 2010b; Streblow 2010; Olk/Speck 2009 und 2004a; Hollenstein 2007; Speck 2006a; Bolay 2004a und b, für die Schweiz: Baier/Heeg 2011; Drilling 2009; Baier 2008; Christen/Pfeiffer 1999 und für Österreich: Braun/Wetzel 2013 und 2011; die Beiträge in Bakic/Coulin-Kuglitsch 2012 und Vögeli-Mantovani 2005). Solche Darstellungen sind hilfreich, um die Transparenz im Forschungsfeld zu erhöhen und einen systematischen Erkenntniszuwachs der Forschung abzusichern (Bolay 2004a; Hollenstein 2007). Wünschenswert wären darüber hinausgehend vergleichende Studien und Metaanalysen, um differenziertere und evidenzbasierte Aussagen über die Schulsozialarbeit zu ermöglichen.

Zu c) Indikation für Schulsozialarbeit: Die Installierung von Schulsozialarbeitsprojekten vor Ort erfolgt oftmals auf einer eher pragmatischen Begründungs- und Datenbasis. Etabliert werden Projekte häufig allein aufgrund 1) defizitorientierter bzw. etikettierender Zuschreibungen von SchülerInnen (z. B. Benachteiligte, Beeinträchtigte, Gewalttätige, Auffällige, Migranten), 2) schwierig eingeschätzter Schultypen (z. B. Hauptschulen, Berufsbildende Schulen) oder 3) vermeintlicher Problemkumulationen an Einzelschulen (sogenannte Brennpunktschulen). Bei genauerer Betrachtung fehlt es an einer empirischen Absicherung des Bedarfs und einer konkreten Indikation von Schulsozialarbeit, die über grobe und defizitorientierte Zuschreibungen hinausgeht. Notwendig sind – aus theoretischen Überlegungen heraus – abgeleitete, schulische und jugendhilfeplanerische Indikatoren, die als Maßstab für eine Installierung von Schulsozialarbeit gelten können. Dabei müssten die Bedarfslagen aus der Sicht der unterschiedlichen Institutionen und Beteiligtengruppen vor Ort erhoben, die jeweils vorhandenen Vorerfahrungen, Rahmenbedingungen und Planungen in Schule und Jugendhilfe berücksichtigt und eine komplexe Angebotsstruktur von Schulsozialarbeit anvisiert werden.

Zu d) Methodisches Handeln der SchulsozialarbeiterInnen: Das Arbeitsfeld Schulsozialarbeit ist inzwischen in der akademischen Ausbildung angekommen (Pötter/Segel 2009). Im Gegensatz zu anderen Ländern und auch Arbeitsbereichen der Jugendhilfe liegen jedoch zum konkreten methodischen Handeln der SchulsozialarbeiterInnen im deutschsprachigen Raum kaum Erkenntnisse vor. Für eine fachliche Weiterentwicklung des Handelns der SchulsozialarbeiterInnen und die Formulierung professioneller Standards erscheint es wichtig, mittels qualitativer Analysen die Deutungs- und Handlungsmuster der SchulsozialarbeiterInnen sowie ihr konkretes sozialpädagogisches Handeln inklusive der Handlungsparadoxien und -dilemmata im Berufsalltag stärker in den Blick zu nehmen.

Zu e) Individuelle Bedeutung und Aneignung von Schulsozialarbeit: Die vorhandenen quantitativen Untersuchungsansätze liefern zwar allgemeine Daten zur Bewertung der Schulsozialarbeit, allerdings sind fundierte Analysen zur individuellen Bedeutung, Aneignung und Nutzung von Schulsozialarbeit bzw. den verschiedenen Nutzergruppen äußerst selten (z. B. Schumann et al. 2006; Streblow 2005; Bolay et al. 2003; Bolay 1999). Es fehlen nicht nur Analysen zu den biografisch und situativ geprägten Belastungen, Erwartungen, Motiven der Adressaten bei einer Inanspruchnahme von Schulsozialarbeit, sondern auch zur biografischen und institutionellen Passung, zur individuellen Nutzung und Nutzungsstrategie sowie zu den biographischen und schulischen

Auswirkungen der Schulsozialarbeit bei verschiedenen Adressaten und Adressatengruppen. Ein Ausbau qualitativer Forschungsdesigns könnte hier weitere Erkenntnisse liefern (z. B. Schulfallstudien, qualitative Erhebungsverfahren und rekonstruktive Auswertungsverfahren).

Zu f) Wirkungen und Nebenwirkungen von Schulsozialarbeit: Die vorliegenden Forschungsbefunde lassen den Schluss zu, dass mit Schulsozialarbeit vielfältige Wirkungen bei unterschiedlichen Adressaten und Adressatengruppen sowie auf verschiedenen Wirkungsebenen und -niveaus erreicht werden können (die Beiträge in Speck/Olk 2010a). Allerdings beruhen viele Forschungen zur Schulsozialarbeit im deutschsprachigen Raum auf globalen und rückblickenden Selbsteinschätzungen von beteiligten Akteuren zur Inanspruchnahme, zur Kooperation, zur Zufriedenheit sowie zum Erfolg von Schulsozialarbeit. Eine gezielte Überprüfung der Zielerreichung und Bildungseffekte von Schulsozialarbeit anhand von theoretischen Vorüberlegungen, operationalisierten Programmzielen und „harten“ Erfolgsindikatoren unter Verwendung von Längsschnittuntersuchungen und Vergleichs- und Kontrollgruppen findet eher selten statt (z. B. Olk/Speck 2010; Fabian et al. 2008a und b; Ganser et al. 2004; Niederbühl 2001; Fischer et al. 2008; Fischer 2008). Notwendig erscheinen empirische Untersuchungen zu 1. den Effekten der Schulsozialarbeit bei unterschiedlichen NutzerInnen, Nutzergruppen und Nutzungsstrategien, 2. den Wirkungszusammenhängen der Schulsozialarbeit bei verschiedenen Konzepten, Rahmenbedingungen, Angeboten, Arbeitsstilen und Trägerkonstellationen sowie 3. den Wirkungsgrenzen und unerwünschte Nebenwirkungen der Schulsozialarbeit (z. B. Stigmatisierung von SchülerInnen, Aufgabe sozialpädagogischer Prinzipien, Rückzug der LehrerInnen aus Verantwortungsbereichen, Verschulung sozialpädagogischer Angebote, Kürzungen in der Jugendarbeit).

Anhang

Prüfungsfragen

Die Lösungen zu den Lernfragen werden unter www.utb.de und www.reinhardt-verlag.de zum Download zur Verfügung gestellt.

1 Historische Entwicklung der Schulsozialarbeit:

- Wann begann die Etablierung der Schulsozialarbeit im deutschsprachigen Raum?
- Welche Entwicklungen führten in den 1990er Jahren zu einer Annäherung von Jugendhilfe und Schule?

2 Aktueller Stand der Schulsozialarbeit:

- Welche Themen stehen Anfang der 2000er Jahre im Fokus der Fachdiskussion?
- Welche Fachorganisationen haben in den 2000er Jahren Stellungnahmen und Empfehlungen zur Schulsozialarbeit formuliert?
- Welcher Konsens besteht zwischen den Fachorganisationen über das Konzept von Schulsozialarbeit?
- Warum gibt es bis heute keine verlässlichen Zahlen zur Verbreitung von Schulsozialarbeit?
- Wie viele Schulsozialarbeiterinnen und Schulsozialarbeiter gibt es anhand der vorliegenden Zahlen in Deutschland, der Schweiz, Österreich und Liechtenstein?

3 Begriffsklärung und Definition zur Schulsozialarbeit:

- Welche Argumente sprechen für die Verwendung des Begriffes Schulsozialarbeit und welche ggf. dagegen?
- Welche Definition von Schulsozialarbeit wird im vorliegenden Buch des Autors genutzt?
- Leiten Sie aus der Definition fünf Merkmale von Schulsozialarbeit ab.

4 Begründungen, Ziele und Zielgruppen von Schulsozialarbeit:

- Welche Funktionen erfüllen Schule und Jugendhilfe?
- Welche alltagspraktischen und welche theoretischen Begründungsmuster für Schulsozialarbeit gibt es?
- Welche Nachteile haben die alltagspraktischen Begründungsmuster für die Schulsozialarbeit?
- An welche Zielgruppen richtet sich die Schulsozialarbeit?

5 Rechtsgrundlagen, Förderpolitik und Finanzierung der Schulsozialarbeit:

- Wie ist die rechtliche Absicherung der Schulsozialarbeit in Deutschland zu bewerten?
- Wodurch zeichnet sich gegenwärtig die Förderpolitik zur Schulsozialarbeit aus?
- Wie könnte man die Schulsozialarbeit künftig besser finanziell absichern?

6 Angebote, methodisches Handeln und Handlungsprinzipien von Schulsozialarbeit:

- Welche Kernleistungen gehören zum Arbeitsprofil Schulsozialarbeit?
- Verfügt die Schulsozialarbeit über andere Methoden als die Soziale Arbeit?
- Welche spezifischen Strukturprobleme gibt es in der Schulsozialarbeit für das methodische Handeln?
- Welche Konsequenzen hat das Handlungsprinzip der „Hilfe und Kontrolle“ für eine Tätigkeit in der Schulsozialarbeit?
- Welche speziellen Handlungsprinzipien gelten für die Schulsozialarbeit?
- Wie sollte das Freiwilligkeitsgebot der Schulsozialarbeit möglichst eingehalten werden?

7 Rahmenbedingungen der Schulsozialarbeit:

- Welche Probleme gibt es bei den Rahmenbedingungen in der Schulsozialarbeit?
- Welche personellen Rahmenbedingungen werden in der Schulsozialarbeit benötigt?

- Welche trägerbezogenen Rahmenbedingungen werden in der Schulsozialarbeit benötigt?
- Welche finanziellen Rahmenbedingungen werden in der Schulsozialarbeit benötigt?
- Welche räumlichen Rahmenbedingungen werden in der Schulsozialarbeit benötigt?
- Welche materiell-technischen Rahmenbedingungen werden in der Schulsozialarbeit benötigt?
- Welche kooperationsbezogenen Rahmenbedingungen werden in der Schulsozialarbeit benötigt?

8 Kooperation zwischen LehrerInnen und SchulsozialarbeiterInnen:

- Welche empirischen Befunde liegen zusammenfassend betrachtet zur Kooperation in der Schulsozialarbeit vor?
- Welche Erklärungen gibt es für Kooperationsprobleme zwischen LehrerInnen und SchulsozialarbeiterInnen?
- Welche Ansätze zur Förderung einer gelingenden Kooperation von LehrerInnen und SchulsozialarbeiterInnen gibt es?

9 Ergebnisse und Wirkungen von Schulsozialarbeit:

- Welche empirischen Befunde liegen zusammenfassend betrachtet zur Informiertheit, Inanspruchnahme und Zufriedenheit der Adressaten sowie zur Bewertung und zu den Wirkungen der Schulsozialarbeit vor?
- Welche Forschungsprobleme und welche Forschungslücken gibt es?
- Welche Wirkungsniveaus können in der Schulsozialarbeit unterschieden werden?
- Wie können die Wirkungen von Schulsozialarbeit in einem Wirkungsmodell dargestellt werden?

10 Qualitätsentwicklung und Selbstevaluation in der Schulsozialarbeit:

- Wie kann Qualität analysiert und beschrieben werden?
- Von welchem Qualitätsverständnis ist in der Jugendhilfe und der Schulsozialarbeit auszugehen?
- Was wird unter Qualitätsentwicklung und Selbstevaluation verstanden?

- Nennen Sie fünf Instrumente zur Qualitätsentwicklung und Selbstevaluation in der Schulsozialarbeit?
- Beschreiben Sie ein Verfahren zur systematischen Qualitätsentwicklung in der Schulsozialarbeit.

11 Ausbildung, Curriculum und Fortbildung in der Schulsozialarbeit:

- Welche Qualifikation ist im Regelfall für eine Tätigkeit in der Schulsozialarbeit notwendig?
- Welche Inhalte sollte ein Kerncurriculum zur Schulsozialarbeit haben?
- Was wird unter Tandem-Fortbildungen verstanden und welche Vorteile bieten sie?

12 Aktuelle Herausforderungen:

- Nennen und erläutern Sie kurz fünf zentrale Herausforderungen im Arbeitsfeld Schulsozialarbeit.
- Welche Gründe gibt es für Erkenntnisdefizite in der Schulsozialarbeit?
- Nennen und erläutern Sie kurz sechs Herausforderungen im Forschungsfeld Schulsozialarbeit.

Adressen zur Schulsozialarbeit

Ausgewählte Vernetzungsseiten auf Länderebene

Vernetzungsseite zur Schulsozialarbeit in Deutschland

Homepage: www.schulsozialarbeit.net
Texte, Rechtsgrundlagen, Materialien, Downloads zur Schulsozialarbeit

Vernetzungsseite zur Schulsozialarbeit in der Schweiz

Homepage: www.schulsozialarbeit.ch
Texte, Rechtsgrundlagen, Materialien, Downloads zur Schulsozialarbeit

Vernetzungsseite zur Schulsozialarbeit in Österreich

Homepage: www.schul-sozialarbeit.at
Texte, Rechtsgrundlagen, Materialien, Downloads zur Schulsozialarbeit

Vernetzungsseite zur Schulsozialarbeit in Liechtenstein

Homepage: www.schulsozialarbeit.li
Texte, Rechtsgrundlagen, Materialien, Downloads zur Schulsozialarbeit

Ausgewählte Organisationen in Deutschland, der Schweiz und Österreich

AWO Arbeiterwohlfahrt Bundesverband e.V.
Heinrich-Albertz-Haus
Blücherstraße 62/63
10961 Berlin
Telefon: 030/26 30 90
E-Mail: info@awo.org
Homepage: www.awo.org, www.awo-informationsservice.org
Mehrere Fortbildungen, Tagungen und Veröffentlichungen zur Schulsozialarbeit

Arbeitsgemeinschaft für Kinder- und Jugendhilfe
Child and Youth Welfare Association
Mühlendamm 3
10178 Berlin
Telefon: 030/40 04 02 00
E-Mail: agj@agj.de
Homepage: www.agj.de
Empfehlungen und Broschüren zum Thema „Jugendhilfe und Schule“

Bundesarbeitsgemeinschaft der Landesjugendämter
c/o Landesamt für Soziales, Jugend und Versorgung
Landesjugendamt
Postfach 2964
55019 Mainz
E-Mail: bagljae@lsjv.rlp.de
Homepage: www.bagljae.de

Empfehlungen zum Thema „Jugendhilfe und Schule“ mit Aussagen zur Schulsozialarbeit

Bundesarbeitsgemeinschaft Katholische Jugendsozialarbeit e.V.
Carl-Mosterts-Platz 1
40477 Düsseldorf
Telefon: 0211/94 48 50
E-Mail: bagkjs@jugendsozialarbeit.de
Homepage: www.bagkjs.de
Veröffentlichungen u. a. zur katholischen Jugendsozialarbeit in Schulen

Deutscher Verein für öffentliche und private Fürsorge e.V.
Michaeliskirchstraße 17/18
10179 Berlin-Mitte
Telefon: 030/62 98 00
E-Mail: info@deutscher-verein.de
Homepage: www.deutscher-verein.de
Empfehlungen und Arbeitshilfe für den Ausbau und die Verbesserung der Zusammenarbeit der Kinder- und Jugendhilfe mit der Schule

Fachgruppe Schulsozialarbeit von AvenirSocial Schweiz
Geschäftsstelle Schweiz
Schwarztorstrasse 22
Postfach 8163
3001 Bern
Telefon: Schweiz 031/382 28 22
E-Mail: info@avenirsocial.ch
Homepage: www.avenirsocial.ch
Herausgabe einer Rahmenempfehlung zur Schulsozialarbeit, von Qualitätsrichtlinien und eines Papiers zur Zusammenarbeit von SchulpsychologInnen und SchulsozialarbeiterInnen

Gewerkschaft Erziehung und Wissenschaft
Reifenberger Straße 21
60489 Frankfurt
Telefon: 069/78 97 30
E-Mail: info@gew.de
Homepage: www.gew.de
Tagungen, Veröffentlichungen und Empfehlungen zur Schulsozialarbeit und zur Kooperation von Jugendhilfe und Schule

IN VIA Katholischer Verband für Mädchen- und Frauensozialarbeit – Deutschland e.V.
Karlstraße 40
79104 Freiburg
Telefon: 0761/200-0
E-Mail: invia@caritas.de
Homepage: www.invia.caritas.de
Mehrere Stellungnahmen und Positionspapiere zur Schulsozialarbeit

Kooperationsverbund Jugendsozialarbeit
Chausseestraße 128/129
10115 Berlin
Telefon: 030/288 78 95-38
E-Mail: kooperationsverbund@jugendsozialarbeit.de
Homepage: www.jugendsozialarbeit.de
Tagungen, Veröffentlichungen und Expertisen zur schulbezogenen Jugendsozialarbeit, Herausgabe der „Zeitschrift für Jugendsozialarbeit"

Koordinierende Institution für die Schulsozialarbeit in Österreich – Steirische Volkswirtschaftliche Gesellschaft
Dr. Michaela Marterer (Geschäftsführung)
Freiheitsplatz 2/3. Stock
8010 Graz
Telefon: Österreich 676 84 17 17 14
E-Mail: mm@stvg.com
Homepage: www.stvg.com
Koordination von Aktivitäten zur Schulsozialarbeit, inhaltliche und organisatorische Durchführung von Veranstaltungen

Paritätischer Wohlfahrtsverband – Gesamtverband e.V.
Oranienburger Straße 13–14
10178 Berlin
Telefon: 030/246 36-0
Ansprechpartnerin: Elvira Kriebel
E-Mail: info@paritaet.org
Internet: www.der-paritaetische.de
www.jugendsozialarbeit-paritaet.de

Tagungen, Veröffentlichungen und Empfehlungen zur Kooperation von Jugendhilfe und Schule sowie zur Schulsozialarbeit

Projektleitung Schulsozialarbeit in Österreich
Bundesministerium für Unterricht, Kunst und Kultur
Dr. Gerhard Krötzl (Leiter der Abt. Schulpsychologie-Bildungsberatung)
Freyung 1
1014 Wien
Telefon: Österreich 01 53120-2580
E-Mail: mgerhard.kroetzl@bmukk.gv.at
Homepage: www.schul-sozialarbeit.at
Förderung der Schulsozialarbeit, Initiierung und Mitfinanzierung von Pilotprojekten in den Bundesländern

SchulsozialarbeiterInnenverband in der Schweiz
Oberstufenzentrum Matt
Herr Ruedi Keller
6014 Littau
Tel.: Schweiz 076/477 28 73 oder
Tel.: Schweiz 041/250 62 73
E-Mail: sekretariat@ssav.ch
Homepage: www.ssav.ch
Förderung und Weiterentwicklung der Schulsozialarbeit u. a. durch Vernetzung, Durchführung von Tagungen, Öffentlichkeitsarbeit und Gremienarbeit

Verein für Kommunalwissenschaften e.V. (VfK)
Straße des 17. Juni 112
10623 Berlin
Postfach 120321
10593 Berlin
Telefon: 030/377 11-800
E-Mail: vfk@vfk.de
Homepage: www.vfk.de
Tagungen, Veröffentlichungen und Expertisen zur Jugendhilfe und Schule, u. a. Broschüre „Soziale Arbeit in der Schule (Schulsozialarbeit) – Konzeptionelle Grundbedingungen

Landesarbeitsgemeinschaften

Netzwerk Schulsozialarbeit Baden-Württemberg e.V.
Geschäftsstelle
Schlossstraße 35
71139 Ehningen
Telefon: 07034/14 85 47
E-Mail: info@netzwerk-schulsozialarbeit.de
Homepage: www.netzwerk-schulsozialarbeit.de

Landesarbeitsgemeinschaft Schulsozialarbeit Bayern e.V.
Prof. Dr. Herbert Bassarak
Am Hasenfeld 9
91207 Lauf

Arbeitskreis Schulsozialarbeit an beruflichen Schulen in Bayern
Städtische Berufsschule zur Berufsvorbereitung
Markus Kitzmann
Bogenhauser Kirchplatz 3
81675 München
Telefon: 089/99 89 13 23
E-Mail: m.kitzmann@gmx.de
Homepage: www.berufsschulsozialarbeit-bayern-ak.de

Förderverein Sozialarbeit an Schulen in Brandenburg (SaS)
Peggi Täubner
Pestalozzi-Förderschule
Neue Straße 41
03044 Cottbus
Telefon: 0355/383 09 35
E-Mail: peggitaeubner@web.de

Landesarbeitsgemeinschaft Schulsozialarbeit Bremen
LAG Schulsozialarbeit Bremen e.V.
Grünenstraße 7
28199 Bremen
lag@schuso-bremen.de
Homepage: www.schuso-bremen.de

Landesarbeitsgemeinschaft Hessen-Sozialarbeit in Schulen
Homepage: www.sozialarbeit-schule-hessen.de

Verantwortlich für Grundschulen:
Petra Gilbert-Scherer
Regenbogenschule
Theodor-Heuss-Ring 5
63128 Dietzenbach
Telefon: 06074/415 21
E-Mail: SiSregenbogenschule@dietzenbach.de

Verantwortlich für Haupt- und Realschulen:
Ernst Bickel
Domschule
Am Kronhof 5
36037 Fulda
Telefon: 0661/901 17 85
E-Mail: ernst.bickel@fulda.de

Verantwortlich für Gesamtschulen:
Renate Mertens
Joachim-Schumann-Schule
Bürgermeister-Willand-Straße 1
64832 Babenhausen
Telefon: 06073/72 66 23
E-Mail: Osb.sozialarbeit@web.de

Verantwortlich für Berufliche Schulen:
Klaus Birkelbach
Philipp-Holzmann-Schule
Siolistraße 41
60323 Frankfurt
Telefon: 069/212-397 18 oder 069/212-389 96
E-Mail: sofhbs@ejuf.de

Landesfachverband Schulsozialarbeit in Mecklenburg-Vorpommern
c/o Kolping Initiative gGmbH
Eutiner Straße 20
18109 Rostock
E-Mail: kolping-lichtenhagen@gmx.de
Homepage: www.schulsozialarbeit-mv.de

Landesarbeitsgemeinschaft Schulsozialarbeit in Niedersachsen
Jörn Hannemann
Ambergauschule
Mahlumer Straße 20
31176 Bockenem
Telefon: 05067/249 08 31
E-Mail: j.hannemann@lag-schulsozialarbeit-nds.de
Homepage: www.lag-schulsozialarbeit-nds.de

Landesarbeitsgemeinschaft Schulsozialarbeit NRW
Wolfgang Foltin
Telefon: 0176/514 429 85
E-Mail: info@schulsozialarbeit-nrw.de
Internet: www.schulsozialarbeit-nrw.de

Landesfachgruppe Schulsozialarbeit des Deutschen Berufsverbandes für Soziale Arbeit in Nordrhein-Westfalen
DBSH Geschäftsstelle NRW
Birgit Böttiger
Otto-Wels-Straße 26
33102 Paderborn
Ansprechpartnerin: Tanja Hanson-Walylo
Telefon: 0234/325 14 67
E-Mail: tanja.hanson-walylo@dbsh-nrw.de
Homepage: www.dbsh-nrw.de/index.php?id=29

Landesarbeitsgemeinschaft Schulsozialarbeit im Saarland
c/o GWP Saarstraße
Saarstraße 25
66333 Völklingen
Telefon: 06898/227 79
E-Mail: schuelerinnenhaus@dwsaar.de
Homepage: www.schulsoz-saar.de

Landesarbeitsgemeinschaft Schulsozialarbeit Sachsen e. V.
c/o Schulsozialarbeit 101. Mittelschule
Pfotenhauerstraße 42–44
01307 Dresden
Telefon: 0351/459 82 71
E-Mail: lag@schulsozialarbeit-sachsen.de
Homepage: www.schulsozialarbeit-sachsen.de

Landesarbeitskreis Schulsozialarbeit Schleswig-Holstein
Burkhard Märtens
Telefon: 04541/800 02 19
E-Mail: maertens@gms-rz.de
Internet: www.lak-schulsozialarbeit-sh.de

Landesarbeitsgemeinschaft Schulsozialarbeit Thüringen
Anke Jänner
Telefon: 03641/47 89 88
E-Mail: schulsozialarbeit.thueringen@gmx.de
Internet: schulsozialarbeit.wordpress.com

Literatur

Abels, H. (1972): Sozialisation und Chancengleichheit. Differenzierte Erziehung am Modell der Schulsozialarbeit. Düsseldorf

Abels, H. (1971): Schulsozialarbeit. Ein Beitrag zum Ausgleich von Sozialisationsdefiziten. Soziale Welt 28 (3), 347–359

Abels, H.,Peltzer-Gall, H. (1976): Schulsozialarbeit in der Kollegstufe. Neue Praxis 6 (4) 314–328

Adamowitsch, M., Lehner, L., Felder-Puig, R. (2013): Grundlagenpapier zur Entwicklung eines einheitlichen Evaluationsmodells für Schulsozialarbeit in Österreich. Wien

Adamowitsch, M., Lehner, L., Felder-Puig, R. (2011): Schulsozialarbeit in Österreich. Darstellung unterschiedlicher Implementierungsformen. Forschungsbericht. Wien

Aden-Grossmann, W. (1995): Jugendhilfe und Schule. In: Nyssen, E., Schön, B. (Hrsg.): Perspektiven für pädagogisches Handeln. Eine Einführung in Erziehungswissenschaft und Schulpädagogik. München/Weinheim, 227–258

AGJ, siehe Arbeitsgemeinschaft für Jugendhilfe, unter Ständige Konferenz der Kultusminister der Länder (KMK)

AGOLJB, siehe Arbeitsgemeinschaft der Obersten Landesjugendbehörden

Alicke, T. (2011): „Jugendsozialarbeit an Schule erfolgreich gestalten – Qualitätsentwicklung in der Kooperation von Jugendsozialarbeit und Schule". Eine Expertise. Herausgegeben vom DRK. Berlin

Allen-Meares, P. (Hrsg.) (2004): Social Work Services in Schools. 4. Aufl. New York

Arbeiterwohlfahrt Kreisverband Frankfurt (2014): Qualitätsmanagement-Handbuch. Schulsozialarbeit in der Ernst-Reuter-Schule II. Frankfurt a. M.

Arbeiterwohlfahrt Bundesverband e.V. (2013): Schulsozialarbeit muss finanziell weiter abgesichert werden. Berlin

Arbeiterwohlfahrt Bezirksverband Hannover, Kreisverband Stade (1982): Jugendhilfe zwischen Schule und Arbeitswelt. Erfahrungen eines Modellprojektes der Schulsozialarbeit in Nordkehdingen/Elbe, Hannover/Stade

Arbeitsgemeinschaft der Obersten Landesjugendbehörden (AGOLJB) 2000: Jugendhilfe und Schule, Arbeitspapier der Arbeitsgemeinschaft der Obersten Landesjugendbehörden zum Thema „Jugendhilfe und Schule" (Beschluss der AGOLJB am 23./24. März 2000 in Potsdam, TOP 5. Forum Jugendhilfe 38 (4), 39–44

Arbeitsgemeinschaft der Obersten Landesjugendbehörden (AGOLJB) 1996 (Hrsg.): Kooperation zwischen Jugendhilfe und Schule. Ein Länderbericht der Arbeitsgemeinschaft der Obersten Landesjugendbehörden für die Jugendministerkonferenz am 13./14. Juni 1996. Forum Jugendhilfe 34 (4), 34–37

Arbeitsgemeinschaft für Kinder- und Jugendhilfe (AGJ) und Kultusministerkonferenz (KMK) (2008): Zwischenbilanz zur Zusammenarbeit von AGJ und KMK im Themenbereich Kooperation von Jugendhilfe und Schule. Bericht von Held, K.-H. und Struck, N. Forum Jugendhilfe 46 (3), 2–3

Arbeitsgemeinschaft für Kinder- und Jugendhilfe (AGJ) (2006): Handlungsempfehlungen zur Kooperation von Jugendhilfe und Schule. Arbeitsgemeinschaft für Kinder- und Jugendhilfe. Leipzig

Arbeitsgemeinschaft für Kinder- und Jugendhilfe (AGJ) (2003): Empfehlungen der Arbeitsgemeinschaft für Jugendhilfe zu den gemeinsamen Herausforderungen von Schule und Jugendhilfe bei der Umsetzung des Investitionsprogramms „Zukunft Bildung und Betreuung". Berlin

Arbeitsgruppe Jugendhilfe und Schule der Jugendministerkonferenzen und der Kultusministerkonferenz (JMK und KMK) (2002): Bericht der Arbeitsgruppe Jugendhilfe und Schule der Jugendministerkonferenzen und der Kultusministerkonferenz. Forum Jugendhilfe 40 (4), 26–38

Arbeitskreis Hessische Schulsozialarbeit (Hrsg.) (1980): Schulsozialarbeit – Eine Antwort auf drohende Deklassierung von Jugendlichen? Beiträge zur Praxis der Arbeiterwohlfahrt. Bd. 5. Frankfurt a. M.

Arbeitskreis Hessische Sozialarbeit (Hrsg.) (1978): Das Bermudadreieck der Schulsozialarbeit – Geschichten aus hessischen Schulsozialarbeitsprojekten. Frankfurt a. M.

AvenirSocial, SchulsozialarbeiterInnen-Verband (SSAV) (2010a): Rahmenempfehlungen Schulsozialarbeit. In: www.avenirsocial.ch (22.06.2014)

AvenirSocial, SchulsozialarbeiterInnen-Verband (SSAV)(2010b): Qualitätsrichtlinien für die Schulsozialarbeit. In: www.avenirsocial.ch (22.06.2014)

BAG JAW, siehe Bundesarbeitsgemeinschaft Jugendaufbauwerk

BAG JSA, siehe Bundesarbeitsgemeinschaft Jugendsozialarbeit

BAG KJS, siehe Bundesarbeitsgemeinschaft Katholische Jugendsozialarbeit

BAGLJÄ, siehe Bundesarbeitsgemeinschaft der Landesjugendämter

Baier, F. (2011a): Theorie-Praxis-Transfer: Bildungstheoretische Elemente in ihrer Bedeutung für die Praxis. In: Baier, F., Deinet, U.(Hrsg.): Praxisbuch Schulsozialarbeit. Methoden, Haltungen und Handlungsorientierungen für eine professionelle Praxis. Opladen/Farmington Hills, 103–114

Baier, F. (2011b): Warum Schulsozialarbeit? Fachliche Begründungen der Rolle von Schulsozialarbeit im Kontext von Bildung und Gerechtigkeit. In: Baier, F., Deinet, U.(Hrsg.): Praxisbuch Schulsozialarbeit. Methoden, Haltungen und Handlungsorientierungen für eine professionelle Praxis. Opladen/Farmington Hills, 85–102

Baier, F. (2008): Schulsozialarbeit. In: Baier, F., Schnurr, S. (Hrsg.): Schulische und schulnahe Dienste. Angebote, Praxis und fachliche Perspektiven. Bern, 87–120

Baier, F., Deinet, R. (2011): Praxisbuch Schulsozialarbeit: Methoden, Haltungen und Handlungsorientierungen für eine professionelle Praxis. Opladen/Berlin/Toronto

Baier, F., Heeg, R. (2011): Praxis und Evaluation von Schulsozialarbeit. Sekundäranalysen von Forschungsdaten aus der Schweiz. Wiesbaden

Bakic, J., Coulin-Kuglitsch (Hrsg.) 2012: Blickpunkt: Schulsozialarbeit in Österreich. Wien

Barz, R. (1981): Möglichkeiten der Schulsozialarbeit im Bereich der Hauptschule – Studienarbeiten aus der Katholischen Fachhochschule Nordrhein-Westfalen. Beiträge zur Sozialarbeit, Sozialpädagogik, Heilpädagogik und praktischen Theologie. Dortmund

Bauer, P., Brunner, E. J., Morgenstern, I., Volkmar, S. (2005): Sozialarbeit an berufsbildenden Schulen. Das Thüringer Modell. Freiburg

Bayerisches Staatsministerium für Arbeit und Sozialordnung, Familie und Frauen (BSTMAS) (2012a): Richtlinie zur Förderung der Jugendsozialarbeit an Schulen – JaS. Bekanntmachung des Bayerischen Staatsministeriums für Arbeit und Sozialordnung, Familie und Frauen vom 20.11.2012 Nr. VI 5/6521.05-1/28. München

Bayerisches Staatsministerium für Arbeit und Sozialordnung, Familie und Frauen (BSTMAS) (2012b): Leitfaden zur Erstellung einer Kooperationsvereinbarung zwischen Jugendhilfe und Schule nach 3.3 der Richtlinie zur Förderung der Jugendsozialarbeit an Schulen – JaS. München

Bauer, P. (2008): Die Aneignungsperspektive in der Wirkungsforschung zur Schulsozialarbeit. Zeitschrift für Sozialpädagogik 6 (4), 419–441

Beckmann, C., Otto, H. U., Richter, M., Schrödter, M. (Hrsg.) (2004): Qualität in der Sozialen Arbeit. Zwischen Nutzerinteresse und Kostenkontrolle. Wiesbaden

Beher, K., Rauschenbach, T. (2006): Die offene Ganztagsgrundschule in Nordrhein-Westfalen. Ein gelungenes Zusammenspiel von Schule und Jugendhilfe? Zeitschrift für Erziehungswissenschaft 9 (1), 51–66

Beher, K., Haenisch, H., Hermens, C., Liebig, R., Nordt, G., Schulz, U. (2005): Offene Ganztagsschule Primarbereich. Begleitstudie zu Einführung, Zielsetzungen und Umsetzungsprozessen in Nordrhein-Westfalen. Weinheim/München

Behr-Heintze, A., Lipski, J. (2005): Schulkooperationen. Stand und Perspektiven der Zusammenarbeit zwischen Schulen und ihren Partnern. Ein Forschungsbericht des DJI. Schwalbach/Ts.

Bettmer, F., Maykus, S., Prüß, F., Richter, A. (Hrsg.) (2007): Ganztagsschule als Forschungsfeld. Theoretische Klärungen, Forschungsdesigns und Konsequenzen für die Praxisentwicklung. Wiesbaden

Bettmer, F., Maykus, S., Hartnuß, B., Prüß, F. (2002): „Die Angst vor dem Gesichtsverlust …" – sind Funktionsüberschneidungen das Problem? Theoretische und empirische Klärungen zum Verhältnis von Jugendhilfe und Schule. Archiv für Wissenschaft und Praxis der sozialen Arbeit 33 (2), 12–42

Beywl, W., Bestvater, H. (1998): Selbst-Evaluation in pädagogischen und sozialen Arbeitsfeldern, Ergänzung und Alternative zur Fremdevaluation. In: Bundesvereinigung Kulturelle Jugendbildung (Hrsg.): Qualitätssicherung durch Evaluation. Konzepte, Methoden, Ergebnisse – Impulse für die kulturelle Kinder- und Jugendbildung. Remscheid, 33–44

Bildungskommission NRW (1995): Zukunft der Bildung – Schule der Zukunft. Denkschrift der Kommission „Zukunft der Bildung – Schule der Zukunft" beim Ministerpräsidenten des Landes Nordrhein-Westfalen. Neuwied

Bleckmann, P., Durdel, J. (Hrsg.): Lokale Bildungslandschaften. Perspektiven für Ganztagsschulen und Kommunen. Wiesbaden

BJK, siehe Bundesjugendkuratorium

BJK, Sachverständigenkommission. AGJ, siehe Bundesjugendkuratorium, Sachverständigenkommission des Elften Kinder- und Jugendberichtes und Arbeitsgemeinschaft für Jugendhilfe (AGJ)

BMBW, siehe Bundesminister für Bildung und Wissenschaft

BMFSFJ, siehe Bundesministerium für Familie, Senioren, Frauen und Jugend

BMJFFG, siehe Bundesministerium für Jugend, Familie, Frauen und Gesundheit

Böhnisch, L. (1993): Sozialpädagogik des Kindes- und Jugendalters. Eine Einführung. Weinheim

Böhnisch, L., Schröer, W. (2011): Blindflüge. Versuch über die Zukunft der Sozialen Arbeit. Weinheim/München

Bolay, E. (2004a): Kooperation von Jugendhilfe und Schule. Forschungsstand und Forschungsbedarf. Archiv für Wissenschaft und Praxis der sozialen Arbeit 35 (2), 18–39

Bolay, E. (2004b): (Praxis-)Forschung in der Kooperation von Jugendhilfe und Schule: Standort- und Bedarfsbestimmung. In: Hartnuß, B., Maykus, S. (Hrsg.): Handbuch Kooperation von Jugendhilfe und Schule. Ein Leitfaden für Praxisreflexionen, theoretische Verortungen und Forschungsfragen. Berlin, 1007–1035

Bolay, E. (2004c): Überlegungen zu einer lebensweltorientierten Schulsozialarbeit. In: Grunwald, K., Thiersch, H. (Hrsg.): Praxis Lebensweltorientierter Sozialer Arbeit. Handlungszugänge und Methoden in unterschiedlichen Arbeitsfeldern, Weinheim/München, 147–162

Bolay, E., Arbeitsgruppe Jugendhilfe – Schule (1999): Unterstützen, Vernetzen, Gestalten. Eine Fallstudie zur Schulsozialarbeit. Materialien zur Schulsozialarbeit VIII. Herausgegeben vom Landeswohlfahrtsverband Württemberg-Hohenzollern, Landesjugendamt, Stuttgart

Bolay, E., Flad, C., Gutbrod H. (2004): Jugendsozialarbeit an Hauptschulen und im BVJ und Baden-Württemberg. Abschlussbericht der Begleitforschung zur Landesförderung. Tübingen

Bolay, E., Flad, C., Gutbrod, H. (2003): Sozialraumverankerte Schulsozialarbeit. Eine empirische Studie zur Kooperation von Jugendhilfe und Schule. Nr. 7, herausgegeben vom Landeswohlfahrtsverband Württemberg-Hohenzollern. Stuttgart

Bolay, E., Gutbrod, H., Flad, C. (2005): Schulsozialarbeit – Impulse für die Ganztagsschule. In: Spies, A., Stecklina, G. (Hrsg.): Die Ganztagsschule, Bd. 2: Keine Chance ohne Kooperation – Handlungsformen und institutionelle Bedingungen. Bad Heilbrunn/Obb., 22–42

Bönsch, M. (2004): Kooperation von Jugendhilfe und Schule aus schulpädagogischer Sicht: Warum sollte sich Schule (auch) zur Jugendhilfe hin öffnen? In: Hartnuß, B., Maykus, S. (Hrsg.): Handbuch Kooperation von Jugendhilfe und Schule. Ein Leitfaden für Praxisreflexionen, theoretische Verortungen und Forschungsfragen. Berlin, 126–139

Braun, K.-H. (1999): Institutionalisierung und Professionalisierung der Schulsozialarbeit. Deutsche Jugend 47 (6), 258–266

Braun, K.-H. (1997): Professionalisierung der Schulsozialarbeit durch Fort- und Weiterbildung. Jugendhilfe, 35 (1), 11–18

Braun, K.-H., Wetzel, K. (2013): In: Soziales Kapital. Wissenschaftliches Journal österreichischer Fachhochschul-studiengänge Soziale Arbeit. Nr. 10 (2013). In: www.soziales-kapital.at/index.php/sozialeskapital/article/viewFile/281/464.pdf (23.06.2014)

Braun, K.-H., Wetzel, K. (2011): Schulsozialarbeit in Österreich. In: Baier, F., Deinet, U. (Hrsg.): Praxisbuch Schulsozialarbeit. Opladen/Farmingon Hills, 45–60

Braun, K.-H., Wetzel, K. (2000): Sozialpädagogisches Handeln in der Schule. Einführung in die Grundlagen und Konzepte von Schulsozialarbeit. Neuwied/Kriftel

Brenner, G., Nörber, M. (Hrsg.) (1992): Jugendarbeit und Schule. Kooperation statt Rivalität um die Freizeit. Weinheim/München

Brusten, M., Holtappels, H. G. (1985): Kooperieren oder Verweigern? Empirische Ergebnisse zur „Schulberichtspraxis“ und Problematik der Weitergabe von Informationen über Schüler an schulexterne Institutionen. Soziale Welt 36 (3), 313–336

BSTMAS, siehe Bayerisches Staatsministerium für Arbeit und Sozialordnung, Familie und Frauen

Bundesarbeitsgemeinschaft der Landesjugendämter (BAGLJÄ) (2014): Soziale Arbeit in der Schule. Aufgaben der Kinder- und Jugendhilfe. Positionspapier. Beschlossen auf der 116. Arbeitstagung vom 14. Mai bis 16. Mai in Mainz. Mainz

Bundesarbeitsgemeinschaft der Landesjugendämter (BAGLJÄ) (1993): Empfehlungen zum Thema „Jugendhilfe und Schule“. Beschlossen auf der 74. Arbeitstagung vom 5. Mai bis 7. Mai in Münster. Köln

Bundesarbeitsgemeinschaft Evangelische Jugendsozialarbeit (BAG EJSA) (2012): Schulsozialarbeit – eine Standortbestimmung der Bundesarbeitsgemeinschaft Evangelische Jugendsozialarbeit (BAG EJSA). Verabschiedet im Hauptausschuss am 13.11.2012. Bonn

Bundesarbeitsgemeinschaft Jugendaufbauwerk (BAG JAW) (Hrsg.) (1996): Neue Steuerung und Qualitätsstandards in der Jugendsozialarbeit. Jugend-Beruf-Gesellschaft. Zeitschrift für Jugendsozialarbeit 47 (3–4)

Bundesarbeitsgemeinschaft Jugendaufbauwerk (BAG JAW) (1976): Sozialisationstheoretische und gruppendynamische Aspekte sozialer Lernprozesse im Kontext Schule. Schriften zur Schulsozialarbeit, Bd. 4. Bonn

Bundesarbeitsgemeinschaft Jugendaufbauwerk (BAG JAW) (1975a): Vorstudien zur wissenschaftlichen Begleitung von Modellversuchen sozialpädagogischer Jugendarbeit an Schulen. Schriften zur Schulsozialarbeit, Bd. 2. Bonn

Bundesarbeitsgemeinschaft Jugendaufbauwerk (BAG JAW) (1975b): Berichte aus der Praxis. Schriften zur Schulsozialarbeit, Bd. 3., Bonn

Bundesarbeitsgemeinschaft Jugendaufbauwerk (BAG JAW) (1973): Leitfaden zur Errichtung und Durchführung von Modellversuchen sozialpädagogischer Jugendarbeit an Schulen. Schriften zur Schulsozialarbeit, Bd. 1. Bonn

Bundesarbeitsgemeinschaft Jugendsozialarbeit – Jugendaufbauwerk (BAG JAW) (Hrsg.) (1996): Jugendsozialarbeit und Schule. Stellungnahme der Bundesarbeitsgemeinschaft Jugendsozialarbeit – Jugendaufbauwerk (BAG JAW) zur schulbezogenen Jugendsozialarbeit. Jugendhilfe 34 (2), 109–113

Bundesarbeitsgemeinschaft Jugendsozialarbeit (BAG JSA) (2005): Jugendsozialarbeit – Bildung – Schule. Zum Selbstverständnis der Jugendsozialarbeit im Kontext der Entwicklung von Ganztagsschule. Bonn

Bundesarbeitsgemeinschaft Katholische Jugendsozialarbeit (BAG KJS) e.V. (2002): Profil: Schulbezogene Jugendsozialarbeit in katholischer Trägerschaft. Ein Positionspapier der Bundesarbeitsgemeinschaft Katholische Jugendsozialarbeit (BAG KJS) e.V. zum Selbstverständnis von Jugendsozialarbeit in und an Schulen, verabschiedet von der Mitgliederversammlung der BAG KJS am 20./21. November 2002 in Bergisch-Gladbach. Düsseldorf

Bundeselternrat (2014): Schule ist mehr als Unterricht. Bundeselternrat fordert: Bundesgelder für Schulsozialarbeit an allen Schulen. In: www.bundeselternrat.de/aktuelles/news-artikel/article/schule-ist-mehr-als-unterricht.html (04.06.2014)

Bundesjugendkuratorium (2003): Auf dem Weg zu einer neuen Schule. Jugendhilfe und Schule in gemeinsamer Verantwortung, Stellungnahme des Bundesjugendkuratoriums zum Investitionsprogramm „Zukunft Bildung und Betreuung“ der Bundesregierung zur Schaffung von mehr Ganztagsschulen. Bonn

Bundesjugendkuratorium (2002a): „Zukunftsfähigkeit sichern! – Für ein neues Verhältnis von Bildung und Jugendhilfe". Streitschrift des Bundesjugendkuratoriums, Zusammenfassung. Jugendhilfe 40 (2), 98–99

Bundesjugendkuratorium (2002b): „Zukunftsfähigkeit sichern! – Für ein neues Verhältnis von Bildung und Jugendhilfe". Streitschrift des Bundesjugendkuratoriums, Auszüge. Neue Praxis 40 (1), 3–7

Bundesjugendkuratorium (BJK), Sachverständigenkommission des Elften Kinder- und Jugendberichtes und Arbeitsgemeinschaft für Jugendhilfe (AGJ) (2002): Bildung ist mehr als Schule. Leipziger Thesen zur aktuellen bildungspolitischen Debatte. Gemeinsame Erklärung des Bundesjugendkuratoriums, der Sachverständigenkommission des Elften Kinder- und Jugendberichtes und der Arbeitsgemeinschaft für Jugendhilfe. Bonn/Berlin/Leipzig

Bundesminister für Bildung und Wissenschaft (BMBW) (Hrsg.) (1978a): Bericht über den Modellversuch „Schulsozialarbeit an der Gesamtschule Kassel-Waldau". Schriftenreihe Bildungsplanung 25. Bonn

Bundesminister für Bildung und Wissenschaft (BMBW) (Hrsg.) (1978b): Erste Erfahrungen und einige Konsequenzen aus den Modellversuchen Sozialarbeit. Schriftenreihe Bildungsplanung 29. Bonn

Bundesministerium für Familie, Senioren, Frauen und Jugend (BMFSFJ) (Hrsg.) (2013): 14. Kinder- und Jugendbericht – Bericht über die Lebenssituation junger Menschen und die Leistungen der Kinder- und Jugendhilfe in Deutschland. Berlin

Bundesministerium für Familie, Senioren, Frauen und Jugend (BMFSFJ) (Hrsg.) (2009): 13. Kinder- und Jugendbericht – Bericht über die Lebenssituation junger Menschen und die Leistungen der Kinder- und Jugendhilfe in Deutschland. Berlin

Bundesministerium für Familie, Senioren, Frauen und Jugend (BMFSFJ) (Hrsg.) (2005): Zwölfter Kinder- und Jugendbericht – Bericht über die Lebenssituation junger Menschen und die Leistungen der Kinder- und Jugendhilfe in Deutschland. Bonn

Bundesministerium für Familie, Senioren, Frauen und Jugend (BMFSFJ) (2002a): Elfter Kinder- und Jugendbericht – Bericht über die Lebenssituation junger Menschen und die Leistungen der Kinder- und Jugendhilfe in Deutschland. Bonn

Bundesministerium für Familie, Senioren, Frauen und Jugend (BMFSFJ) (2002b): QS Kompendium. Gesamtausgabe aller QS-Hefte von 1–36. Materialien zur Qualitätssicherung in der Kinder- und Jugendhilfe. Bonn (CD-ROM)

Bundesministerium für Familie, Senioren, Frauen und Jugend (BMFSFJ) (Hrsg.) (1998): Zehnter Kinder- und Jugendbericht – Bericht über die Lebenssituation von Kindern und die Leistungen der Kinderhilfen in Deutschland. Bonn

Bundesministerium für Familie, Senioren, Frauen und Jugend (BMFSFJ) (Hrsg.) (1994): Neunter Jugendbericht – Bericht über die Situation der Kinder und

Jugendlichen und die Entwicklung der Jugendhilfe in den neuen Bundesländern. Bonn

Bundesministerium für Jugend, Familie, Frauen und Gesundheit (BMJFFG) (Hrsg.) (1990): Achter Jugendbericht – Bericht über Bestrebungen und Leistungen der Jugendhilfe. Bonn

Busche-Baumann, M. (1993): Schule – Soziale Arbeit: Chancen und Grenzen der Zusammenarbeit. Forum Jugendhilfe 31 (3), 35–40

Christen, E., Pfeiffer, S. (1999): Sozialarbeit macht Schule. Eine Bestandsaufnahme der Schulsozialarbeit in der Deutschschweiz. Basel

Coelen, T. (2004): „Ganztagsbildung" – Integration von Aus- und Identitätsbildung durch die Kooperation zwischen Schulen und Jugendeinrichtungen. In: Otto, H.-U., Coelen, T. (Hrsg.): Grundbegriffe der Ganztagsbildung. Beiträge zu einem neuen Bildungsverständnis in der Wissensgesellschaft. Wiesbaden, 247–267

Coelen, T., Otto, H.-U. (Hrsg.) (2008): Grundbegriffe Ganztagsbildung. Das Handbuch. Wiesbaden

Constable, R., McDonald, S., Flynn, J. P. (Hrsg.) (2002): School Social Work. Practice, Policy and Research Perspectives. 5. Aufl. Chicago

Deinet, U. (1998a): Die sozialräumliche Verbindung zwischen Jugendhilfe und Schule – am Beispiel gemeinsamer Fortbildungen. In: Keuffer, J., Krüger, H.-H., Reinhardt, S., Weise, E., Wenzel, H. (Hrsg.): Schulkultur als Gestaltungsaufgabe. Partizipation – Management – Lebensweltgestaltung. Weinheim, 338–349

Deinet, U. (1998b): Aneignung und Sozialer Raum. Prämissen einer jugendorientierten Offenen Jugendarbeit. In: Kiesel, D., Scherr, A., Thole, W. (Hrsg.): Standortbestimmung Jugendarbeit. Theoretische Orientierungen und empirische Befunde. Schwalbach/Ts., 127–146

Deinet, U. (2004): Sozialraumorientierung als Konzept der Schulsozialarbeit? In: Hartnuß, B., Maykus, S. (Hrsg.): Handbuch Kooperation von Jugendhilfe und Schule. Ein Leitfaden für Praxisreflexionen, theoretische Verortungen und Forschungsfragen. Berlin, 238–276

Deinet, U., Icking, M. (2005): Schule in Kooperation – mit der Jugendhilfe und mit weiteren Partnern im Sozialraum. In: Appel, S., Ludwig, H., Rother, U., Rutz, G. (Hrsg.): Jahrbuch Ganztagsschule 2006. Schulkooperationen. Schwalbach/Ts., 9–20

Deinet, U., Reutlinger, C. (Hrsg.) (2004): „Aneignung" als Bildungskonzept der Sozialpädagogik. Wiesbaden

Der Paritätische (2013): Paritätisches Diskussionspapier für einen bundesweiten Aktionsplan zum flächendeckenden Ausbau der Schulsozialarbeit. Berlin

Der Paritätische Wohlfahrtsverband – Gesamtverband (Hrsg.) (2005): Jugendsozialarbeit und Schule, H. 4 der Reihe „Paritätische Arbeitshilfe" Jugendsozialarbeit. Berlin

Der Paritätische Gesamtverband, Bundesarbeitsgemeinschaft Katholische Jugendsozialarbeit, Bundesarbeitsgemeinschaft Evangelische Jugendsozialarbeit (Paritätische, BAG EJSA, BAG KJS) (2014): Partnerschaftlich gegen Schulabsentismus – Schulsozialarbeit sichern! Pressemitteilung vom 13.05.2014, Paderborn

Deutscher Berufsverband für Soziale Arbeit e.V. – Landesverband NRW-Landesfachgruppe Schulsozialarbeit (DBSH NRW) (2006a): Schulsozialarbeit. Rahmenrichtlinien

Deutscher Berufsverband für Soziale Arbeit e.V. – Landesverband NRW-Landesfachgruppe Schulsozialarbeit (DBSH NRW) (2006a): Positionspapier Trainingsraum – Schulsozialarbeit

Deutscher Verein für öffentliche und private Fürsorge (Hrsg.) (2014a): Empfehlungen des Deutschen Vereins zur Entwicklung der Schulsozialarbeit. Berlin

Deutscher Verein für öffentliche und private Fürsorge (Hrsg.) (2014b): Profil und Position der Schulsozialarbeit. Archiv für Wissenschaft und Praxis der sozialen Arbeit. H. 1

Deutscher Verein für öffentliche und private Fürsorge (Hrsg.) (2013): Stellungnahme des Deutschen Vereins zum Entwurf eines Gesetzes zur Änderung des Zweiten Buches Sozialgesetzbuch – Weiterfinanzierung von Schulsozialarbeit und Mittagessen in Horteinrichtungen (BR-Drucks. 319/13). Berlin

Deutscher Verein für öffentliche und private Fürsorge (Hrsg.) (2001): Weiterentwickelte Empfehlung und Arbeitshilfe für den Ausbau und die Verbesserung der Zusammenarbeit der Kinder- und Jugendhilfe mit der Schule. In: www.deutscher-verein.de/05-empfehlungen/empfehlungen_archiv/2001/maerz/200103/ (24.07.2014)

Deutscher Verein für öffentliche und private Fürsorge (Hrsg.) (2000): Empfehlungen und Arbeitshilfe für den Ausbau und die Verbesserung der Zusammenarbeit der Kinder- und Jugendhilfe mit der Schule. Nachrichtendienst des Deutschen Vereins, H. 10

Deutsches Jugendinstitut München(DJI) (2012): Aufwachsen in Deutschland: Alltagswelten (AID:A). In: Data Archive Köln: https://dbk.gesis.org/dbksearch/sdesc2.asp?no=5577&search=AID:A&search2=&DB=d&tab=0&notabs=&nf=1&af=&ll=10 (07.06.2014)

Deutsches Jugendinstitut München (DJI) (1992–2003): DJI Jugendsurveys 1992, 1997, 2000, 2003. In: Data Archive Köln: https://dbk.gesis.org/dbksearch/GDESC2.asp?no=0041&search=Jugendsurvey&search2=&DB=d&tab=0&notabs=&nf=1&af=&ll=10 (07.06.2014)

Deutsches Jugendinstitut (DJI) (Hrsg.) (1985): Sozialpädagogische Schule und Gemeinwesenarbeit in New York. DJI-Materialien, Reihe Materialien zur Schulsozialarbeit. Band 14. München

Deutsches Jugendinstitut (DJI) (Hrsg.) (1984a): Schule – Arbeitsplatz für Lehrer und Sozialpädagogen. DJI-Materialien, Reihe Materialien zur Schulsozialarbeit, Band 11. München

Deutsches Jugendinstitut (DJI) (Hrsg.) (1984b): Schulsozialarbeit zwischen Konflikt und Akzeptanz. Erfahrungen in der Region Kassel. Erarbeitet von

Faulstich-Wieland, H., Tillmann, K.-J. DJI-Materialien, Reihe Materialien zur Schulsozialarbeit, Band 13. München

Diakonisches Werk der Evangelischen Kirche in Deutschland e.V. (2006): Kooperation Kinder- und Jugendhilfe und Schule. Umsetzung auf der Grundlage des evangelischen Bildungsverständnisses. Stuttgart

Dibble, N. (1999): Outcome Evaluation of School Social Work Services. Consultant, School Social Work Services, Wisconsin Department of Public Instruction

Dieckmann, K., Höhmann, K., Tillmann, K. (2007): Schulorganisation, Organisationskultur und Schulklima an ganztägigen Schulen. In: Holtappels, H.-G., Klieme, E., Rauschenbach, T., Stecher, L. (Hrsg.): Ganztagsschule in Deutschland. Ergebnisse der Ausgangserhebung der „Studie zur Entwicklung von Ganztagsschulen" (StEG). Weinheim/München, 164–185

Dithmar, U., Meier-Warnke, H., Rose, L. (1999): Und konnten nicht zusammen kommen? Knotenpunkte im Kooperationsaufbau zwischen Schule und Jugendarbeit und ihre Lösungen. Neue Praxis 29 (2), 157–169

DJI, siehe Deutsches Jugendinstitut

Drilling, M. (2009): Schulsozialarbeit – Antworten auf veränderte Lebenslagen, 4. Aufl. Bern

Dupper, D. R. (2002): School Social Work. Skills and Interventions for Effective Practice. New Jersey

Eibeck, B. (2009): Strukturen für ein Studium der Schulsozialarbeit. In: Pötter, N., Segel, G.: Profession Schulsozialarbeit: Beiträge zu Qualifikation und Praxis der sozialpädagogischen Arbeit an Schulen. Wiesbaden, 86–104

Elsner, G. (Hrsg.) (2001): Bericht der wissenschaftlichen Begleitung des Landesprogramms „Schuljugendarbeit in Sachsen". Herausgegeben vom Deutschen Jugendinstitut, DJI-Arbeitspapier J-164. München

Elsner, G., Rademacker, H. (1997): Soziale Differenzierung als neue Herausforderung für die Schule. Erfahrungen aus einem Modellversuch zur Schulsozialarbeit in Sachsen. Zeitschrift für Pädagogik. 37. Beiheft: Kindheit, Jugend und Bildungsarbeit im Wandel. Ergebnisse der Transformationsforschung

Evers, M. (2002): Qualität und Evaluation. Empfehlungen für den Einstieg in die Praxis. In: Kantak, K. (Hrsg.): Schulsozialarbeit: Sozialarbeit am Ort Schule. Herausgegeben von der Landeskooperationsstelle Schule –Jugendhilfe Brandenburg. Berlin, 54–66

Fabian, C., Drilling, M., Müller, C., Galliker Schrott, B., Egger-Suetsugu, S. (2008a): Wirksamkeit von Schulsozialarbeit auf der Ebene der Schülerinnen und Schüler. Soziale Innovation, Jg. 3, 68–74

Fabian, C., Drilling, M., Müller, C., Galliker Schrott, B., Egger-Suetsugu, S. (2008b): Wirksamkeit von Schulsozialarbeit in der Schweiz und in Liechtenstein. In: Sozial Extra, White Paper. In: www.vsjournals.de/pdf/2008se10digital-schweiz-end.pdf. (24.07.2014)

Fatke, R., Valtin, R. (Hrsg.) (1997): Sozialpädagogik in der Grundschule. Aufgaben, Handlungsfelder und Modelle. Frankfurt a. M.

Fend, H. (1998): Qualität im Bildungswesen. Schulforschung zu Systembedingungen, Schulprofilen und Lehrerleistung. Weinheim/München

Fend, H. (1981): Theorie der Schule. 2. Aufl. München/Wien/Baltimore

Fischer, S. (2008): Schulsozialarbeit im Kontext sozialer und emotionaler Probleme von Kindern und Jugendlichen in der Hauptschule. Dissertationsschrift. Mannheim

Fischer, S. (o. J.): Qualitätssicherung der Schulsozialarbeit in München. In: von Bothmer, H., Hentze, J., Ludewig, J., Paar, M., Wulfers, W.: Auf dem Weg zum Qualitätsmanagement in der Schulsozialarbeit: Instrumente und Verfahren zur Qualitätssicherung – Dokumentation eines Workshops. Hamburg, 41–54

Fischer, N., Holtappels, H.-G., Klieme, E., Rauschenbach, T., Stecher, L., Züchner, I. (Hrsg.) (2011): Ganztagsschule: Entwicklung, Qualität, Wirkungen. Längsschnittliche Befunde der Studie zur Entwicklung von Ganztagsschulen (StEG). Weinheim/Basel

Fischer, S., Haffner J., Parzer P., Resch F. (2008): Abschlussbericht der Wissenschaftlichen Begleitung. Modellprojekt Schulsozialarbeit Heidelberg. Heidelberg

Flad, C., Bolay, E. (2007): Praxisentwicklungen in der Kooperation von Ganztagsschule und Jugendhilfe. Zwischen „riskanter Basis“ und „Generierung sozialräumlicher Arbeitsbündnisse“. In: Zeller, M. (Hrsg.): Die sozialpädagogische Verantwortung der Schule. Kooperation von Ganztagsschule und Jugendhilfe. Baltmannsweiler, 45–80

Floerecke, P., Holtappels, H.-G. (2004): Qualitätsentwicklung in der Kooperation von Jugendhilfe und Schule. In: Hartnuß, B., Maykus, S. (Hrsg.): Handbuch Kooperation von Jugendhilfe und Schule. Ein Leitfaden für Praxisreflexionen, theoretische Verortungen und Forschungsfragen. Berlin, 897–922

Flösser, G., Otto, H. U., Tillmann, K. J. (Hrsg.) (1995): Schule und Jugendhilfe. Neuorientierung im deutsch-deutschen Übergang. Reihe Schule und Gesellschaft, Bd. 12. Opladen

Flynn, J. P. (2002): Research and Evaluation as Tools of Practice. In: Constable, R., McDonald, S., Flynn, J. P. (Hrsg.): School Social Work. Practice, Policy and Research Perspectives. 5. Aufl. Chicago, 291–297

Forum Bildung (2001): Ergebnisse des Forum Bildung. Empfehlungen Forum Bildung. Arbeitsstab Forum Bildung in der Geschäftsstelle der Bund-Länder-Kommission für Bildungsplanung und Forschungsförderung. Bonn

Friedrichs, D., Kubina, C. (Hrsg.) (2000): Kooperation Jugendhilfe – Schule. Grundbedingungen für soziale Arbeit in der Schule II. Wie kann die Zusammenarbeit zwischen Jugendhilfe und Schule verbessert werden? Kassel

Fritzsche, B., Rabenstein, K. (2007): „Häusliches Elend“ und „Familienersatz“: Symbolische Konstruktionen in Legitimationsdiskursen von Ganztagsschulen in der Gegenwart In: www.ah-ewi.tu-berlin.de/fileadmin/fg230/LUGS/Dokumente/FritzscheRabensteinHaeuslichesElendundFamilienersatz.pdf (24.07.2014)

Frommann, A., Kehrer, H., Liebau, E. (1987): Erfahrungen mit Schulsozialarbeit. Möglichkeiten der Zusammenarbeit von Sozialpädagogik und Schule. Weinheim/München

Füssel, H.-P., Münder, J. (2005): Das Verhältnis von Jugendhilfe und Schule unter rechtlicher Perspektive. In: Olk, T., Beutel, S.-I., Merchel, J., Füssel, H.-P., Münder, J. (Hrsg.): Kooperation zwischen Jugendhilfe und Schule. Materialien zum Zwölften Kinder- und Jugendbericht. Bd. 4. München, 239–296

Gadow, T., Peucker, C., Pluto, L., van Santen, E., Seckinger, M. (2013): Wie geht´s der Kinder- und Jugendhilfe? Empirische Befunde und Analysen. Weinheim/Basel

Galuske, M. (1998): Methoden der Sozialen Arbeit. Eine Einführung. Grundlagentexte Sozialpädagogik/Sozialarbeit. 5. Aufl. Weinheim/München

Ganser, Ch., Hinz, Th., Mircea, R., Wittenberg, A. (2004): Problemlagen beruflicher Schulen in München. Abschlussbericht zur Evaluation von Schulsozialarbeit an beruflichen Schulen in München. München

Garrett, K. J., Barretta-Herman, A. (1995): Missing Links: Professional Development in School Social Work. Social Work in Education, Bd. 17, H. 4. Washington

Gemeinnützige Gesellschaft Gesamtschule (GGG) (1980): Schulsozialarbeit an Gesamtschulen. Arbeitsmaterialien 1. Ammersbek

Gerull, P. (2000) Evangelischer Erziehungsverband e.V. (EREV): Hand- und Werkbuch Soziales Qualitätsmanagement. Konzepte und Erfahrungen. Hannover

GEW, siehe Gewerkschaft Erziehung und Wissenschaft

Gewerkschaft Erziehung und Wissenschaft (GEW) (2011): Offener Brief an die Mitglieder der informellen Arbeitsgruppe zum Gesetz zur Ermittlung von Regelbedarfen und zur Änderung des Zweiten und Zwölften Buches Sozialgesetzbuch: Sozialarbeit an Schulen. Frankfurt a. M.

Gewerkschaft Erziehung und Wissenschaft (GEW) (Hrsg.) (2005): Leitgedanken zur Kooperation von Schule und Jugendhilfe, erarbeitet von Balnis, P., Demmer, M., Rademacker, H. Frankfurt a. M.

Gewerkschaft Erziehung und Wissenschaft (GEW) (2003): Diskussionspapier der GEW. Profil und Perspektiven der Schulsozialarbeit. Beschluss des Hauptvorstandes am 14./15. November 2003. O. O.

Gewerkschaft Erziehung und Wissenschaft (GEW) (1994): Informationen Schulsozialarbeit. Beschlossen vom GEW-Hauptausschuss am 18. September 1994. O. O.

Gewerkschaft Erziehung und Wissenschaft (GEW) (1980): Bundesentschließung zur Schulsozialarbeit. O. O.

GGG, siehe Gemeinnützige Gesellschaft Gesamtschule

Gilles, C. (1998): Zur Kooperation zwischen Jugendhilfe und Schule. Zeitschrift für Jugendwohl 79 (4), 177–183

Gilles, C. (1996): Zur Kooperation von Jugendarbeit und Schule. Sozialmagazin 21 (1), 26–30

Glanzer, W. (1997): Schulsozialarbeit auf der Suche nach Zukunft. Jugendhilfe 35 (1), 3–11

Glanzer, W. (1993): Schlagwort oder zukunftsweisende strukturelle Maßnahme? Jugendhilfe 31 (1), 19–22

Grossenbacher, S., Herzog, W., Hochstrasser, F., Ruegsegger, R. (1997): Schule und Soziale Arbeit in gefährdeter Gesellschaft. Bern/Stuttgart/Wien

Grossmann, W. (1987): Aschenputtel im Schulalltag. Historische Entwicklungen und Perspektiven von Schulsozialarbeit. Weinheim

Grunwald, K., Thiersch, H. (2004): Das Konzept „Lebensweltorientierte Soziale Arbeit" – einleitende Bemerkungen. In: Grunwald, K., Thiersch, H. (Hrsg.): Praxis Lebensweltorientierter Sozialer Arbeit. Handlungszugänge und Methoden in unterschiedlichen Handlungsfeldern. Weinheim/München, 13–39

Hartmann, S. (1998): Jugendhilfe und Schule – Kooperation oder Konfrontation. Archiv für Wissenschaft und Praxis der sozialen Arbeit 29 (3), 263–274

Hartnuß, B., Maykus, S. (2000a): Kooperation von Jugendhilfe und Schule – Zur Neuverortung im KJHG. Theorie und Praxis der sozialen Arbeit 51 (5), 176–181

Hartnuß, B., Maykus, S. (2000b): Schulbezogene Angebote der Jugendhilfe im KJHG und in den Landesausführungsgesetzen – der Stellenwert einer bundesrechtlichen Neuverortung. Nachrichtendienst des Deutschen Vereins 80 (10), 321–326

Heiner, M. (2001): Evaluation. In: Otto, H. U., Thiersch, H. (Hrsg.): Handbuch Sozialarbeit/Sozialpädagogik. 2. völlig neu überarb. Aufl. Neuwied/Krieftl, 481–495

Heiner, M. (Hrsg.) (1994): Selbstevaluation als Qualifizierung in der sozialen Arbeit. Fallstudien aus der Praxis. Freiburg

Heiner, M. (Hrsg.) (1988): Selbstevaluation in der sozialen Arbeit. Fallbeispiele zur Dokumentation und Reflexion beruflichen Handelns. Freiburg

Heiner, M., Meinhold, M., von Spiegel, H., Staub-Bernasconi, S. (1998): Methodisches Handeln in der Sozialen Arbeit. 4. erw. Aufl. Freiburg

Helbrecht-Jordan, I. (1978): Sozialpädagogik in der Gesamtschule. In: Bundesminister für Bildung und Wissenschaft (BMBW) (Hrsg.): Erste Erfahrungen und einige Konsequenzen aus den Modellversuchen Sozialarbeit. Schriftenreihe Bildungsplanung 29. Bonn, 17–30

Helfenstein, M., Krieg, K., Mettler, C. (2008): Schulsozialarbeit in der Deutschschweiz. Eine Bestandsaufnahme, Projektarbeit an der Hochschule Luzern – Soziale Arbeit. Luzern

Helsper, W. (2001): Die sozialpädagogische Schule als Bildungsvision? Eine paradoxe Entparadoxierung. In: Becker, P., Schirp, J. (Hrsg.): Jugendhilfe und Schule. Zwei Handlungsrationalitäten auf dem Weg zu einer? Münster, 20–45

Helsper, W., Krüger, H.-H., Wenzel, H. (Hrsg.) (1996): Schule und Gesellschaft im Umbruch. Bd. 1: Theoretische und internationale Perspektiven. Weinheim

Henschel, A., Krüger, R., Schmitt, Ch., Stange, W. (2009): Jugendhilfe und Schule. Handbuch für eine gelingende Kooperation. Wiesbaden

Hentze, J., Ludewig, J., Paar, M., Wulfers, W. (Hrsg.) (1998): Schulsozialarbeit mit Gütesiegel? Schulsozialarbeit braucht Qualitätsstandards und Qualitätssicherung: Dokumentation einer Fachtagung. Hamburg

Hentze, J., Ludewig, J., Paar, M., Wulfers, W. (Hrsg.) (1997): Wirkungen von Schulsozialarbeit: Dokumentation einer Fachtagung. Hamburg

Herriger, N., Malinowski P. (1981): Schulsozialarbeit – Arbeitsbeschaffung oder Reformperspektive. Neue Praxis 11 (1), 78–82

Hilbig, N. (1993): Plädoyer für eine sozialpädagogische Schule. Hildesheimer Schriften zur Sozialpädagogik und Sozialarbeit. Hildesheim/Zürich/New York

Hollenstein, E. (2007): Über unerledigte Aufgaben der Schulsozialarbeit und den Nutzen empirischer Befunde. Unsere Jugend 59 (9), 354–365

Hollenstein, E. (2002): Berufsfeldanalyse Schulsozialarbeit: Profil und Perspektive. Archiv für Wissenschaft und Praxis der sozialen Arbeit 33 (2), 3–11

Hollenstein, E. (2000a): Kooperation in der Schulsozialarbeit. Über Grenzbereiche zwischen Schul- und Sozialpädagogik. Die deutsche Schule 92 (3), 355–367

Hollenstein, E. (2000b): Trägerschaften in der Schulsozialarbeit. In: Hollenstein, E., Tillmann, J. (Hrsg.): Schulsozialarbeit. Studium, Praxis und konzeptionelle Entwicklungen. 2. erw. Aufl. Hannover, 49–81

Hollenstein, E. (2000c): Sozialisationsprozesse in der Schule. Ein Begründungszusammenhang zur Schulsozialarbeit. In: Hollenstein, E., Tillmann, J. (Hrsg.): Schulsozialarbeit. Studium, Praxis und konzeptionelle Entwicklungen. 2. erw. Aufl. Hannover. 82–122

Hollenstein, E., Nieslony, F. (2012): Handlungsfeld Schulsozialarbeit: Profession und Qualität. Hohengehren

Hollenstein, E., Tillmann, J. (Hrsg.) (2000): Schulsozialarbeit. Studium, Praxis und konzeptionelle Entwicklungen. 2. erw. Aufl. Hannover

Holtappels, H. G. (2007a): Ziele, Konzepte, Entwicklungsprozesse. In: Holtappels, H.-G., Klieme, E., Rauschenbach, T., Stecher, L. (Hrsg.): Ganztagsschule in Deutschland. Ergebnisse der Ausgangserhebung der „Studie zur Entwicklung von Ganztagsschulen" (StEG). Weinheim/München, 139–163

Holtappels, H. G. (2007b): Angebotsstruktur, Schülerteilnahme und Ausbaugrad ganztägiger Schulen. In: Holtappels, H.-G., Klieme, E., Rauschenbach, T., Stecher, L. (Hrsg.): Ganztagsschule in Deutschland. Ergebnisse der Ausgangserhebung der „Studie zur Entwicklung von Ganztagsschulen" (StEG). Weinheim/München, 186–206

Holtappels, H. G. (2006): Stichwort: Ganztagsschule. Zeitschrift für Erziehungswissenschaft 9 (1), 5–29

Holtappels, H. G., Klieme, E., Rauschenbach, T., Stecher, L. (Hrsg.) (2007): Ganztagsschule in Deutschland. Ergebnisse der Ausgangserhebung der „Studie zur Entwicklung von Ganztagsschulen" (StEG). Weinheim/München

Holthaus, L., Meusel, J., Ruback, C. (1980): Schulsozialarbeit -- Aufgabe der Jugendhilfeträger. Neue Praxis 10 (2), 224–240

Holze, S., Eibeck, B. (2004): Sozialpädagogische Professionalität für die Schule. Momentaufnahme zur Ausbildungssituation für die Schulsozialarbeit an Fachhochschulen und Hochschulen in Deutschland. Ergebnisse einer Umfrage der GEW im Auftrag des Kooperationsverbundes Schulsozialarbeit. In: Kooperationsverbund Schulsozialarbeit (Hrsg.): Dokumentation der Tagung: „Sozialpädagogische Professionalität für die Schule“, 8./9. Dezember 2004. Frankfurt a. M., 3–9

Homfeldt, H. G., Lauff, W., Maxeiner, J. (1977): Für eine sozialpädagogische Schule: Grundlagen, Probleme und Perspektiven. München

Homfeldt, H. G., Schulze-Krüdener, J. (2001): Schulsozialarbeit: eine konstruktiv-kritische Bestandsaufnahme. Neue Praxis, Zeitschrift für Sozialarbeit, Sozialpädagogik und Sozialpolitik 31 (1), 9–28

Hornstein, W. (2002): Jugendhilfe und Bildung zu Zeiten der Bildungsreform der 70er Jahre und im Zeichen der PISA-Debatte. Parallelen, Unterschiede, Entwicklungen. Diskurs 12 (2), 45–50

Hornstein, W. (1971): Bildungsplanung ohne sozialpädagogische Perspektiven. Zeitschrift für Pädagogik 17 (3), 285–314

Horster, L. (1998): Wie Schulen sich entwickeln können. Der Beitrag der Organisationsentwicklung für schulinterne Projekte. 4. Aufl. Soest

Hoyer, H.-D., Väth, E. (1994): Schulsozialarbeit in den ostdeutschen Bundesländern. Ziele, Aufgaben und Handlungsfelder. Jugendhilfe 32 (4), 204–212

Hummel, U., agke Augsburg (2004): Qualitätsentwicklung durch Selbstevaluation. Arbeitshilfen aus der Praxis für die Praxis der sozialen Arbeit. Freiburg

Hurrelmann, K. (1996): Beide Seiten profitieren. Vorteile bei der Kooperation von Jugendarbeit und Schule. Sozialmagazin 21 (1), 16–21

Huxtable, M., Blyth, E. (2002): School Social Work Worldwide. Washington

Iben, G. (1967): Schule und Sozialpädagogik. In: Roeder, P. M. (Hrsg.): Pädagogische Analysen und Reflexionen. Festschrift für Elisabeth Blochmann zum 75. Geburtstag. Weinheim/Berlin, 365–380

ISPO, siehe Institut für Sozialforschung, Praxisberatung und Organisationsentwicklung GmbH

Institut für Sozialforschung, Praxisberatung und Organisationsentwicklung GmbH (ISPO) (2005): Evaluation „Schoolworker“: Ergebnisse der Schoolworker/innenbefragung und der Schulleitungsbefragung. Erstellt von Dirk Groß. Saarbrücken

Iser, A., Kastirke, N., Lipsmeier, G. (Hrsg.) 2013: Schulsozialarbeit steuern. Vorschläge für eine Statistik zur Sozialen Arbeit an Schulen. Wiesbaden

JMK, siehe Jugendministerkonferenz

Jongebloed, J., Nieslony, F. (2002): „Es geht doch?“ – Zur Kooperation zwischen Lehrern und Schulsozialarbeitern. Archiv für Wissenschaft und Praxis der sozialen Arbeit 33 (2), 71–83

Jordan, E., Sengling, D. (1994): Jugendhilfe. Weinheim/München

Jugendministerkonferenz (JMK) (2004): Top 6: Präzisierungen zu der Zusammenarbeit von Jugendhilfe und Schule – Ergebnisse der Arbeitsgruppe des Schulausschusses und der AGOLJB. Beschluss der Jugendministerkonferenz am 13./14. Mai 2004 in Gütersloh

Jugendministerkonferenz (JMK) (2002): Top 7: Jugendhilfe und Schule. Beschluss der Jugendministerkonferenz am 6./7. Juni 2002 in Osnabrück

Jugendministerkonferenz (JMK) (2000): Top 5: Jugendhilfe und Schule. Beschluss der Jugendministerkonferenz am 18./19. Mai 2000 in Schwerin

Jugendministerkonferenz (JMK) und Kultusministerkonferenz (KMK) (2004): Zusammenarbeit von Schule und Jugendhilfe zur „Stärkung und Weiterentwicklung des Gesamtzusammenhangs von Bildung, Erziehung und Betreuung", Beschluss der Jugendministerkonferenz vom 13./14.05.2004 und der Kultusministerkonferenz vom 03./04.06.2004

Jugendministerkonferenz (JMK) und Kultusministerkonferenz (KMK) (2002): Bericht der Arbeitsgruppe Jugendhilfe und Schule Stand 29.04.2002. Arbeitsgruppe Jugendhilfe/Schule der JMK und KMK

Kamski, I., Schnetzer, T. (2007): Innovation durch Ganztagsschulen. Strukturveränderungen und Innovationsprozesse. Pädagogik 59 (1), 44–47

Kantak, K. (Hrsg.) (2002): Schulsozialarbeit: Sozialarbeit am Ort Schule. Heraus-gegeben von der Landeskooperationsstelle Schule – Jugendhilfe Brandenburg, Berlin

Kath, B. (1973): Vom Elend der Sozialpädagogik in der Schule. Betrifft: Erziehung 6 (9), 70–71

Kentler, H. (1972): Verschlingt die Schulreform die Sozialpädagogik? betrifft: Erziehung 5 (10), 10–11

Kelly, M. S., Berzin, S. C., Frey, A., Alvarez, M., Shaffer, G., O`Brien, K. (2009): National School Social Work Survey. Final Report. Prepared for School Social Work Association of America

Kelly, M. S., Raines, J. C., Stone, S., Frey, A. (2010): School Social Work: An Evidence-Informed Framework for Practice. Oxford University Press. New York

Kersten, B. (1998): Ausführungen zu Qualitätsstandards und Qualitätssicherung. In: Hentze, J., Ludewig, J., Paar, M., Wulfers, W. (Hrsg.): Schulsozialarbeit mit Gütesiegel? Schulsozialarbeit braucht Qualitätsstandards und Qualitätssicherung: Dokumentation einer Fachtagung. Hamburg, 29–34

Kersten, B. (o. J.): Entwicklung von Instrumenten zur Leistungsbeschreibung, Qualitätssicherung und Steuerung in der Schulsozialarbeit in Wiesbaden. In: von Bothmer, H., Hentze, J., Ludewig, J., Paar, M., Wulfers, W. (Hrsg.): Auf dem Weg zum Qualitätsmanagement in der Schulsozialarbeit: Instrumente und Verfahren zur Qualitätssicherung – Dokumentation eines Workshops. Hamburg, 41–54

Kersting, H.-J. (1985): Schulsozialarbeit. Hilfen beim Übergang vom Schul- ins Beschäftigungssystem. Aachen

Kinder- und Jugendhilfegesetz (1990/1991): Achtes Buch (VIII) Kinder- und Jugendhilfe. Achtes Buch Sozialgesetzbuch (Artikel 1 des Gesetzes vom 26. Juni 1990, BGBI. I S. 1163), zuletzt geändert durch Artikel 1 des Gesetzes vom 13. September 2005 (BGBl. I S. 2729). In: http://www.bmfsfj.de (21.07.2014)

KMK, siehe Ständige Konferenz der Kultusminister der Länder

Knapp, G., Lauermann, K. (Hrsg.) (2007): Schule und Soziale Arbeit. Zur Reform der öffentlichen Erziehung und Bildung in Österreich. Klagenfurt/Ljubljana/Wien

Köhler, B., Eibeck, B. (2008): Sozialpädagogische Professionalität für die Schule. Zweite Befragung der Hochschulen in Deutschland zur Ausbildungssituation für die Schulsozialarbeit. Ergebnisse einer Umfrage der GEW. Auswertung und Forschungsbericht. Frankfurt a. M.

Kolbe, F.-U., Kunze, K., Idel, T. (2005): Die Entwicklung der Ganztagsschulkonzeption und ihre Umsetzung an der einzelnen Schule. In: Kolbe, F.-U., Kunze, K., Idel, T.: Ganztagsschule in Entwicklung. Empirische, konzeptionelle und bildungspolitische Perspektiven, Mainz, 5–48. In: http://ganztagsschule.rlp.de/fileadmin/user_upload/ganztagsschule.rlp.de/dz/Tagungsband_Ganztagsschule_in_Entwicklung.pdf. (24.07.2014)

Kolbe, F.-U., Reh, S., Fritzsche, B., Idel, T.-S., Rabenstein, K. (2007): Ganztagsschule als Schule entwickeln. Eine Studie zu Lernkultur und Unterrichtsentwicklung an Ganztagsschulen. Pädagogik 59 (5), 36–40

König, J. (2007): Einführung in die Selbstevaluation. Ein Leitfaden zur Bewertung der Praxis sozialer Arbeit. 2. überarb. Aufl. Freiburg

Kooperationsverbund Jugendsozialarbeit (2013): Positionspapier. „Ausbau statt Abbau – Schulsozialarbeit sichern und entwickeln!". Berlin

Kooperationsverbund Schulsozialarbeit (Hrsg.) (2013): Bildungsverständnis der Schulsozialarbeit, Berlin

Kooperationsverbund Schulsozialarbeit (Hrsg.) (2009): Qualifikationsrahmen für das Berufs- und Arbeitsfeld Schulsozialarbeit. In: Pötter, N., Segel, G.: Profession Schulsozialarbeit: Beiträge zu Qualifikation und Praxis der sozialpädagogischen Arbeit an Schulen. Wiesbaden, 63–75

Kooperationsverbund Schulsozialarbeit (Hrsg.) (2006): Berufsbild und Anforderungsprofil der Schulsozialarbeit. Bonn

Korus – Beratung in Brandenburg BIUF e.V. (Korus) (o.J.): Sozialarbeit an Schulen im Land Brandenburg. Ergebnisse der landesweiten schriftlichen Befragung (1999, im Auftrag des Ministerium für Bildung, Jugend und Sport (MBJS)). Potsdam

Kraimer, K. (2003): Schulsozialarbeit auf dem Weg zum Regelangebot. Konzepte, Handlungsstrategien, Qualitätsentwicklung für Soziale Arbeit in der Schule. Blätter der Wohlfahrtspflege 150 (1), 17–23

Krause, S. (2002): Zum Umgang mit schulischer Auslese – Ein Beispiel für die Kooperation von Lehrern und Schulsozialarbeitern in Mecklenburg-Vorpommern. Dissertation. Wuppertal

Krötzl, G. (2009): Pilotprojekte zur Schulsozialarbeit. Information für Beratungslehrer/innen. Unveröffentlichtes Manuskript. Wien

Kultusministerkonferenz (KMK) (2011): Inklusive Bildung von Kindern und Jugendlichen mit Behinderungen in Schulen (Beschluss der Kultusministerkonferenz vom 20.10.2011). In: http://www.kmk.org/fileadmin/veroeffentlichungen_beschluesse/2011/2011_10_20-Inklusive-Bildung.pdf (21.06.2014)

Kultusministerkonferenz (KMK) (2010): Positionspapier „Pädagogische und rechtliche Aspekte der Umsetzung des Übereinkommens der Vereinten Nationen vom 13. Dezember 2006 über die Rechte von Menschen mit Behinderungen (Behindertenrechtskonvention – VN-BRK) in der schulischen Bildung" Beschluss der Kultusministerkonferenz vom 18.11.2010). In: http://www.kmk.org/fileadmin/veroeffentlichungen_beschluesse/2010/2010_11_18-Behindertenrechtkonvention.pdf (21.06.2014)

Kunkel, P.-C. (Hrsg.) (2003): Kinder- und Jugendhilfe. Lehr- und Praxiskommentar (LPK-SGB VIII). 2. Aufl. Baden Baden

LAG SiS, siehe Landesarbeitsgemeinschaft Hessen – Sozialarbeit in Schulen

Landesamt für Soziales und Familie des Freistaats Thüringen (LASF) (2003): Fachliche Empfehlungen – Schulsozialarbeit. Beschluss-Reg.-Nr. 215/03 der 16. Sitzung des LJHA am 1.12.2003

Landesarbeitsgemeinschaft Hessen – Sozialarbeit in Schulen (LAG SiS Hessen) (2007): Grundsatzpapier der LAG „Sozialarbeit in Schulen" (SiS). Beschlossen durch die Mitglieder am 19. September 2007. Darmstadt

Landesarbeitsgemeinschaft Schulsozialarbeit in Niedersachsen (LAG Schulsozialarbeit Niedersachsen)(2005): Schulsozialarbeit in Niedersachsen. Qualitätsstandards und Beispiele. Berlin

Landesarbeitsgemeinschaft Schulsozialarbeit Sachsen (2002): Satzung. Dresden

Landesarbeitskreis Schulsozialarbeit Schleswig-Holstein (LAK Schulsozialarbeit Schleswig-Holstein) (2013): Standards für Schulsozialarbeit. Kiel

Landeshauptstadt München, Sozialreferat/Stadtjugendamt (Hrsg.) (o. J.): Produktbeschreibungen und Standards der Schulsozialarbeit/Berufsbezogene Jugendhilfe des Stadtjugendamtes München. München

Landesinitiative Jugend- und Schulsozialarbeit (2002): Vierteljahreszeitschrift zur Landesinitiative Jugend- und Schulsozialarbeit, Ausgabe 10. Greifswald

Landesjugendhilfeausschuss Brandenburg (LJHA) (2012): Sozialarbeit an Schulen. Empfehlungen zur fachlichen Weiterentwicklung. Beschlossen auf der Sitzung des LJHA am 27.08.2012. Potsdam

Landesverband Schulsozialarbeit Baden-Württemberg e.V. (1995): Rahmenrichtlinien zur Schulsozialarbeit. Stuttgart

LASF, siehe Landesamt für Soziales und Familie des Freistaats Thüringen

Liebau, E. (1995): Schulsozialarbeit im Spannungsfeld zwischen Jugendhilfe und Schule. Die Deutsche Schule 84 (2), 207–215

Ludewig, J., Paar, M. (2001): Schulsozialarbeit. In: Fülbier, P., Münchmeier, R. (Hrsg.): Handbuch Jugendsozialarbeit. Bd.1. Münster, 516–534

LWL-Landesjugendamt Westfalen und LVR-Landesjugendamt Rheinland (LWL und LVR) (2010): Arbeitshilfe der Landesjugendämter Rheinland und Westfalen. Beschäftigung von Fachkräften für Schulsozialarbeit an Schulen in Nordrhein-Westfalen: Eckpunkte zur Erstellung und mögliche Inhalte von Kooperationsvereinbarungen zwischen Schulen und Jugendämtern gemäß Punkt 2.4 des Runderlasses des Ministeriums für Schule und Weiterbildung NRW vom 23.01.2008 (BASS 21–13 Nr. 6)

Maas, H. S. (1966): Für die soziale Einzelfallhilfe grundlegende Begriffe. In: Friedländer, W. A., Pfaffenberger, H.: Grundbegriffe und Methoden der Sozialarbeit. Neuwied/Berlin, 55–56

Mack, W. (2009): Von der Konfrontation zur Kooperation. Bildungstheoretische Begründungen einer neuen Form der Kooperation von Jugendhilfe und Schule. In: Prüß, F., Kortas, S., Schöpa, M. (Hrsg.), Die Ganztagsschule – Von der Theorie zur Praxis. Anforderungen und Perspektiven für Erziehungswissenschaft und Schulentwicklung. Weinheim/München, 295–305

Mack, W. (2005): Bildung in Schule und Jugendhilfe – Herausforderungen an Ganztagsschulen. In: Kolbe, F.-U., Kunze, K., Idel, T.: Ganztagsschule in Entwicklung. Empirische, konzeptionelle und bildungspolitische Perspektiven. Mainz, 87–94. In: http://ganztagsschule.rlp.de/fileadmin/user_upload/ganztagsschule.rlp.de/dz/Tagungsband_Ganztagsschule_in_Entwicklung.pdf (24.07.20014)

Malinowski, P., Herriger, N. (1981): Schulsozialarbeit oder sozialpädagogisch veränderte Schule? – Wider den blinden Pragmatismus aktueller Modellprojekte in der Schulsozialarbeit. In: Raab, E., Rademacker, H. (Hrsg.): Schulsozialarbeit. Beiträge und Berichte von einer Expertentagung. DJI-Materialien, Reihe Materialien zur Schulsozialarbeit, Bd. 1. München, 84–87

Malinowski, P., Herriger, N. (1979): Zur Wirklichkeit der sozialpädagogischen Praxis in der Schule – empirische Ergebnisse und kontroverse Perspektiven. Neue Praxis 9 (1), 67–85

Maykus, S. (2013): Perspektiven und Möglichkeiten von Qualitätsentwicklung der schulbezogenen Jugendsozialarbeit. In: DRK (Hrsg.): Reader Schulsozialarbeit, Band 1. Berlin, 150–153

Maykus, S. (2001): Schulalltagsorientierte Sozialpädagogik. Begründung und Konzeptualisierung schulbezogener Angebote der Jugendhilfe. Eine theoretisch-empirische Bestimmung von Aufgaben der Jugendhilfe im Sozialisationsraum Schule. Greifswalder Studien zur Erziehungswissenschaft. Bd. 10. Frankfurt a. M.

MBFJ, siehe Ministerium für Bildung, Frauen und Jugend, Rheinland-Pfalz

MBJS, siehe Ministerium für Bildung, Jugend und Sport

MSG und MBWK, siehe Ministerium für Soziales und Gesundheit, Ministerium für Bildung, Wissenschaft und Kultur

Mehringer, A. (1961): Vom Gesicht einer sozialpädagogischen Schule und der Zusammenarbeit des Sozialarbeiters mit dem Lehrer. Neue Sammlung 1 (1), 195–202

Meinhold, M. (1998): Qualitätssicherung und Qualitätsmanagement in der Sozialen Arbeit. 3. Aufl. Freiburg

Merchel, J. (2005): Was hat die Qualitätsdebatte in der Jugendhilfe gebracht? Versuch einer Zwischenbilanz. Archiv für Wissenschaft und Praxis der Sozialen Arbeit 36 (2), 38–59

Merchel, J. (2004): Qualitätsmanagement in der Sozialen Arbeit. Ein Lehr- und Arbeitsbuch. Weinheim/München

Merchel, J. (2002): Qualitätsentwicklung. In: Deutscher Verein für öffentliche und private Fürsorge (Hrsg.): Fachlexikon der sozialen Arbeit. 5. Aufl. Frankfurt a. M., 751–752

Merchel, J. (Hrsg.) (1999a): Qualität in der Jugendhilfe, Kriterien und Bewertungsmöglichkeiten. 2. Aufl. Münster

Merchel, J. (1999b): Qualitätsdiskussion als Chance oder Risiko? Jugendarbeit unter Legitimationsdruck. Jugendpolitik 25 (2), 8–12

Merten, R. (1997): Autonomie der Sozialen Arbeit. Zur Funktionsbestimmung als Disziplin und Profession, Weinheim/München

Meusel, J., Ruback, C. (1981): Polemische Replik zur Schulsozialarbeit. Neue Praxis 11 (1), 82–84

Ministerium für Bildung, Frauen und Jugend, Rheinland-Pfalz (MBFJ) (2006): Standards der Schulsozialarbeit an Hauptschulen in Rheinland-Pfalz. Mainz

Ministerium für Bildung, Jugend und Sport (MBJS) (1998): Empfehlungen zur Qualitätsentwicklung und Qualitätssicherung der Sozialarbeit an Schulen im Land Brandenburg. Rundschreiben Nr. 22/1998 vom 2.4.1998

Ministerium für Bildung, Jugend und Sport (MBJS) 1994: Empfehlungen zum Projekt „Sozialarbeit an Schule“. Rundschreiben Nr. 26/1994 vom 11.4.1994

Ministerium für Soziales und Gesundheit, Ministerium für Bildung, Wissenschaft und Kultur Mecklenburg-Vorpommern (MSG und MBWK) (2009): Empfehlungen zur Ausgestaltung der Zusammenarbeit im Bereich der Schulsozialarbeit zwischen Jugendhilfe und Schule in Mecklenburg-Vorpommern. Schwerin

Ministerium für Soziales, Familie und Gesundheit (MSFG) (2013): Richtlinie über die Gewährung von Zuwendungen an örtliche Träger der öffentlichen Jugendhilfe für Vorhaben der schulbezogenen Jugendsozialarbeit vom 27. Mai 2013. Erfurt

Ministerium für Soziales und Ministerium für Kultus des Landes Sachsen-Anhalt (MS und MK) (2008): „Richtlinie über die Gewährung von Zuwendungen für das ESF-Programm `Projekte zur Vermeidung von Schulversagen und zur Senkung des vorzeitigen Schulabbruchs`“. Gemeinsamer RdErl. des MS und des MK vom 07.07.2008. MBl. LSA Nr. 27/08, 480

Ministeriums für Schule und Weiterbildung (MSW) (2008): Beschäftigung von Fachkräften für Schulsozialarbeit an Gesamtschulen, Gymnasien, Weiterbildungskollegs und Berufskollegs in Nordrhein-Westfalen. RdErl. des Ministeriums für Schule und Weiterbildung vom 23.01.2008 – 524–6.03.16–48049 (BASS 21–13 Nr. 6)

Ministerium für Arbeit und Sozialordnung, Familie, Frauen und Senioren Baden-Württemberg (MASFFS) (2012): Grundsätze des Ministeriums für Arbeit und Sozialordnung, Familie, Frauen und Senioren Baden-Württemberg zur Förderung der Jugendsozialarbeit an öffentlichen Schulen vom 27. April 2012. Az.: 25-6972-1

Mörschner, M. (1988): Sozialpädagogik und Schule. Zur Entwicklung ihrer Beziehung. München/Basel

Moser, V. (Hrsg.) (2012): Die inklusive Schule. Standards für die Umsetzung. Stuttgart

Mühlum, A. (1993): Schulsozialarbeit. In: Becker-Textor, I., Textor M. (Hrsg.): Handbuch der Kinder- und Jugendbetreuung. Neuwied, 241–269

Müller, B. (2004): Handlungskompetenz in der Schulsozialarbeit – Methoden und Arbeitsprinzipien. In: Hartnuß, B., Maykus, S. (Hrsg.): Handbuch Kooperation von Jugendhilfe und Schule. Ein Leitfaden für Praxisreflexionen, theoretische Verortungen und Forschungsfragen. Berlin, 222–237

Müller, S. (2007): Aktuelle Forschungsergebnisse. Vortrag auf der Tagung Schulsozialarbeit im Kanton Zürich. In: www.infostelle.ch/user_content/editor/files/Tagungsunterlagen/ssa_referat_mueller_ok.pdf (22.07.2014)

Müller, B. (2000): Evaluationskompetenz und Innovationskompetenz. Oder: Interne Evaluation als Ziele, externe Evaluation als Mittel. In: Müller-Kohlenberg, H., Münstermann, K. (Hrsg.): Qualität von Humandienstleistungen. Evaluation und Qualitätsmanagement in Sozialer Arbeit und Gesundheitswesen. Opladen, 227–232

Münchmeier, R., Otto, H.-U., Rabe-Kleberg, U. (Hrsg.) (2002): Bildung und Lebenskompetenz: Kinder- und Jugendhilfe vor neuen Aufgaben. Opladen

Münder, J. (1996): Einführung in das Kinder- und Jugendhilferecht. Münster

Münder, J., Jordan, E., Kreft, D., Lakies, T., Lauer, H., Proksch, R., Schäfer, K. (1998): Frankfurter Lehr- und Praxiskommentar zum KJHG/SGB VIII. 3. Aufl. Münster

Nevermann, C. (1997): Schulstationen. Unterstützende Pädagogik im sozialen Lernfeld. Eine Publikation der TANDEM gemeinnützigen Beschäftigungs- und Qualifizierungsgesellschaft. Basdorf bei Berlin

Niederbühl, R. (2001): Evaluation von Schulsozialarbeit. In: Heil, K., Heiner, M., Feldmann, U. (Hrsg.): Evaluation sozialer Arbeit. Eine Arbeitshilfe mit Beispielen zur Evaluation und Selbstevaluation. Frankfurt a. M., 217–227

Niederbühl, R. (2000): Ausgangslage. Jahresbericht Schulsozialarbeit Schillerschule, Uhlandschule 1999/2000 – Untersuchung der Wirksamkeit. Stadt Karlsruhe Dezernat VI, 4–16

Nieslony, F. (2004): Schulsozialarbeit global – Skizzierungen auf dem Weg zu einer internationalen Vernetzung. In: Hartnuß, B., Maykus, S. (Hrsg.): Handbuch Kooperation von Jugendhilfe und Schule. Ein Leitfaden für Praxisreflexionen, theoretische Verortungen und Forschungsfragen. Berlin, 140–163

Nieslony, F. (1998): Schulbegleitung durch Schulsozialarbeit? Archiv für Wissenschaft und Praxis der sozialen Arbeit 29 (3), 252–262

Nieslony, F. (1996): „Haus des Lernens" ohne sozialpädagogisches Gerüst? Neue Deutsche Schule 48 (11), 29–31

Oelerich, G. (1998): Zum Verhältnis der Jugendhilfe zur Schule – Systematische Restrukturierung und empirische Analyse interinstitutioneller Beziehungen. Dissertation, Heidelberg

Oelerich, G. (1996): Jugendhilfe und Schule. Zur Systematisierung der Debatte. In: Flösser, G., Otto, H. U., Tillmann, K. J. (Hrsg.): Schule und Jugendhilfe. Neuorientierung im deutsch-deutschen Übergang. Reihe Schule und Gesellschaft. Bd. 12. Opladen, 222–237

Olk, T. (2004): Jugendhilfe und Ganztagsbildung – alte Rollenzuweisungen oder neue Perspektiven? Neue Praxis 23 (6), 532–542

Olk, T., Bathke, G.-W., Hartnuß, B. (2000): Jugendhilfe und Schule. Theoretische Reflexionen und empirische Befunde zur Schulsozialarbeit. Weinheim/München

Olk, T., Hartnuß, B. (1999): Schulsozialarbeit auf neuen Wegen – Bedingungen und Chancen der Kooperation von Jugendhilfe und Schule am Beispiel eines Modellprogramms in Sachsen-Anhalt. Jugendhilfe 37 (2), 75–87

Olk, T., Speck, K. (2010): Schulsozialarbeit in Sachsen-Anhalt. In: Speck, K., Olk, T. (Hrsg.): Forschung zur Schulsozialarbeit. Stand und Perspektiven. Weinheim/München, 103–118

Olk, T., Speck, K. (2009): Was bewirkt Schulsozialarbeit? Theoretische Konzepte und empirische Befunde an der Schnittfläche zwischen formaler und nonformaler Bildung. Zeitschrift für Pädagogik 55 (6), 910–927

Olk, T., Speck, K. (2004a): Kooperation von Jugendhilfe und Schule – Das Verhältnis zweier Institutionen auf dem Prüfstand. In: Hartnuß, B., Maykus, S. (Hrsg.): Handbuch Kooperation von Jugendhilfe und Schule. Ein Leitfaden für Praxisreflexionen, theoretische Verortungen und Forschungsfragen. Berlin, 69–101

Olk, T., Speck, K. (2004 b): Trägerqualität in der Schulsozialarbeit. Archiv für Wissenschaft und Praxis der sozialen Arbeit 35 (2), 67–86

Olk, T., Speck, K., Bathke, G.-W. (2003): Abschlussbericht zur wissenschaftlichen Begleitforschung. Schulsozialarbeit in Sachsen-Anhalt: „Zusammenarbeit von Schule und Jugendhilfe – Schulsozialarbeit in Schulen Sachsen-Anhalts". Forschungsbericht im Auftrag des Kultusministeriums und des Ministeriums für Arbeit, Soziales und Gesundheit des Landes Sachsen-Anhalt. Martin-Luther-Universität Halle-Wittenberg

Olk, T., Speck, K. (Hrsg.) (2001a): 4. Zwischenbericht zur wissenschaftlichen Begleitforschung zur Schulsozialarbeit in Sachsen-Anhalt. „Zusammenarbeit von Schule und Jugendhilfe – Schulsozialarbeit in Schulen Sachsen-Anhalts". Forschungsbericht im Auftrag des Ministeriums für Arbeit, Soziales und Gesundheit und des Kultusministeriums des Landes Sachsen-Anhalt. Martin-Luther-Universität Halle-Wittenberg

Olk, T., Speck, K. (2001b): LehrerInnen und SchulsozialarbeiterInnen – Institutionelle und berufskulturelle Bedingungen einer „schwierigen“ Zusammenarbeit. In: Becker, P., Schirp, J. (Hrsg.): Jugendhilfe und Schule. Zwei Handlungsrationalitäten auf dem Weg zu einer? Münster, 46–85

Olk, T., Speck, K. (2000): Schule und Schulsozialarbeit. Aufgaben, Rollen und Kooperationsmöglichkeiten. Lehrbrief 1 des Weiterbildungsmodells berufs- und arbeitsweltbezogene Schulsozialarbeit. Im Auftrag des Instituts für berufliche Bildung und Weiterbildung e.V., gefördert vom Bundesministerium für Bildung und Forschung. Göttingen

Olk, T., Speck, K. (1999): 1. Zwischenbericht zur wissenschaftlichen Begleitforschung. Schulsozialarbeit in Sachsen-Anhalt: „Zusammenarbeit von Schule und Jugendhilfe – Schulsozialarbeit in Schulen Sachsen-Anhalts“. Forschungsbericht im Auftrag des Kultusministeriums sowie des Ministeriums für Arbeit, Soziales und Gesundheit des Landes Sachsen-Anhalt. Martin-Luther-Universität Halle-Wittenberg

Opp, G., Theunissen, G.(Hrsg.) 2009: Handbuch schulische Sonderpädagogik. Bad Heilbrunn

Otto, H.-U., Coelen, T. (Hrsg.) (2004): Grundbegriffe der Ganztagsbildung. Beiträge zu einem neuen Bildungsverständnis in der Wissensgesellschaft, Wiesbaden

Paar, M., Rauschopf, I. (o. J.): Qualitätssicherung an identifizierten Schnittstellen. In: von Bothmer, H., Hentze, J., Ludewig, J., Paar, M., Wulfers, W. (o. J.): Auf dem Weg zum Qualitätsmanagement in der Schulsozialarbeit: Instrumente und Verfahren zur Qualitätssicherung – Dokumentation eines Workshops. Hamburg, 73–77

Pötter, N., Segel, G. (2009): Profession Schulsozialarbeit: Beiträge zu Qualifikation und Praxis der sozialpädagogischen Arbeit an Schulen. Wiesbaden

Prüß, F. (1997): Soziale Arbeit in der Schule. Eine Perspektive für die neuen Bundesländer. In: Fatke, R., Valtin, R. (Hrsg.): Sozialpädagogik in der Grundschule. Aufgaben, Handlungsfelder und Modelle. Frankfurt a. M., 47–53

Prüß, F., Bettmer, F., Hartnuß, B., Maykus, S. (2000): Forschungsbericht Entwicklung der Kooperation von Jugendhilfe und Schule in Mecklenburg-Vorpommern. Greifswald

Prüß, F., Bettmer, F., Hartnuß, B., Maykus, S. (2001a): Kooperation von Jugendhilfe und Schule in Mecklenburg-Vorpommern. Empirische Analysen zur Entwicklung eines innovativen Handlungsfeldes. Greifswald

Prüß, F., Maykus, S., Binder, H. (2001b): Forschungsbericht. Wissenschaftliche Begleitung der Landesinitiative Jugend- und Schulsozialarbeit in Mecklenburg-Vorpommern. Analyse von Rahmenbedingungen und Effekten der Landesinitiative auf die regionale Angebotsstruktur aus Sicht kommunaler Akteure. Greifswald

Prüß, F., Bettmer, F. (1996): Schule und Jugendhilfe – neue Kooperationschancen im Osten? In: Flösser, G., Otto, H. U., Tillmann, K. J. (Hrsg.): Schule und

Jugendhilfe. Neuorientierung im deutsch-deutschen Übergang. Reihe Schule und Gesellschaft, Bd. 12. Opladen, 222–237

Prüß, F., Binder, H., Helbig, E. (o. J.): Themenheft zu: Qualitätsentwicklung, Qualitätssicherung und Qualitätsmanagement im Rahmen des Modellprojektes „Schulsozialarbeit an beruflichen Schulen mit sonderpädagogischer Aufgabenstellung". Landesinitiative Jugend- und Schulsozialarbeit. Greifswald

Prüß, F., Maykus, S. (2000): Qualitätsentwicklung und -sicherung in der Kooperation von Schule und Jugendhilfe. Lehrbrief 8 im Rahmen des Weiterbildungsmoduls Berufs- und arbeitsweltbezogene Schulsozialarbeit. Göttingen

Qualitätszirkel Schulsozialarbeit des Landes Sachsen-Anhalt (Hrsg.) (2000): Qualitätsstandards in der Schulsozialarbeit. Diskussionspapier zum Arbeitsfeld Schulsozialarbeit und seinem Leistungsspektrum. Erarbeitet im Rahmen des Landesprogramms „Zusammenarbeit von Schule und Jugendhilfe". Halle

Raab, E. (1994): Begründungszusammenhänge und Konzepte von Schulsozialarbeit. Pädagogische Führung 5 (4), 145–148

Raab, E., Rademacker, H., Winzen, G. (1987): Handbuch Schulsozialarbeit. Konzeption und Praxis sozialpädagogischer Förderung von Schülern. Weinheim/München

Raab, E., Rademacker, H. (1982): Schulsozialarbeit in der Bundesrepublik – Konzepte, Probleme, Maßnahmen. Ein Zwischenbericht. DJI-Materialien, Reihe Materialien zur Schulsozialarbeit. Bd. 3. München

Raab, E., Rademacker, H. (Hrsg.) (1981): Schulsozialarbeit – Beiträge und Berichte von einer Expertentagung. DJI-Materialien, Reihe Materialien zur Schulsozialarbeit. Bd. 1. München

Rademacker, H. (2004): Ganztagsangebote und Jugendhilfe. Neue Chancen für die Entwicklung öffentlicher Bildung in sozialer Verantwortung. Die Deutsche Schule 96 (2), 170–183

Rademacker, H. (2002): Schulsozialarbeit gegen soziale Ausgrenzung. Neue Armut und Bildung. In: Kantak, K. (Hrsg.): Schulsozialarbeit: Sozialarbeit am Ort Schule, herausgegeben von der Landeskooperationsstelle Schule – Jugendhilfe Brandenburg. Berlin 9–29

Rademacker, H. (2001): Schulgesetzgebung und Jugendsozialarbeit. In: Fülbier, P., Münchmeier, R. (Hrsg.): Handbuch der Jugendsozialarbeit. Münster, 335–348

Rademacker, H. (1996): Schulsozialarbeit vor neuen Herausforderungen – Bilanz und Perspektiven der Schulsozialarbeit in den alten und neuen Bundesländern. In: Schubarth, W., Kolbe, F.-U., Willems, H. (Hrsg.): Gewalt an Schulen. Ausmaß, Bedingungen und Prävention. Opladen, 216–247

Rademacker, H. (1994): Zum Konzept von Schulsozialarbeit als Beitrag zu einer neuen Bildungsreform. Pädagogische Führung 5 (4), 148–154

Rauschenbach, T. (2009): Zukunftschance Bildung: Familie, Jugendhilfe und Schule in neuer Allianz. Weinheim/München

Saarland (2010a): Rahmenkonzeption für das Projekt Schoolworker an saarländischen Schulen (2007/2010). Aktualisiert 2010

Saarland (2010b): Rahmenkonzeption für den Einsatz von Schoolworker/innen an saarländischen Förderschulen Lernen (2009/2010). Aktualisiert 2010

Saarland (2009): Rahmenkonzeption für den Einsatz von Schoolworker/innen an saarländischen Grundschulen

Sächsisches Landesamt für Familie und Soziales, Landesjugendamt (SLFS) (2003): Fachempfehlung zur Schulsozialarbeit im Freistaat Sachsen, vom Landesjugendhilfeausschuss beschlossen am 12.11.2003. Chemnitz

Salustowicz, P. (1986): Schulsozialarbeit – ein Plädoyer für eine verlorene Sache? Kritische Aufsätze zu der Frage der Kooperation zwischen Jugendhilfe und Schule. Darmstadt

Schellhorn, W. (Hrsg.) (2000): SGB VIII/KJHG Sozialgesetzbuch Achtes Buch Kinder- und Jugendhilfe – Ein Kommentar für Ausbildung, Praxis, Rechtsprechung und Wissenschaft. Neuwied/Kriftel

Schermer, F. J. (2004): Qualitätssicherung in der Schulsozialarbeit. Archiv für Wissenschaft und Praxis der sozialen Arbeit 35 (2), 3–17

Schilling, J. (2004): Schlüsselkompetenzen in der Schul-Soziale Arbeit. Konzept eines Projektes. Jugend, Beruf, Gesellschaft 55 (2), 115–121

Schneider, J. et al. (1982): Schulsozialpädagogik. Aufruf an Schule und Lehrer, die Bedürfnisse ihrer Schüler und Schülerinnen anzunehmen. DJI-Materialien, Reihe Materialien zur Schulsozialarbeit. Band 5. München

Schnell, H. (1997): Wirkungen von Schulsozialarbeit aus dem Blickwinkel eines Landesministeriums. In: Hentze, J., Ludewig, J., Paar, M., Wulfers, W. (Hrsg.): Wirkungen von Schulsozialarbeit: Dokumentation einer Fachtagung. Hamburg, 23–24

Schörner, B., Würfl, C. (2013): Zum Aufgaben- und Kompetenzprofil von Schulsozialarbeit in Österreich. In: soziales kapital. Wissenschaftliches Journal österreichischer Fachhochschulstudiengänge Soziale Arbeit. Nr. 10. In: www.soziales-kapital.at/index.php/sozialeskapital/article/viewFile/288/479.pdf (15.06.2014)

Schumann, M. (1998): Kernprobleme professionellen Handelns. Exemplarische Rekonstruktion einer Jugendarbeit vor Ort. In: Kiesel, D., Scherr, A., Thole, W. (Hrsg.): Standortbestimmung Jugendarbeit. Theoretische Orientierungen und empirische Befunde. Schwalbach/Ts., 179–198

Schumann, M., Sack, A., Schumann, T. (2006): Schulsozialarbeit im Urteil der Nutzer. Weinheim/München

Schütze, F. (1996): Organisationszwänge und hoheitsstaatliche Rahmenbedingungen im Sozialwesen: Ihre Auswirkung auf die Paradoxien des professionellen Handelns. In: Combe, A., Helsper, W. (Hrsg.): Pädagogische Professionalität. Untersuchungen zum Typus pädagogischen Handelns. Frankfurt a. M., 183–275

Schütze, F. (1992): Sozialarbeit als ‚bescheidene' Profession. In: Dewe, B., Ferchoff, W., Radtke, F.-O. (Hrsg.): Erziehen als Profession. Zur Logik professionellen Handelns in pädagogischen Feldern. Opladen, 132–170

Schweitzer, J. (1998): Gelingende Kooperation. Systemische Weiterbildung in Gesundheits- und Sozialberufen. Weinheim/München

Schwendemann, W., Krauseneck, S. (2001): Modelle der Schulsozialarbeit. Schriftenreihe der Evangelischen Fachhochschule Freiburg, Bd. 14. Münster/Hamburg/Berlin/London

Segel, G. (2004): Professionalität in der Schulsozialarbeit aus Sicht der Praxis der Schulsozialarbeit. In: Kooperationsverbund Schulsozialarbeit (Hrsg.): Dokumentation der Tagung: „Sozialpädagogische Professionalität für die Schule". 8.-9. Dezember 2004, Frankfurt a. M., 1–9

Segel, G. (1998): Qualität und Wirkung von Schulsozialarbeit. In: Hentze, J., Ludewig, J., Paar, M., Wulfers, W. (Hrsg.): Schulsozialarbeit mit Gütesiegel? Schulsozialarbeit braucht Qualitätsstandards und Qualitätssicherung: Dokumentation einer Fachtagung. Hamburg, 54–67

Segel, G. (1996): Schulsozialarbeit. In: Kreft, D., Mielenz, I. (Hrsg.): Wörterbuch Soziale Arbeit. Aufgabenfelder, Praxisfelder, Begriffe und Methoden der Sozialarbeit und Sozialpädagogik. 4. Aufl. Weinheim, 484–485

Seiterle, N. (2014): Bestandsaufnahme der Schulsozialarbeit in der Deutschschweiz. Stand November 2013. In: http://www.ssav.ch (23.06.2014)

Seithe, M. (2002a): Schulsozialarbeit. In: Chassé, K.-A., Wensierski, von H.-J. (Hrsg.) Praxisfelder der Sozialen Arbeit. Eine Einführung. 2. Aufl. Weinheim/München, 78–88

Seithe, M. (2002b): Der PISA-Schock – was geht er die Jugendhilfe an? Jugendhilfe 40 (2), 174–185

Seithe, M. (o. J.a): Qualitätssicherung in der Schulsozialarbeit. In: Chassé, K.-A., Kühl, W. (Hrsg.): Gut und billig im Osten? Qualitätsentwicklung in der Sozialen Arbeit. Herausgegeben vom Institut für Weiterbildung und Planung im sozialen Bereich e.V. (IWIS). Jena, 62–80

Seithe, M. (o. J.b): Erfahrungsbericht: Qualitätssicherung in der Schulsozialarbeit. In: von Bothmer, H., Hentze, J., Ludewig, J., Paar, M., Wulfers, W.: Auf dem Weg zum Qualitätsmanagement in der Schulsozialarbeit – Instrumente und Verfahren zur Qualitätssicherung: Dokumentation eines Workshops. Hamburg, 62–72

SLFS, siehe Sächsisches Landesamt für Familie und Soziales, Landesjugendamt

Speck, K. (2010): Qualifikation, Professionalität und pädagogische Eignung des Personals an Ganztagsschulen. Der pädagogische Blick. Zeitschrift für Wissenschaft und Praxis in pädagogischen Berufen 18 (1), 13–21

Speck, K. (2009): Schulsozialarbeit. In: Coelen, T., Otto, H.-U. (Hrsg.) (2008): Grundbegriffe Ganztagsbildung. Das Handbuch. Wiesbaden, 340–348

Speck, K. (2006a): Qualität und Evaluation in der Schulsozialarbeit. Konzepte, Rahmenbedingungen und Wirkungen. Wiesbaden

Speck, K. (2006b): Die Kooperation von Jugendhilfe und Schule im ostdeutschen Transformationsprozess – Das Beispiel der Schulsozialarbeit. In: Bütow, B., Chassé, K. A., Maurer, S. (Hrsg.): Soziale Arbeit zwischen Aufbau und Abbau. Transformationsprozesse im Osten Deutschlands und die Kinder- und Jugendhilfe. Wiesbaden, 101–116

Speck, K. (2005): Schulsozialarbeit. Begriffsklärung und Bestandsaufnahme. Unsere Jugend. Die Zeitschrift für Studium und Praxis der Sozialpädagogik 57 (3), 99–109

Speck, K. (2004): Schulsozialarbeit in Sachsen-Anhalt. In: Hartnuß, B., Maykus, S. (Hrsg.): Handbuch Kooperation von Jugendhilfe und Schule. Ein Leitfaden für Praxisreflexionen, theoretische Verortungen und Forschungsfragen. Berlin, 799–816

Speck, K., Jensen, S. (2014): Kooperation von Jugendhilfe und Schule im Bildungswesen. Ein vergleichender Blick mit Fokus auf die Schulsozialarbeit in Deutschland, den USA und Schweden. Die Deutsche Schule 106 (1), 9–29

Speck, K., Olk, T. (2014): Wie wirkt Schulsozialarbeit? Ein Überblick über die Wirkungs- und Nutzerforschung. Archiv für Wissenschaft und Praxis der sozialen Arbeit. Profil und Position der Schulsozialarbeit 45 (1), 38–47

Speck, K., Olk, T., Böhm-Kasper, O., Stolz, H.-J., Wiezorek, C. (Hrsg.) (2011a): Ganztagsschulische Kooperation und Professionsentwicklung: Studien zu multiprofessionellen Teams und sozialräumlicher Vernetzung. Weinheim/München

Speck, K., Olk, T., Stimpel, T. (2011b): Professionelle Kooperation unterschiedlicher Berufskulturen an Ganztagsschulen – Zwischen Anspruch und Wirklichkeit. In: Speck, K., Olk, T., Böhm-Kasper, O., Stolz, H.-J., Wiezorek, C. (Hrsg.): Ganztagsschulische Kooperation und Professionsentwicklung: Studien zu multiprofessionellen Teams und sozialräumlicher Vernetzung. Weinheim/München, 69–84

Speck, K., Olk, T., Stimpel, T. (2011c): Auf dem Weg zu multiprofessionellen Organisationen? Die Kooperation von Sozialpädagogen und Lehrkräften im schulischen Ganztag. Empirische Befunde aus der Ganztagsforschung und dem Forschungsprojekt „Professionelle Kooperation von unterschiedlichen Berufskulturen an Ganztagsschulen" (ProKoop). Zeitschrift für Pädagogik 57 (57), Beiheft, 184–01

Speck, K., Olk, T. (Hrsg.) (2010a): Forschung zur Schulsozialarbeit. Stand und Perspektiven. Weinheim/München

Speck, K., Olk, T. (2010b): Stand und Perspektiven der Wirkungs- und Nutzerforschung zur Schulsozialarbeit im deutschsprachigen Raum. In: Speck, K., Olk, T. (Hrsg.): Forschung zur Schulsozialarbeit. Stand und Perspektiven. Weinheim/München, 309–346

Speck, K., Olk, T. (2009): Professionelle Kooperation von unterschiedlichen Berufskulturen an Ganztagsschulen. Ergebnisse qualitativer Fallstudien in drei Bundesländern In: www.kooperation-an-ganztagsschulen.de (17.07.2014)

Speck, K., Olk, T. (2004): Qualitätsstandards, Qualitätsentwicklung und Selbstevaluation in der Forschung und im Arbeitsfeld Schulsozialarbeit. In: Hartnuß, B., Maykus, S. (Hrsg.): Handbuch Kooperation von Jugendhilfe und Schule. Ein Leitfaden für Praxisreflexionen, theoretische Verortungen und Forschungsfragen. Berlin, 923–953

Spies, A. (Hrsg.) (2013): Schulsozialarbeit in der Bildungslandschaft: Möglichkeiten und Grenzen des Reformpotenzials. Wiesbaden

Spieß, E. (Hrsg.) (1998): Formen der Kooperation. Bedingungen und Perspektiven. Göttingen

Spies, A., Pötter, N. (2011): Soziale Arbeit an Schulen – Einführung in das Handlungsfeld Schulsozialarbeit. Wiesbaden

Spies, A., Stecklina, G. (Hrsg.) (2005): Die Ganztagsschule. Keine Chance ohne Kooperation – Handlungsformen und institutionelle Bedingungen. Bd. 2. Bad Heilbrunn

SSWAA, siehe School Social Work Association of America

Ständige Konferenz der Kultusminister der Länder (KMK) und Arbeitsgemeinschaft für Jugendhilfe (AGJ) (1998): Zusammenarbeit von Schule und Jugendhilfe, Bericht über gemeinsame Beratungen von KMK und AGJ. Berlin

Staufer, J., Stickelmann, B. (Hrsg.) (1984): Klient Schule? „Erfahrungen machen" im Spannungsfeld zwischen Jugendhilfe und Schule. Analyse eines Modellversuches. Reinheim

Steiner, C. (2010): Multiprofessionell Arbeiten im Ganztag: Ideal, Illusion oder Realität? Der pädagogische Blick 18 (1), 22–36

Stimmer, F. (2000): Grundlagen des Methodischen Handelns in der Sozialen Arbeit. Stuttgart/Berlin/Köln

Streblow, C. (2010): Schulsozialarbeit. Empirische Befunde. In: Bock, K., Miethe, I. (Hrsg.): Handbuch Qualitative Forschung in der Sozialen Arbeit. Opladen

Streblow, C. (2005): Schulsozialarbeit und Lebenswelten Jugendlicher. Ein Beitrag zur rekonstruktiv-lebensweltorientierten Evaluationsforschung. Opladen

Struck, P. (1994): Neue Lehrer braucht das Land. Ein Plädoyer für eine zeitgemäße Schule. Darmstadt

Stuckstätte, E. C. (2008): Sozialpädagogische Herausforderungen in der Ganztagshauptschule. Ergebnisse qualitativer Interviews mit Schulsozialarbeiter/inne/n und Lehrer/inne/n aus elf Ganztagshauptschulen in Nordrhein-Westfalen, herausgegeben vom Institut für soziale Arbeit e.V. Münster

Terhart, E. (Hrsg.) (2000): Perspektiven der Lehrerbildung in Deutschland. Abschlussbericht der von der Kultusministerkonferenz eingesetzten Kommission. Weinheim/Basel

Terhart, E. (1996a): Berufskultur und professionelles Handeln bei Lehrern. In: Combe, A., Helsper, W. (Hrsg.): Pädagogische Professionalität. Untersuchungen zum Typus pädagogischen Handelns. Frankfurt a. M., 448–471

Terhart, E. (1996b): Zur Neuorientierung des Lehrens und Lernens – Kultureller Wandel als Herausforderung für die Professionalisierung des Lehrberufs. In: Helsper, W., Krüger, H.-H., Wenzel, H. (Hrsg.): Schule und Gesellschaft im Umbruch. Studien zur Schul- und Bildungsforschung. Bd. 2/1. Weinheim, 319–332

Thiersch, H. (1997): Lebensweltorientierte Jugendhilfe – zum Konzept des 8. Jugendberichts. In: Thiersch, H. (Hrsg.): Lebensweltorientierte Soziale Arbeit. Aufgaben der Praxis im sozialen Wandel. Weinheim/München, 13–40

Thimm, K. (1999): Schule und Jugendhilfe. Bedingungen und Ebenen der Kooperation. Soziale Arbeit 48 (4), 119–129

THMSG, siehe Thüringer Ministerium für Soziales und Gesundheit

Thüringer Ministerium für Soziales und Gesundheit (THMSG) (1998a): Abschlussbericht der wissenschaftlichen Begleitung des Landesprogramms „Jugendarbeit an Thüringer Schulen“, erarbeitet von Seithe, M. (FH Jena), Band 1, Teil A–C. Erfurt

Thüringer Ministerium für Soziales und Gesundheit (THMSG) (1998b): Abschlussbericht der wissenschaftlichen Begleitung des Landesprogramms „Jugendarbeit an Thüringer Schulen“, erarbeitet von Seithe, M. (FH Jena), Band 2, Teil D. Erfurt

Tillmann, K.-J. (1999): Soziale und andere Benachteiligungen in Schule und Unterricht. In: Hollenstein, E., Tillmann, J. (Hrsg.): Schulsozialarbeit. Studium, Praxis und konzeptionelle Entwicklungen. Hannover, 36–47

Tillmann, K.-J. (1987): Schulsozialarbeit – Bilanz eines jungen Praxisfeldes. Die deutsche Jugend 79 (3), 385–395

Tillmann, K.-J. (1982a): Schulsozialarbeit. Problemfelder und Erfahrungen aus der Praxis. München

Tillmann, K.-J. (1982b): Schulsozialarbeit. Eine Einführung in Praxisansätze und Theoriekonzepte. In: Tillmann, K.-J. (Hrsg.): Schulsozialarbeit. Problemfelder und Erfahrungen aus der Praxis. München, 9–41

Tillmann, K.-J. (1981): Formen der Institutionalisierung von Schulsozialarbeit. In: Raab, E., Rademacker, H. (Hrsg.): Schulsozialarbeit – Beiträge und Berichte von einer Expertentagung. DJI-Materialien, Reihe Materialien zur Schulsozialarbeit, Bd. 1 München, 51–52

Tillmann, K.-J. (Hrsg.) (1976a): Sozialpädagogik in der Schule: Neue Ansätze und Modelle. München

Tillmann, K.-J. (1976b): Schulreform als neue Herausforderung der Sozialpädagogik? Ein Beitrag zur aktuellen Diskussion. In: Tillmann, K.-J (Hrsg.): Sozialpädagogik in der Schule: Neue Ansätze und Modelle. München, 44–69

Tillmann, K.-J. (1972): Sozialpädagogische Arbeit in der Gesamtschule. Die deutsche Schule 64 (12), 806–816

van Santen, E., Mamier, J., Pluto, L., Seckinger, M., Zink, G. (2003): Kinder- und Jugendhilfe in Bewegung – Aktion oder Reaktion? Eine empirische Analyse. München van Santen, E., Seckinger, M. (2003): Kooperation: Mythos und Realität einer Praxis. Eine empirische Studie zur interinstitutionellen Zusammenarbeit am Beispiel der Kinder- und Jugendhilfe. München

VBE, siehe Verband Bildung und Erziehung

Verband Bildung und Erziehung, Deutscher Lehrertag (VBE) (2003): VBE fordert mehr Schulsozialarbeit für Schülerinnen und Schüler mit Problemen. Resolution des Bundesvorstandes, beschlossen in Schwerin am 17. Mai 2003. In: http://www.vbe.de/meinung/resolutionen/schulsozialarbeit.html (02.06.2014)

Verein für Kommunalwissenschaften e.V. (1997): Soziale Arbeit in der Schule (Schulsozialarbeit) – Konzeptionelle Grundlagen. Abschlusspapier eines Workshops des Vereins für Kommunalwissenschaften e.V. vom 13. bis 14. Dezember 1996 in Berlin. Berlin

Vogel, C. (2006): Schulsozialarbeit. Eine institutionsanalytische Untersuchung von Kommunikation und Kooperation. Wiesbaden

Vögeli-Mantovani (2005): Die Schulsozialarbeit kommt an! Schweizerische Koordinationsstelle für Bildungsforschung (SKBF), Trendbericht 8. Aarau

Vollmers, B. (1997): Zur Schulsozialarbeit aus der Sicht der Schulleitung. In: Hentze, J., Ludewig, J., Paar, M., Wulfers, W. (Hrsg.): Wirkungen von Schulsozialarbeit: Dokumentation einer Fachtagung. Hamburg, 21–23

von Balluseck, H. (2004): Die Beziehung zwischen Sozialpädagogik und Grundschule. Ergebnisse einer Evaluationsstudie in Berliner Schulstationen. Soziale Arbeit 53 (8), 290–296

von Balluseck, H. (2003): Schulstationen in Berlin. Soziale Arbeit 52 (7), 256–263

von Bothmer, H., Eibeck, B., Ludewig, J., Nowak, S. (Hrsg.) (2001): Im Fokus: Schulverweigerung. Zur Qualität von Schule und Schulsozialarbeit. Ausgewählte Beiträge zur Fachtagung in Potsdam vom 23.-25.11.2000. Herausgegeben von der Bundesarbeitgemeinschaft Jugendsozialarbeit, Bonn

von Bothmer, H.,Hentze, J., Ludewig, J., Paar, M., Wulfers, W. (o. J.): Auf dem Weg zum Qualitätsmanagement in der Schulsozialarbeit: Instrumente und Verfahren zur Qualitätssicherung: Dokumentation eines Workshops. Hamburg

von Reischach, G. (2006): Jugendhilfe und Schule. Konzepte und Grundpositionen-historische und internationale Aspekte der Bezüge von Jugendhilfe und Schule. In: http://archiv.ub.uni-heidelberg.de/volltextserver/7022/1/Jugendhilfe_und_SchuleF.pdf (14.06.2014)

von Spiegel, H. (Hrsg.) (2013): Methodisches Handeln in der Sozialen Arbeit. München

von Spiegel, H. (2004b): Konzeptionsentwicklung und Selbstevaluation. In: Hartnuß, B., Maykus, S. (Hrsg.): Handbuch Kooperation von Jugendhilfe und Schule. Ein Leitfaden für Praxisreflexionen, theoretische Verortungen und Forschungsfragen. Berlin, 964–981 von Spiegel, H. (2001): Leitfaden für Selbstevaluationsprojekte in 18 Arbeitsschritten. In: Heil, K., Heiner, M., Feldmann, U. (Hrsg.): Evaluation sozialer Arbeit. Eine Arbeitshilfe mit Beispielen zur Evaluation und Selbstevaluation. Frankfurt a. M., 59–91

von Spiegel, H. (Hrsg.) (2000): Jugendarbeit mit Erfolg. Arbeitshilfen und Erfahrungsberichte zur Qualitätsentwicklung und Selbstevaluation. Ein Modellprojekt des Landesjugendamtes

von Spiegel, H. (1997): Perspektiven der Selbstevaluation In: Bundesministerium für Familie, Senioren, Frauen und Jugend (BMFSFJ) (Hrsg.): Materialien zur Qualitätssicherung in der Kinder- und Jugendhilfe 2 (11), 32–48

von Spiegel, H. (1993): Aus Erfahrung lernen. Qualifizierung durch Selbstevaluation. Münster

Vyslouzil, M., Weißensteiner, M. (Hrsg.) (2000): Schulsozialarbeit in Österreich – Projekte mit Zukunft. Wien

Vyslouzil, M. (2005): Die Schulsozialarbeit kommt an! herausgegeben von der Schweizerischen Koordinierungsstelle für Bildungsforschung (SKBF). Trendbericht SKBF Nr. 8. Aarau

Walther, A. (2011): Bildungsbegriff(e) in der Jugendhilfe – eine Spurensuche. Herausgegeben von der Gewerkschaft Erziehung und Wissenschaft. Frankfurt

Wenzel, H. (1998): Neue Konzepte zur pädagogischen Schulentwicklung und die Qualifizierung der Akteure. In: Keuffer, J., Krüger, H.-H., Reinhardt, S., Weise, E., Wenzel, H. (Hrsg.): Schulkultur als Gestaltungsaufgabe, Partizipation – Management – Lebensweltgestaltung. Studien zur Schul- und Bildungsforschung. Bd. 7. Weinheim, 241–259

Wiesner, R., Mörsberger, T., Oberloskamp, H., Struck, J. (2000): SGB VIII. Kinder- und Jugendhilfe. 2. Aufl. München

Witteriede, H. (2003): Schule, Soziale Arbeit und Gesundheitsfördernde Schule. Gesunde und erfolgreiche Lebensphase Schulzeit für alle Schüler. Praxisgestützte Analyse und Entwicklung eines integrativen Ansatzes. Baltmannsweiler

Wulfers, W. (1998): Trägerfrage und Schulsozialarbeit. In: Hentze, J., Ludewig, J., Paar, M., Wulfers, W. (Hrsg.): Schulsozialarbeit mit Gütesiegel? Schulsozialarbeit braucht Qualitätsstandards und Qualitätssicherung: Dokumentation einer Fachtagung. Hamburg, 25–29

Wulfers, W. (1997): Das Kinder- und Jugendhilfegesetz (KJHG) und Schulsozialarbeit. Gesetzliche Grundlagen und ihre Realisierungsmöglichkeiten. In: Fatke, R., Valtin, R. (Hrsg.): Sozialpädagogik in der Grundschule. Aufgaben, Handlungsfelder und Modelle. Frankfurt a. M., 54–67

Wulfers, W. (1996): Schulsozialarbeit: Ein Beitrag zur Öffnung, Humanisierung und Demokratisierung der Schule. 5. Aufl. Hamburg

Wulfers, W. (1994): Rahmenkonzept für eine Aus- und Fortbildung zur Schulsozialarbeit. Päd. extra 22 (7/8), 45–48

Wulfers, W. (1991): Schulsozialarbeit: Ein Beitrag zur Öffnung, Humanisierung und Demokratisierung der Schule. 1. Aufl. Hamburg

Zipperle, M., Bolay, E. (2009): Jugendhilfe in der Ganztagsschulentwicklung. Analyse der Jugendhilfeentwicklung in einem Kooperationsprojekt. Nachrichtendienst des Deutschen Vereins 89 (5), 185–191

Zschiesche, T. (2004): Was gibt's da zu lernen? Fortbildung zur Förderung der Kooperation von Jugendhilfe und Schule. In: Hartnuß, B., Maykus, S. (Hrsg.): Handbuch Kooperation von Jugendhilfe und Schule. Ein Leitfaden für Praxisreflexionen, theoretische Verortungen und Forschungsfragen. Berlin, 954–963

Sachregister

Zahlen verstehen

Karin Landerl / Stephan Vogel / Liane Kaufmann
Dyskalkulie
3., überarbeitete und erweiterte Auflage 2017.
256 Seiten. 25 Abb. 7 Tab.
utb-M (978-3-8252-4809-3) kt

Dyskalkulie bezeichnet ein mangelhaftes oder falsches Verständnis von Mengen, Zahlen und mathematischen Operationen. Zahlreiche SchülerInnen, Kinder wie Jugendliche, sind davon betroffen. Oft leiden diese Kinder unter Angst vor Misserfolg und Schulversagen. Die Autorinnen erklären neurokognitive Modelle des Zahlenverständnisses und des Rechnens und erläutern Methoden der Dyskalkuliediagnostik. Interventionsstrategien und Trainingsprogramme werden kritisch beleuchtet und auf ihre Wirksamkeit hinterfragt.

reinhardt
www.reinhardt-verlag.de